世界は映画でできている

石田聖子・白井史人 編

カバー・デザイン　冨安由紀子

はじめに　世界映画館へのご招待

映画は誕生当初より〈世界へ開いた窓〉と呼ばれ、彼方にある世界を覗き見るためのツールとして重宝されてきました。

一八九五年、フランスのリュミエール兄弟は、映写機（シネマトグラフ）を発明すると撮影・映写技師を世界各地へ派遣し、現地の光景や風俗をとらえた映像のめくるめくコレクションをつくりあげていきました。それら実写映画を目にしたひとびとは、自分が実際に存在していない時空間が目の前でいきいきと再現されるこの魔法のような技術に驚嘆の声をあげたといいます。かつて映画は、日常を新たな目で見つめ直したり、人間の身体能力の限界を超えて、広く世界を眺めわたすことができるメディアだったのです。

ところが、映画のみならずテレビやインターネットなどの各種メディアが世界を覆うようになった昨今、わたしたちは映像のなかを生きる逆転した状況に置かれています。わたしたちは、いま世界がどうなっているのか、世界で何が起こっているのかを、たいていメディアを通じて知ります。

そんなわたしたちにとって、メディアを通じて世界を知るのか、はたまたメディアで見知ったものが世界なのかを区別することは、もはや不可能ではないでしょうか。まさに〈世界は映画でできている〉といわざるをえない状況が出現しているというわけです。

そのような映画と世界の奇妙な関係について考えるためのヒントに満ちた本書は、名古屋外国語大学で映画を講じる教員と、さまざまな地域や言語を専門に映画をめぐる思索を重ねてきた本学教員の協力のもと、生まれました。

この本がカバーする国・地域は、南北アメリカから、ヨーロッパ、アジアまで広範囲に及びます。当然ながら、映画はハリウッドだけでつくられているわけではありません。視覚的ゆえに高い普遍性を備えた映画は、誕生するやたちまち言語のみならず国境の壁をも軽々と乗り越えてひとびとを魅了し、世界にあまねく普及していきました。そして、それぞれの国・地域の特性と混ざり合い、各地で独自の文化を発展させていきました。そうしたなかで、わたしたちのよく知るハリウッド映画とは大きく異なる映画観や実践も多数生まれています。

このような、ふだんなじみのない国・地域の映画文化に触れられるのも本書の醍醐味です。わたしたちの生きる世界をよりよく知るために、そんな文化にもぜひ目を向けていただきたいと思います。

本書は国・地域ごとにセクションが分かれています。各テイクは、表題となっている国・地域の映画文化を歴史的に紹介するものです。テイク1～4のⅡでは、関連する映画作品にフォーカスした考察が展開されています。あなたを、各映画文化のさらなる深みへと誘ってくれることでしょう。

また、本書中央に配されたインターミッション〈かつて長編映画の上映途中に設けられた〈休憩時間〉はこう呼ばれていました〉は、各国・地域の映画作品や文化にさまざまな角度からアプローチするものとなっています。映画に対して多角的な視点を養うための手引きとしていただければ幸いです。

本書を構成する各セクションは――独立した短編映画をいくつも集めたオムニバス映画さながら――それぞれ独立していますので、どこからでも自由にお読みいただけます。まずは、ふと目に留まった国・地域、タイトルのページを開いてみてください。そして、はるかなる映画や世界に想いを馳《は》せつつ、紹介された映画を視聴しつつ、読み進めていってください。いつのまにか、あなたの生きている世界は、より豊かで彩りのあるものとなっているでしょう。

前口上は、ここまで。銀幕の準備は整いました。

さあ、映画と世界の豊かさを発見する旅の始まりです!

二〇二一年三月　編者

主要な映画潮流

1900頃	ジャンルの誕生（喜劇、西部劇…）
1908〜	イタリア史劇
1917〜	古典的ハリウッド映画
1920頃〜	前衛映画（シュルレアリスム他）
1920年代〜…	プロパガンダと検閲（ソ、米、独…）
1945〜	ネオレアリズモ（伊）
1950年代末〜	ヌーヴェルヴァーグ（仏）
1955〜	シネマ・ノーヴォ（ブラジル…）
1970前後〜…	アメリカン・ニュー・シネマ
1970前後〜…	ニュー・ジャーマン・シネマ
1970前後〜…	香港、インド映画などの台頭
1990頃〜	デジタル・グローバリズム
現代…	AI、3DCG、フィルム、モノクロ…技法の混在

世界は映画で

映画史・技術・エポック

1891 ……エジソン、キネトスコープ特許取得（米）…テイク1他
1895 ……リュミエール兄弟『工場の出口』（仏）…テイク1他
1896 ……キネトスコープ、神戸で輸入公開（日）
1895～ ……サイレント映画期…各テイク
1902 ……メリエス『月世界旅行』（仏）

1905 ……アルベリーニ『ローマ占領1870.9.20』（伊）…テイク2
1905～ ……ニッケルオデオン（映画館）の創設（米）…テイク4
1907～1915頃 ……「ハリウッド」誕生（米）…テイク4

1914～ ……第1次世界大戦とニュース映画（欧米）
1914～ ……アメリカ喜劇の全盛期（チャップリン、キートン、ロイド）
1917 ……ウーファ（UFA）設立（独）…テイク3
1919 ……世界初の映画学校創設（ソ）
1920 ……ヴィーネ『カリガリ博士』（独）…テイク3

1925 ……エイゼンシュテイン『戦艦ポチョムキン』（ソ）…テイク6他
1927 ……パート・トーキー映画『ジャズ・シンガー』（米）…テイク1、3他
1928 ……ディズニー、初のトーキーアニメ
1929 ……ヴェルトフ『カメラを持った男』（ソ）…テイク6
1929 ……ダリ/ブニュエル『アンダルシアの犬』（仏）…テイク4、5他

1929 ……世界大恐慌とハリウッド黄金期（30年代）
1933～ ……ヒトラー政権とプロパガンダ映画（独）…テイク3他
1937 ……ルノワール『大いなる幻影』（仏）…テイク1
1939 ……テクニカラー『風と共に去りぬ』（米）
1940 ……ヒッチコック『レベッカ』（米）
1939～1945 ……第2次世界大戦と戦時下の映画…テイク1他
1950年代…テレビとの競合
1953～ ……ワイドスクリーン

1965 ……ゴダール『気狂いピエロ』（仏）…テイク1
1970年代末 ホームビデオ登場

1980年代…SFX、CGの発達
1997 ……Netflix社設立。定額配信は2010年頃～…イントロダクション他
2002 ……完全デジタル映画『スター・ウォーズ Ep.2』
2009 ……3D映画『アバター』
2012 ……iPhone映画『シュガーマン』アカデミー賞

★ノーラン『インセプション』
2010 アメリカ
…イントロダクション

★リプスティン『死の時』
1965 メキシコ…テイク5

★ヘルツォーク『フィッツカラルド』
1982 ブラジルが舞台…テイク3

★ニルソン『赤い唇』
1974 アルゼンチン…テイク5

★レリオ『ナチュラル・ウーマン』
2017 チリ…テイク5

テイク 4

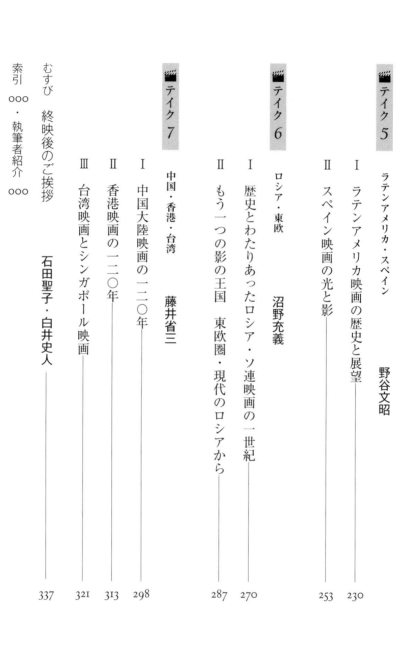

イントロダクション

柿沼岳志

映画を見ているのは誰か

地鳴りが響きわたると同時に、街並みがマットレスを畳むように画面奥からせり上がり、手前に広がる建物に向かって降りながら重なって行く。上下双方の屋根は、どのように調整したものか自然に一体化し、奇怪な建築物として再構成されていくようだ。しかもこの空間では、重力はつごう良く処理されるらしく、天地が逆や垂直と化した道路でも、それまでの進行方向に向けて何事もなかったように車や人々が通行している。

そこは、少し前までごく普通のパリの街角だったはずなのだが、いつの間にか私たちはレオナルド・ディカプリオ演じるドム・コブという男の夢の中、記憶が深く混入した深層心理の内側に入り込んでしまったようだ。コブはターゲットの夢の中に忍び込み、その無意識下に特定の情報を植えつける、インセプションという行為を生業とする人物であり、今は直前に迫ったあるミッションのため、才能豊かな設計士（夢の空間をデザインする特殊技能者らしい）であるエレン・ペイジ演じるアリアドネという女性を、自分の夢の中に招き入れてトレーニングを行なっている最中のようだ。

エレン・ペイジ　俳優。二〇一四年、エリオット・ペイジに改名。

ここまでは、私は映画館でのごく普通の体験として、クリストファー・ノーラン監督の『インセプション』(二〇一〇)を楽しんでいる。どんなに奇想天外な映像が次から次へと立ち現れようとも、それはあくまでスクリーンの中の出来事であって、私自身が脅かされるような事態は何一つ起こりはしない、そう高《たか》をくくっていたのだ。

ところが私は、この先のある場面で、少々大袈裟ではあるが、今言ったばかりの私自身が脅かされるような体験をすることになる。

唸り声をあげ、今まで影も形も無かった鉄橋が、巨大な恐竜が身を起こすようにして目の前に現れる。アリアドネは交通量の多い車道を横断するために、即席の歩道橋をこしらえたのだ。この程度では今さら驚くにはあたらないが、コブは彼女の才能に驚嘆しながらも、その荒っぽい力の使い方に不安を覚えているようだ。彼の忠告を聞き流しながら、アリアドネは足早に歩を進めるが、何か思い立ったのか、不意に立ち止まる。ここからが問題の場面である。

彼女は舗道脇にいつのまにか設《しつら》えられた巨大な鏡――バレエ教室にでもあるかのような――を、正面に向けて力いっぱい引き出そうとする。そのままの軌道で行けば鏡は、間違いなくレンズに向かって正対してしまう。不意を突かれた私は、思わず座席の上で身を隠そうとした。そう、愚かにも私は、自分が鏡の中に写り込んでしまうのを恐れたのだ。

もちろん私は、レオナルド・ディカプリオの背後で間抜け面を晒《さら》すようなことにはならなかったし、そもそもそんな馬鹿げた妄想以前に、少なくとも数十人はいたであろう撮影スタッフも彼らが駆使する最先端の撮影機材も、画面には写り込んではいない。そこには、ただ遠近法に則っ

『インセプション』
監督・脚本・製作:クリストファー・ノーラン　製作:エマ・トーマス　音楽:ハンス・ジマー　出演:レオナルド・ディカプリオ　渡辺謙　ジョセフ・ゴードン=レヴィット　マリオン・コティヤール

た違和感のない背景が広がっているだけだ。

ほっと胸を撫でおろすまもなく、その後、私は言いようのない不安に陥った。(あり得ないことではあるが)まるで自分が今ここに、あるいはそこに存在していないかのような。そのあと、ごていねいにアリアドネは、すでに召喚した大鏡に向かい合う形で別の大鏡を呼びだし、合わせ鏡の様態を作って見せもするが、そこにもドム・コブとアリアドネの姿が無限に列を作って並んでいるだけで、彼らの劇中内の葛藤を邪魔するものは何ひとつとして見当たらない。

種明かしは、言うまでもなくCGによる合成である。スタッフや演者を含めた一切合切《いっさいがっさい》は、後日CGによって消去され、別途撮影された風景と違和感がないように合成されたのだ。現在の撮影環境においては、様々な状況に合わせてそのような作業、つまり画面上で見られてはまずいモノを消去する作業は、多かれ少なかれほとんどの映画で行われており、それ自体は目新しいことでも何でもない。映画のような大掛かりな例を出すまでもなく、ごく普通の生活の中でも、画像加工がたびたび行われているのは周知の通りだ。

ただしそのことと、私が映画館で挙動不審な行動を取ったあげく、奇妙な不安感に陥るという滑稽な独り相撲《ひと》を演じる羽目《はめ》になったのとは、また別の話だ。なぜなら私は、映画『インセプション』の撮影現場に立ち会った覚えはないからだ。つまり、CGのスタッフはそもそも私を消し去る必要などないし、逆に言えば存在しない私を消し去ることはできない。にもかかわらず、なぜ私はそのような気分になったのだろうか。

私がここで問題にしたいのは、映画における視座＝視点の問題だ。映画評論家の蓮實重彦《はすみしげひこ》氏は、レンズは正面から見つめ合うふたりの視線を同時に捉えることはできない、と指摘しているが、そのような本質論的な例を持ち出すまでもなく、映画では撮影することを禁じられているモノが幾らでもある。なかでも、もっとも分かりやすいのが、真正面から鏡に向かってカメラのレンズを向けるという行為だ。

カメラ自体が写ってしまう、という身も蓋もない理由ではあるのだが、映画においては事態はもう少し複雑だ。端的に言えば、決して少なくはない金と、多大な労力をもって塗り固めた嘘＝フィクションが、そのことであっさりと観客に露呈してしまうからだ。

つまり、虚構が崩れるポイントがイコール映画の禁則となるのだが、なかでも鏡面は、いちばん砕けやすい第四の壁だと言えるだろう。そのため映画では、鏡やそれに類する反射物を、自明のこととして忌避しつづけてきたのだ。

しかし、ただそれだけでは、私の奇妙な恐れに対する充分な説明にはならない。万に一つ、どこかのカットに不要なものの写り込みを見つけ出したところで、単に気が削《そ》がれるだけであり、とくに恐れるには値しないだろう。

では今度は、また別の視点から視座の問題を見てみよう。取り上げたいのは、スティーヴン・スピルバーグによるＳＦアクション『レディ・プレイヤー1』（二〇一八）の、冒頭に近いレースバトルのシーンである。自由の女神像が画面奥に見えることから、ニューヨークを模したらしいその「オアシス」というＶＲ（仮想現実）内に、本来あるはずもないレース用のコースがニューヨー

『レディ・プレーヤー1』
監督：スティーヴン・スピルバーグ　脚本：アーネスト・クライン　ザック・ペン　製作：スピルバーグ他　音楽：アラン・シルヴェストリ　出演：タイ・シェリダン　オリヴィア・クック　ベン・メンデルソーン　T・J・ミラー

ク湾に設けられ、ガジェットと言っていいような奇抜なアレンジを施された車輛がそこにひしめきあっている。

大富豪の莫大《ばくだい》な遺産を巡るゲームの幕が切って落とされようとしているのだが、その最初のステージが、各自カスタマイズした車輛でのレースバトルなのだ。花火がコースに投下されるのをスタートの合図にわれ先にと、全車輛がいっせいに飛び出して行く。カメラは全景を俯瞰する位置から落下する花火を追う形で路面に急降下する。その脇すれすれを、あわやというところで、モンスタートラックの巨大な車体がかすめて行く。目の前では幾つかの車輛が接触し、大破しているが、そんなことは意にも介さず、カメラは謎めいたヒロインの跨《また》がる通称・金田バイク（大友克洋の『AKIRA』に登場する大型バイク、この作品は、様々なサブカル的なキャラクターやガジェットへの目配せが、見どころの一つなのだ）、を捉え、そのあとを主人公・ウェイドがハンドルを握る、『バック・トゥ・ザ・フューチャー』仕様のデロリアンが猛然と追って行く姿を映し出す。ここまでが、一カットだ。

私はあたかも路面に放りだされたかのように、目の前で大破したり、爆音を立てて自分の脇すれすれをかすめて行く車体に文字通り手に汗を握りながら、画面を一心に見つめている。ただ、違和感がないわけではない。なぜなら、私は主人公や他の登場人物の安否を気遣っているのではなく、自分があたかもその場に放り込まれ、車と接触することを恐れているからだ。

それはたしかに、興奮させられる刺激的な体験だ。しかし、果たしてこの体験は映画体験なのだろうか。


『AKIRA』

大友克洋作の漫画。連載は一九八二年―一九九〇年（「週刊ヤングマガジン」）。アニメ映画版は一九八八年公開。

『レディ・プレイヤー1』での臨場感あふれる体験のカラクリもまた、視座にある。つまり私たちが無意識のうちに、カメラの視点を自分の主観的な視点と錯覚してしまう、という事実を利用しているのだ。

車体が路面に激突するカットを例に取ろう。車が墜落する場所にキャメラポジションを設定するなら、観客の視点としては、あたかも自分の上に車体が墜落してくるように感じる。もちろんカメラは破壊されてしまうし、哀れなキャメラマンは押しつぶされてしまうだろう。だが心配には及ばない。なぜなら、このシーン全体を通じて、キャメラマンは一人も雇用されていないからだ。

現在のハリウッド映画において、３ＤＣＧが本編の大部分を占めるのはさほど珍しいことではなくなってきている。『レディ・プレイヤー1』のようなド派手なＳＦ大作にかぎらず、一見して時代物の人間ドラマであっても、撮影スタジオを覗いてみれば、俳優たちが煌《きら》びやかな衣装に身を包み堂に入った演技を繰りひろげている背景は、味気ない合成用のグリーンバックで埋めつくされているだけなどという事例はよくある。

ほかにもNetflix製作『アイリッシュマン』（二〇一七）のような数十年間にわたる大河ドラマを展開するさい、通例では若い俳優をキャスティングし、老けメイクとそれにふさわしい演技をさせるのとは逆に、老境に入った俳優を起用して３ＤＣＧにより若返らせるという、今まではとうてい不可能であった試みも行われている（倫理的、権利的な問題はともかく、ジェームス・ディーンやマリリン・モンローの「新作映画」も技術的にはとっくに可能だろう）。

『アイリッシュマン』
監督：マーティン・スコセッシ
脚本：スティーヴン・ザイリアン
製作：スコセッシ他　出演：ロバート・デ・ニーロ　アル・パチーノ　ジョー・ペシ　レイ・ロマーノ　ボビー・カナヴェイロ　アンナ・パキン

その『アイリッシュマン』を監督したマーティン・スコセッシは、3DCGを駆使した『アベンジャーズ』などのヒーローアクションシリーズ、通称マーベル映画を「あれは映画ではない」と酷評し、大きな話題となった。その後、フランシス・フォード・コッポラのような巨匠も参戦し、若手監督たちの反論もあって、ちょっとした論争にまで発展している。スコセッシは「せいぜいがテーマパーク」と続けていたが——マーベル映画への評価は別にして——、恐らくその通りなのだ。

私が『インセプション』の鏡の前で自分が透明人間になってしまったような不安に陥ったのは、カメラの視点と自分の視点を同一視していたからだ。CGの発達によってカメラの視点が消失したばあい、映像は原理的にはアニメーションと同じになる。カメラが持っていた視点の主体である根拠が失われるため、どこから、どのように撮るのも自由なのだ。

じっさいピクサーのような、フル3DCGアニメーションで製作されたアニメーション映画と、大部分が3DCGで占められた実写映画の違いを指摘するのは困難だ。それに加えて物理的な制約がなくなってしまえば、映画がアトラクション化して行くのはごく自然な発展の方向性の一つだろう。要するに、テレビの普及によって激減した観客を繋ぎとめるため、映画館でしかできない体験が追求されてきたのだ。ワイドスクリーン化に始まり、3D、IMAXに至るまで、こうした技術的変化は映画史の重要な側面である。

今後、映画を支えていた視座の感覚はどんどん失われ、映画自体の形式も大きく変わって行くはずだ。アトラクション的な側面が強まることによって、映画館の役割も「鑑賞」から「体験型」に近づいて行くだろう。それはスコセッシの言う「テーマパーク化」であることは間違いない。

誤解のないように言っておきたいが、私は一概にアトラクション化＝テーマパーク化を否定しているわけではない。スコセッシのマーベル批判も、その否定のポイントは主に内容面であって、形式面ではなかったはずだ。現にスコセッシの盟友でもあるスピルバーグの手にかかれば、前述した『レディ・プレイヤー1』のような「アトラクション的な臨場感を持った映画」となる。

現在はつねに過去と未来の結節点にあるが、変化を恐れて過去に拘《こだわ》るのは愚の骨頂だ。私はこれからも、期待を持って映画を見続けるだろう。その期待には、映画が変化していく姿も含まれている。

この本は、映画に限らず、多くの芸術表現が危機に瀕するなかで書かれたものだ。コロナ禍の影響により、新作映画の撮影、公開が次々と延期もしくは中止となるなかで、劇場公開からの撤退を半ば決定したディズニー、Netflix や Amazon prime など、定額配信サービスの爆発的な契約者増大――、映画館のアトラクション化とは正反対とも言える動きもまた起こっている（以前からあった流れが加速化したと言うのが正解だろうが）。

ただ、視聴環境や形式が変わっても、映画そのものの本質はそうは変わらないはずだ。われわれは一〇〇年前の観客と同じ場面で、バスター・キートンのアクションに驚嘆し、チャーリー・チャップリンの滑稽な奮闘ぶりに笑い、涙することができる。

学生からの質問でいちばん多いのが、先生のおすすめの映画はなんですか？　と言うものだ。映画に興味はあるのだが、どこから手をつけて良いかわからないのだ。

この本が、ともすれば情報過多で、あっというまに道に迷ってしまうネット時代にこそ、一種のサバイバル・ガイド・ブックとして、アクティブに使用されることを願っている。

テイク1　フランス

ヤニック・ドゥプラド（訳・成田美千子）

I　リュミエールからヌーヴェルヴァーグへ

【フランス映画史】

❶ 映画の創成とリュミエール、メリエス

「動画を映す装置」の生みの親は、トーマス・エジソンかもしれません。しかし映画の原型を発明したのは、フランスのリュミエール兄弟[1]だとされています。

兄弟は、撮影と映写ができる機械を「シネマトグラフ」と名付け、特許をとりました。一八九五年の一二月二八日、パリのグラン・カフェで、彼らは一〇本の作品を公開します（有料）。それ以来『リュミエール工場の出口』『ラ・シオタ駅への列車の到着』などの作品により、映画はたちまち商業的な、大衆的なジャンルの仲間入りをしました。

リュミエール兄弟は一九〇五年まで、世界中に技師を送ってさまざまな映像を撮影させ、あわせて映写も行い、また国内を回って映画作品を紹介していきます。多くのフランス人にとって魔術に近い発明が、このようなプロモーション・キャンペーンによって、世界の歴史に大きな衝撃を与えたのです。

この時代に、アリス・ギィ（ほかの国ではアリス＝ギィ・ブラシェの名でも知られている）は、一八九六年に、創成期の映画界に初めてのフィクション映画『キャベツ畑の妖精』を登

1　リュミエール兄弟
兄＝オーギュスト・リュミエール
Auguste Lumière（一八六二―一九五四）
弟＝ルイ・リュミエール
Louis Lumière（一八六四―一九四八）
兄弟の父がエジソンの「キネトスコープ」をパリで体験したことがきっかけで、兄弟は持ち運びのできる「シネマトグラフ」を考案する（正確には「シネマトグラフ・リュミエール」）。世界最初の実写映画とされるのが、彼らの『リュミエール工場の出口』（*La Sortie des ouvriers de l'usine Lumière*　一般には『工場の出口』としても知られている）。なお「シネマトグラフ」は、ギリシャ語の〈動きを描く〉に由来。映画＝〈シネマ〉という略称は、一九一〇年代に一般化した。また「動画装置」発明の前史としては、フランス生まれ、イギリスのリーズ、ニューヨークなどで活躍したルイ・ル・プランスや、ドイツのスクラダノフスキー兄弟の名もあげられる。

リュミエール兄弟。左が兄。

場させました。彼女は先駆者でありながら、映画の歴史家たちからは長いあいだ忘れられていました。しかし、最近になって再評価されはじめ、今後は世界の多くの研究者の関心を引くことでしょう。

初期の映画の歩みで忘れてならないもうひとりは、ジョルジュ・メリエス[2]です。彼は映画に爆発的な人気をもたらした「イリュージョン（特殊効果）」の大天才であり、ほかにも多くの技術を発明します。

またメリエスは、初めての映画スタジオであるスター・フィルム社を作り、ここで七〇〇本以上の映画が撮影されました。今日では彼の作品の大部分は失われていますが、独創的なフィクション映画や、ドキュメンタリー、ニュース映画、歴史映画などが作られたのです。

この時代の現実をとらえるのに、カメラじたいは、トリックもごまかしも用いませんでした。撮影のあと、フィルムは多くの場合、有名なテュイリエ夫人の工房で、約二〇〇人の職人による手作業で色付けされました（一八九七年以降の技術）。歴史の瞬間を再現するセットが描かれ、構成され、そして着色されたわけです。

メリエスは一九〇二年に、彼のもっとも有名な『月世界旅行』を製作しました。映画の先進技術におけるフィクションの手法や、イリュージョンの効果など、この傑作のすべてがメリエスの重要性を示しています。彼は特殊効果の父とも言えます。

❷ パテ社の発展と、その監督・作品

映画は、一九〇五年からシャルル・パテ[3]と彼がつくったパテ社によって、利益を生みだす産業となりました。そしてこの産業は、の

『月世界旅行』

2　ジョルジュ・メリエス
Georges Méliès（一八六一―一九三八）
トリック映画の始祖として知られる。

3　シャルル・パテ
Charles Pathé（一八六三―一九五七）。
パテ社はリュミエール兄弟から映画関連の特許を買いとる。

ちに完全な芸術となっていきます。

当時の目標は、完成された映画のフィルムを大量に生産し、販売することでした。縁日で上映するためにメートル単位で売られた映画フィルムを、興行師たちは販売網を作って広めていきました。そのとき観客として想定されていたのは庶民です。

こうして、製作者、販売者、映画館経営者から成り立つ現在のネットワーク制度が、ごく早い時期に確立されました。

パテ社はこの年、三五一本の映画を製作、新しいタイプのこの興行の成功で、三四〇〇人の観客を収容できる巨大な映画館が建設されました。映画はついに、完全に新しい時代に入ったのでした。

マックス・ランデー[4]は、一九〇五年に俳優としてパテに雇われ、その滑稽な道化の才能で、フィクション映画のごく初期の世界的大スターとなりました（チャールズ・チャップリンに大きな影響を与えました）。

いっぽう第一次世界大戦直前に雇われたルイ・フイヤードは、映画監督として『レ・ヴァンピール　吸血ギャング団』（一九一五―一九一六）や『ファントマ』（一九一三―一九一四）で、以後「シリーズもの」と呼ばれる連作を生み出しました。

注目すべきは、この時代には作者（監督）という概念がまだ確立されていなかったことです。「カメラマン」が正真正銘の芸術家と見なされるまで、さらに何年も待たなければなりませんでした。彼らが世界に向ける視線は独特で個性的です。しかし映画という媒体および芸術的な目的に緊密にかかわるこの映画監督という概念さえ、利益追究のためには無視されていたわけです。

のちになって、映画の新しい重要性が認識されるにしたがい、「作品」だけでなく「作家」や「監督」「美術監督」そして製作に携わる、

『レ・ヴァンピール』

4　マックス・ランデー
Max Linder（一八八三―一九二五）フランスの俳優、映画監督、脚本家、映画プロデューサー。

他のすべての個性あふれる人間たちを評価する見方が現れていくことになります。

❸ シネクラブ、ルノワール、ブニュエル

シネマトグラフが正真正銘の創作の道具として広がり始めたとき、不幸にも第一次世界大戦が勃発し、映画の芸術的で経済的な繁栄は危機におちいりました。フランス軍は映画スタジオを接収し、パテはヨーロッパを去り、アメリカ合衆国へ渡ります。

そのことで、戦時中のフランス映画は決定的な打撃を受け、大きな不振に見舞われます。いっぽうアメリカは、フランス映画が占めていた地位に昇り、世界一の映画生産国となっていくのです。

第一次世界大戦後まもなくのこと、ルイ・ドゥリュックが、「シネクラブ」[5]を考えだします（彼は最高の映画作品に毎年与えられる「ルイ・デリュック賞」に名を残している）。このシネクラブは、今もなおフランスの映画愛好家に非常に愛されていて、アンリ・ラングロワ、ジョルジュ・フランジュ、アンドレ・バザン[6]などの新世代のシネフィル、つまり映画通に影響を与えました。彼らは映画について考え始め、映画を美的考察の中心に置いていきます。

ルイ・ドゥリュックは、もうひとりの映画の先駆者ジェルメーヌ・デュラックにも大きな影響を与えました。彼女は、ドゥリュックの脚色による『スペインの祭り』（一九二〇）を映画化しました。また、多くの映画監督やシュルレアリスムの芸術家たち（例えば、アントナン・アルトー[7]）に支えられ、一九二八年には、有名な『貝殻と僧侶』を製作しています。

この時代、フランス国内の作品には、明らかに文学的な傾向が見られました。作家ウジェーヌ・シュー、エミール・ゾラ、ヴィク

5　シネクラブ
ciné-club（英語 film society）。映画愛好家による上映を中心とした組織。

6　アンドレ・バザン
André Bazin（一九一八—一九五九）批評家、「カイエ・デュ・シネマ」誌の編集長。〝ヌーヴェルヴァーグの父〟ともいわれる。

7　アントナン・アルトー
Antonin Artaud（一八九六—一九四八）。フランスの俳優・詩人・小説家・演劇家。シュルレアリスム運動に参加するが、のちに決別。映画にも多くかかわり、台本制作などを手がける。散文作品としては『冥府の臍・神経の秤』『ヴァン・ゴッホ』など。

トル・ユゴーなどの作品を脚色した映画が、もっぱら映画館で上映されていました。

映画史における重要な映画監督、例えばあとでもふれるジャン・ルノワール、そしてジュリアン・デュヴィヴィエ、ジャック・フェデルは、そんな文学の脚色で最初の第一歩を踏みだします。

これらの作品とは別に、あのルイス・ブニュエル[8]を筆頭に、アベル・ガンス、カール・テオドア・ドライヤー、マルセル・レルビエなど、真の創作家たちが現れます。二四五分の上映時間、三面のスクリーンに同時映写されたガンスの『ナポレオン』（一九二七）、ブニュエルの『アンダルシアの犬』（一九二九）、ドライヤーの『裁かるるジャンヌ』（一九二八）は、世界の映画に大きな衝撃を与え、欠くことのできない作品となりました。

❹ 無声からトーキーへ

一九二〇年代終わりから一九三〇年代初めに、映画は一大転機を迎えます。トーキー[9]の誕生です。一九二七年、初めての（部分的）トーキー映画となるアラン・クロスランドの『ジャズ・シンガー』が、ニューヨークで公開されました。この革命によって、録音技師、台詞作家、脚本家、音楽家などの、映画の新しい職業に地位向上がもたらされ、俳優たちが一新されます。

無声映画からトーキー映画への移行で、無声映画のスターたちは、もはやその地位を維持できなくなりました。

フランスでも、アルレッティ、ミシェル・モルガン、ルイ・ジューヴェ、ミシェル・シモン、ジャン・ギャバンなどの新人俳優が現れ、以前とはまったく異なる演技を行います。大げさではない、繊細な演技が求められてい

『ジャズ・シンガー』ポスター

8　ルイス・ブニュエル
Luis Buñuel（一九〇〇—一九八三）スペイン生まれ、メキシコに帰化。映画監督。

9　トーキー（トーキー映画）
声や音響などと映像がシンクロして使われる映画。原始的にはスクリーンの背後に俳優などを置き、セリフや音を映像に合わせて発音させたこともあるという。その後エジソンの〈キネトフォン〉〈キネトフォノグラフ〉などのシステムが開発される。全編に音声がついた初めての完全トーキー映画は、『紐育の灯』（一九二八）。

くのです。かつての有名な喜劇俳優たちはこの急変をなんとか生きのびようとしましたが、成功したのはごくわずかでした。

トーキー映画の成功により、一九三〇年代には、映画配給業者は観客席の設備を変えるため、巨額の投資をしなければなりませんでした。また一九三二年のフランスの経済恐慌の影響もあり、業界全体が打撃を受けます。フランス社会も急激に変化していきました。

一九三六年にフランス人民戦線[10]が勝利すると、新しい映画の表現形式が生まれました。第二次世界大戦後まで続いた詩的リアリズムです。これは、自然主義の影響を受けたスタジオ撮影中心の映画であって、次世代のヌーヴェルヴァーグの映画監督たちから厳しく批判されることになります。

ドイツ表現主義映画のローベルト・ヴィーネ、フリードリヒ・ムルナウ、フリッツ・ラングなどの監督と同じく、美術監督たちが重要と見なされるようになりました。俳優の存在感も増していきます。

美術監督アレクサンドル・トローネルは、この新しい映画美術というジャンルの中心人物のひとりとなり、天才脚本家、台詞作家のジャック・プレヴェール[11]とともに、これらの仕事を創作の核に置きました。

「シネマテーク・フランセーズ」を創設したことで有名なアンリ・ラングロワ[12]は、その施設で作品の保存と上映を企画しました。彼の努力により、映画の収集や公開などを行うシネマテークは、映画への情熱を表すための、最大のフランス型シンボルのひとつとなりました。そして今日もなお、映画との出会いと研究、歴史の資料館となっています。

この施設が現在まで活動できているのは、強力な支援者たちがいたからです。ラングロワの片腕であるドイツ表現主義映画の優れた

10　**フランス人民戦線**
第二次大戦前の一九三五年六月、社会党・共産党・急進社会党の三党が中心となって組んだ反ファシズム統一戦線。翌三六年一月に内閣を成立させたが、内部対立が激化、三七年六月に崩壊、内閣は総辞職。

11　**ジャック・プレヴェール**
Jacques Prévert（一九〇〇―一九七七）
詩人（シャンソン「枯葉」の歌詞など）、作家、脚本家。

12　**アンリ・ラングロワ**
Henri Langlois（一九一四―一九七七）

専門家、ロッテ・アイスナーが、映画のセットや模型、写真、脚本収集のために巨額の資金を集めたのです。

❺ ドイツ占領下、終戦直後のフランス映画

第二次世界大戦中も映画製作は中断しませんでしたが、軍の検閲により、ジャン・ルノワール[13]の『ゲームの規則』（一九三九）などいくつかの作品の上映が禁じられました。戦時中に上映禁止となったおもな理由は、「フランス人の精神に与える悪影響」でした。

一九四〇年、映画産業の組織委員会（COIC）が設置されました。この委員会は、フランス映画の将来にきわめて重要な役割を持つことになります。政治権力が初めて、映画の製作と経営を統率することになったからです。

ドイツによる占領と、フランスを二分したヴィシー政権時代[14]には、数多くの映画監督や俳優がフランスを離れました。最初にデュヴィヴィエ、ルノワール、次にギャバン、ジューヴェなどです。

占領下のパリでは、ナチスの将校アルフレート・グレーヴェンの指揮でコンチネンタル・フィルム社（後述）が作られ、ここでアンリ＝ジョルジュ・クルーゾーの『密告』（一九四三）が製作されました。この映画会社には知られざる非常に面白い話があるので、次のⅡでお話ししましょう。

この時代、フランス映画の財源は枯渇寸前でした。サッシャ・ギトリーやアベル・ガンスなどは撮影を続けていましたが、ヴィシー政権やナチスの検閲、フィルムの不足、多くの俳優とカメラマンの亡命、さらにドイツ人やフランス軍による映画スタジオの接収により、自由な思想表現は妨げられていました。

新しい人材も不足しており、フランス映画には復活も革命も起こりませんでした。映画

13 **ジャン・ルノワール**
Jean Renoir（一八九四―一九七九）画家ルノワールの次男。作品は他に『どん底』『ピクニック』『フレンチ・カンカン』など。

14 **ヴィシー政権**
Régime de Vichy　第二次世界大戦中、ドイツに降伏した後、フランスに成立した親独政権。一九四〇―一九四四。正式国名はフランス国、État français（エタ・フランセ）。フランス中部の町ヴィシーに首都を置いたことから、この名で呼ばれた。ペタン元帥などが首相を務めた。

はあいかわらずスタジオで撮影され、シナリオは同種の主題を扱い、文学の脚色がたびたび繰り返されており、新しいものは現れなかったのです。

ヴィシー政府とナチスによる二重の検閲により、この時代の映画監督たちは、その反体制的立場を幻想的な作品として訴えることになりました。ジャン・ドラノワは『悲恋』（一九四三）で、マルセル・カルネ[15]は『悪魔が夜来る』（一九四二）で、懸命にこのジャンルでの美しい表現方法を模索します。揺れ動くこの時代の政治・社会問題などは隠さざるを得ません。作品でそれをはっきり描くと、検閲で例外なく削除されたからです。

そして一九四五年にドイツが敗退し、フランスが解放されたあとも、映画製作での真の復活は起こりませんでした。

しかし、戦後まもない映画界の出来事を、政治的・歴史的観点から見るのはたいへん興味深いことです。例えば、あとで述べるようにクルーゾーは綱紀粛正の犠牲者となり、ジャン＝ピエール・メルヴィルは『影の軍隊』（一九六九）でド・ゴール派から非難されます。

❻ 目覚めとヌーヴェルヴァーグ

一九五〇年代後半以降、長い眠りから覚めた人たちの作品が現れました。遅咲きの天才マルセル・オフュルス[16]の『哀しみと憐れみ』（一九六九）は衝撃的な作品であり、アラン・レネの『夜と霧』（一九五五）は、視聴覚最高評議会（ＣＳＡ）で上映されたあとに非難を巻き起こします。なぜなら、ひとりのフランス人憲兵がナチスを手伝い、ユダヤ人を収容所行きの列車に乗せるシーンがあったからです。いろいろな理由でこの非難は多くのことを物語っていました。

続いて詩的リアリズムが去り、良質なフラ

15　**マルセル・カルネ**
Marcel Carne（一九〇六―一九九六）『北ホテル』などを手がける。

16　**マルセル・オフュルス**
Marcel Ophüls（一九二七―）ドイツ出身の監督マックス・オフュルスの息子。

ンス映画作品が称賛される時代となりました。しかしそんな映画もまた、ヌーヴェルヴァーグ[17]の急進派からは激しい攻撃を受けつづけます。良質のフランス映画として好まれるか嫌われるかは、監督たちが従来のスタジオ映画の技法に従うかどうかに関係していたのです。

ドイツ出身の監督マックス・オフュルス[18]のカメラワークは、正確なテンポで旋回移動し、金メッキの牢獄を連想させるなどして評価されます。ルノワールは『フレンチ・カンカン』（一九五四）で、スタジオの見掛け倒しのリアリティに疑問を呈しています。また有名な監督オータン＝ララ[19]は、手の届かない真実よりドイツ表現主義の詩的効果を求めることを優先しています。

豊富なセリフ、場面や登場人物の節約は演劇界にも通じるフランス的な特徴ですが、おそらく新しい映画運動から生まれたものです。光と影の構成、複雑なセットなど、リアリティを生み出す作業は、逆説的なことに、明らかな非現実性に左右されていました。

一九五〇年代の主要な映画は、とくにマルセル・カルネの『北ホテル』（一九三八）と『天井桟敷の人々』（一九四五）の美術監督アレクサンドル・トローネルや、マックス・ドゥーイに負うところが多かったのです。撮影のセットはクローゼットのような場所にも設置されましたが、監督は製作に欠かせないこれらの美術監督たちを信頼していました。

そして一九六〇年代を取り上げるとき、世界中に影響を及ぼし、フランス映画史上もっとも重要な時代である「ヌーヴェルヴァーグ」にふれざるを得ません。そこでは映画監督たちは作家となり、スタジオで慣習化されていた方法を拒否するために、屋外で撮影を行いました。

アメリカ映画を見て、映画批評を読み、さ

17 **ヌーヴェルヴァーグ**
Nouvelle Vague　一九五〇年代末に始まるフランス映画の運動。「新しい波」（ニュー・ウェーブ）を意味する。即興的演出や、アフレコでなく同時録音、スタジオでなくロケを中心にした手法が特徴。シャブロルの『いとこ同志』、トリュフォーの『大人は判ってくれない』、ゴダールの『勝手にしやがれ』など。

18 **マックス・オフュルス**
Max Ophüls（一九〇二―一九五七）ドイツ生まれ、のちにフランスに帰化。アメリカでも活躍。ヌーヴェルヴァーグにも影響を与えた。マルセルの父。

19 **クロード・オータン＝ララ**
Claude Autant-Lara（一九〇一―二〇〇〇）『肉体の悪魔』『赤と黒』など。

らにアンドレ・バザンのもとで育ったフランス映画の若き擁護者たちは、親の世代の映画がその地位を新しい表現形式に譲るべきだと考えていました。

このヌーヴェルヴァーグの時代については、次のⅡの最後で、より詳しく取りあげたいと思います。

❼ 六〇年代〜七〇年代、政治的な……

一九六〇年代には、『工場の出口』から着想を得た、モーリス・ピアラ[20]監督の『裸の少年時代』（一九六九）が現れ、フランス映画の重要な作品となりました。

映画初期の、工場から出てくる労働者たちがめまぐるしく動く映像から何十年も経っていました。しかしピアラには、今もなお彼らが幸運に見捨てられているかのように見えていました。この作品は、消えつつある労働者階層を描いています。映画が放つ暗さは、夢を失った人間たちの亡霊から生まれていたのです。

ピアラは、とくに映画の絵画的な重要性にも気づいています。よく知られてはいないことですが、彼は画家出身でした。映画のいくつかのシーンは、クールベやセザンヌが描いた絵のような表情になったことを忘れてはなりません。

次の一九七〇年代は政治的な時代です。演説の映画、フェミニズムや社会的な映画が急増し、フランスの映画ファンの大部分を落胆させました。

しかし、中産階級の心理状態を分析していたクロード・ソーテが『墓場なき野郎ども』（一九六〇）によって脚光を浴びたことを忘れてはなりません。ソーテは、一九七五年に『友情』で大成功を収めました。観客たちはここに社会的、政治的な不安におとしいれる

20 **モーリス・ピアラ**
Maurice Pialat（一九二五―二〇〇三）フランスの映画監督。「ポスト・ヌーヴェルヴァーグ」の作家といわれる。セザール賞作品賞やカンヌ国際映画祭パルム・ドールを受賞。俳優としてジェラール・ドパルデュー、サンドリーヌ・ボネールを多用。

映画ではなく、幸福にさせてくれる映画を見つけたのです。

そして、フランスの観客は、配役に非常に敏感です。映画監督の作品を見るためではなく、出演する俳優、女優を見るために映画館に行くほどです。

そんな男優には、ヌーヴェルヴァーグ映画から転向し、「映画ビジネス」の網にかかったジャン＝ポール・ベルモンド、アラン・ドロン、リノ・ヴァンチュラ、女優にはイザベル・アジャーニ、イザベル・ユペールなどがいます。ジャン・ベッケルの『殺意の夏』（一九八三）公開時には、観客の多くは有名な監督のこのみごとなスリラーより、まずアジャーニを見るために映画館に行ったと認めています。

広告キャンペーンの効果は絶大で、フランス人はその犠牲となりました。アメリカで消滅しつつあるこのスターシステム現象が、現在もフランスには実際に残っているのです。

❽ 八〇年代、テレビ、アメリカとの戦い

一九八四年は、重要な年です。エリック・ロメール[21]がもっとも悲観的な作品『満月の夜』を撮影していた時期、テレビのカナル・プリュスが開局しました。開局早々から映画に野心をもち、最新の映画を多量に放送して、映画界と非常に激しく張りあい始めます。視聴者たちは映画を見る新しい手段を見つけました。金銭的に得であるだけでなく、映画館での体験にかなり似ていたからです。

映画は生き延びるために文化的な商品となり、センセーションを巻き起こさなければなりません。観客を引きつけるため、スターたちには過分の報酬が支払われ、広告費が増やされ、大きな興業収入が期待されました。

一九七五年には、ひとつのフィルム原版から三五本〜五〇本のプリントが作られました。それが一九八五年には三〇〇本になり、

イザベル・アジャーニ

21 エリック・ロメール
Éric Rohmer（一九二〇―二〇一〇）ヌーヴェルヴァーグ最後期の監督。

なかでもいちばん期待される作品からは最大四〇〇本のプリントが作られました。

アメリカ映画は、フランスで大きく収益を上げています。一九八六年には、アメリカ映画を見た観客数が、フランス映画の観客数（四三％）を上回ります。さらに一九九四年には、フランス映画の観客数の割合はたった三〇％にまで落ちました。

一九八〇年代の著名な監督としては、次のような名前をあげましょう。写真家でドキュメンタリー作家であり、主に心理学と社会学に基づいて製作したレイモン・トゥパルドン。前述のモーリス・ピアラ。ジャック・ドワイヨン。ヌーヴェルヴァーグ以来の手法を維持しているアニエス・ヴァルダ。ベルトラン・ブリエ。そして、フランス映画の永遠の「アウトサイダー」ジャン＝ピエール・モッキー。

またオリヴィエ・アサイヤスと、ベルギーの女性監督シャンタル・アケルマン[22]も、八〇年代に見出されました。

その一九八〇年代でもっとも興味深いのは、すでにお話しした〝シネフィル〟（映画通、映画ファン）という新しいタイプの観客が徐々に現れたことです。ヌーヴェルヴァーグ後に生まれた世代です。

新しい形式や変革を求めて作られたあとにスクリーンからほとんど消えた、ヌーヴェルヴァーグという独創的な映画に、彼らは関心を持ちます。そして、ジャン＝リュック・ゴダール、フランソワ・トリュフォー、ロベール・ブレッソン、エリック・ロメール、アラン・レネなどを、改めて知るようになるのです。

新しい世代は、両親や祖父母が見た昔の映画に興味を持ちました。好奇心や欲求が原動力となって、彼らはそんな「創設者」たちの文献を読み、批判的で分析的な観点から映画を見るようになりました。

22　シャンタル・アケルマン
Chantal Akerman（一九五〇―二〇一五）『忘却に抗って―命のための三〇通の手紙』など。

❾ 九〇年代、そして変化しつづける現在

一九九〇年代は経済的にきびしく、喜劇映画を除けば、商業的なヒット作は片手で数えるほどしかありませんでした。

ただしこのころ、新しい監督が次々と世に出ています。エティエンヌ・シャティリエ[23]の『人生は長く静かな河』（一九八九）や『しあわせはどこに』（一九九五）は大ヒット作で、前の年代に匹敵する人気となりました。

フランスの大都市の映画館は、イラン、トルコ、レバノン、韓国、タイなどの外国映画を上映し、多様性を模索します。いっぽう、映画館の集合体であるシネマ・コンプレックスは、アメリカの「ブロックバスター（超大作）」や、フランス独自の喜劇作品に賭けていました。

一九九二年、アルノー・デプレシャンの最初の長編映画『魂を救え！』が公開されました。そこから今後期待される俳優たちが登場、例えばエマニュエル・ドゥヴォスです。また監督パスカル・フェランの『死者のちょっとした取引』（一九九四）がクロウト受けしてヒットし、彼は映画製作の中心に躍り出ました。『レディー・チャタレー』（二〇〇六）も批評家と観客に広く認められ、才能が立証されています。

この二人の若手の監督に加え、『危険な友情　マックス&ジェレミー』（一九九二）のクレール・ドゥヴェール、『北』（一九九一）と『きみが死ぬことを忘れるな』（一九九五）のグザヴィエ・ボーヴォワ、『憎しみ』（一九九五）のマチュー・カソヴィッツも忘れてはならないでしょう。

さらには『天使が隣で眠る夜』（一九九四）と『リード・マイ・リップス』（二〇〇一）、さらにかつてのハーヴェイ・カイテルの作品『マッド・フィンガーズ』の興味深いリメー

23　エティエンヌ・シャティリエ Etienne Chatiliez（一九五二―）

ク『真夜中のピアニスト』（二〇〇五）を監督したジャック・オーディアールなどが加わり[24]ます。つまり、フランス映画は今もなお活気があって、想像以上に好調であることが示されました。

一九五〇年以降に生まれたこれらの監督と俳優は、映画の主人公を通して守るべき道徳的な行為を表現しながら、社会を描写していきました[25]。

彼らと対立する映画監督のグループが二つあります。ひとつは、心理的また社会的な観察に基づいて映画の伝統を継承するグループであり、もうひとつは想像の世界に身を置くグループです。

しかし、概して一九九〇年代終わりから今日までフランス映画にはあまり変化がなく、予想されたような急激な改革も起こってはいません。

フランスの映画産業は、つねに楽しみ方を変化させています。その幅は、人気のある海外の映画（日本、韓国、タイ、トルコ、ロシアなど）や、ＣＮＣ（フランス中央映画庁）から十分な資金を受けているフランス喜劇映画（不調があるにせよ）、監督による自主制作映画などまで、種々さまざまです。

いっぽう、増大するストリーミング配信サービスが、映画館通いや映画への関心に影響を及ぼし、Netflixや、Amazonの映画配信の人気が急上昇したことは、ご存じの通りです。

映画俳優たちはどうでしょうか。今までの映画人とは正反対のようにして、テレビドラマのスタジオに通っている人もいます。一〇年～一五年前には予測できなかった、前代未聞の現象といえるでしょう。

ここであらためて、二〇〇〇年代にヒットした主要な作品をあげてみます。ジャン＝ピエール・ジュネの『アメリ』（二〇〇一）。世

24　**ジャック・オーディアール**
Jacques Audiard（一九五二―）『真夜中のピアニスト』で第三一回セザール賞。

25　**一九五〇年以降生まれの監督**
ほかにも、たとえばレオス・カラックス（Leos Carax）やリュック・ベッソン（Luc Besson）などが活躍。カラックスの『ボーイ・ミーツ・ガール』や『ポンヌフの恋人』、ベッソンの『レオン』『フィフス・エレメント』などは、日本でも大きな評判となった。

界の発見に飢えていたフランスの若者たちにショックを与えたセドリック・クラピッシュの『スパニッシュ・アパートメント』（二〇〇二）。主人公の俳優以外に記憶に残る特徴がない、ダニー・ブーンの『ようこそシュティの国へ』（二〇〇八）。またフランス映画最新のグローバルな大ヒット作、オマール・シーとフランソワ・クリュゼが共演した『最強のふたり』（二〇一一）などです。

⑩ 移民問題からアニメ、MeToo

人気のヒット作や、コメディ作品以外にも、多くの監督が優れた質の映画を次々と生み出していることを忘れてはなりません。

ヨーロッパの新聞の三面記事をにぎわす深刻な移民問題に対し、慎みぶかく賢明に取り組んだフィリップ・リオレの『君を想って海をゆく』（二〇〇九）、ハリウッドのサイレント映画への揺るぎない愛情を思い起こさせたミシェル・アザナヴィシウの『アーティスト』（二〇一一）、近年でもっとも興味深い映画監督のひとり、アブデラティフ・ケシシュの傑作『クスクス粒の秘密』（二〇〇七）、マルジャン・サトラピ原作のバンド・デシネ（漫画）によるアニメ作品『ペルセポリス』（二〇〇七）、さらに若くて才能あるカナダ人、グザヴィエ・ドランの、非常に陰鬱な作品などがあげられます。

急ぎ足で辿《たど》ってきたフランス映画の歴史。その終わりに、映画産業内部の変化にふれざるを得ません。

数年前から起こっているMeToo運動が、長年隠されていた映画界の内幕を揺さぶり、多くの論争が公になされました。しかも、ごく正当な形で。

最新の論争のきっかけは、『私は弾劾する』

（二〇一九）のロマン・ポランスキー監督でした。児童への性的虐待で有罪となったポランスキー監督のこの作品が、二〇二〇年のセザール賞[26]で最優秀監督賞を受賞したからです。この出来事は、映画界にもフランス国民にも、大きな衝撃を与えました。

　現実的に考えてみましょう。女性の映画、または女性によって作られた映画への関心が回復したことは、社会道徳や業界に変化が起こったことを示しています。

　しかし、私たちが辿ったこの映画史では、明らかに女性たちについての記述が少ないのです。そのことを考えると、今後なすべきことはまだたくさんあるのだと思います。

ピックアップリスト・フランス映画

●『月世界旅行』（*Voyage dans la Lune*　ジョルジュ・メリエス監督、一九〇二）

　ジョルジュ・メリエスのこの映画を現在の視点で見ると、非常に単純な物語のように思える。しかしながらその背景にあるのは、『月世界旅行』がとくに特殊効果の点で映画に大きな革新をもたらしたことだ。映画が人気を博した理由には、特殊効果がうまく使われたことに加え、人々によく知られていた作家H・G・ウェルズ、ジュール・ヴェルヌ、作曲家オッフェンバッハの作品の影響があふれていることもあげられる。

●『アタラント号』（*L'Atalante*　ジャン・ヴィゴ監督、一九三四）

　二九歳でこの世を去ったジャン・ヴィゴは、二つの重要な作品を残した。『新学期　操行

『アタラント号』ポスター

26　**セザール賞**
フランスの有名な映画賞。一九七五年、ジョルジュ・クラヴァンヌ（Georges Cravenne）により創設。アメリカのアカデミー賞に相当する。その名は、クラヴァンヌの友人で彫刻家セザール・バルダッチーニにちなむ。一九七六年、第一回の最優秀作品賞は『追想』（ロベール・アンリコ監督）。トリュフォーの『終電車』（一九八一）なども選ばれている。他に、最優秀デビュー賞、最優秀監督賞などがある。

ゼロ』、そして『アタラント号』である。フランソワ・トリュフォーに賞賛されたこの作品は、映画への愛の叫びでもある。

ジャン・ヴィゴはこの映画の撮影中、重い病気にかかっていた。理想の結婚生活VS.現実を表現する恋愛映画である。ジャン・ヴィゴの作品は非常に詩的であり、素朴な魅力に満ちている。

●『天井桟敷の人々』（*Les Enfants du paradis* マルセル・カルネ監督、一九四五）

パントマイム役者バティストと、自由気ままな女性アルレッティの恋愛は、その詩情、優雅、ロマンティックさで、今でも私たちを魅了する。ジャック・プレヴェールが担当した台詞と脚本はすばらしい。ナチス・ドイツ占領中に撮影されたこの映画は、フランスの解放後、大成功を収めた。また、占領中だったにもかかわらず、隠れユダヤ系フランス人がこの映画の撮影に参加したという事実も、歴史に刻まれている。美術監督はあのアレクサンドル・トローネル。

批評家ジョルジュ・サドゥールは、『天井桟敷の人々』について「一九四三、一九四四年というもっとも酷い時代のなかで、フランスの芸術におけるみごとな傑作として、フランス映画史の大聖堂のようなモニュメントになった」と説明する。

●『憎しみ』（*La Haine* マチュー・カソヴィッツ監督、一九九五）

パリ郊外で発生した暴動の翌日、この地域に住む三人の青年ヴィンツ、サイード、ユベールの一日を描いた作品である。暴動の夜の間に起こった警官の失態のせいで仲間が死亡する。社会に捨てられた彼ら若者たちは、死がもたらした憎しみに突き動かされる。

この作品は、殴りつけるようなインパクト

『天井桟敷の人々』

で不平等な社会の証拠をあらわにする。そして「憎しみ」の中に見た現実は、現在でも存在したままである。同じ暴力、同じ人種差別、同じ怒り、終わりのない対立。

●『クスクス粒の秘密』（*La Graine et le mulet* アブデラティフ・ケシシュ監督、二〇〇七）

『クスクス粒の秘密』のフランス語のタイトルは「La Graine et le mulet」つまり「粒」と「ボラ（魚）」を指している。これは「王様のクスクス（Couscous royal）」の意味だ。

登場人物たちがこの料理を食べているシーンでは、いろいろな印象が浮かんでくる。歓喜、快楽主義の雰囲気があり、同時に裏話や暗い秘密もある。しかしこのシーンは、社会政治的問題をもほのめかす。

主人公たちの周囲のコミュニティは、一、二、三世代で構成されている。フランス生まれの二世と、フランスに移民してきた両親たちの苦労と、人生の意義の差も描きだしている。

●『二十四時間の情事』（*Hiroshima mon amour* アラン・レネ監督、一九五九）

マルグリッド・デュラス（Marguerite Duras）が脚本を担当、アラン・レネ監督が撮った「記憶」についての作品。日本人男性とフランス人女性の短い恋愛関係を背景に、広島原爆とナチス占領フランスのトラウマを語る。日本人男性は原爆の被害者であり、フランス人女性は占領の被害者だった。

アラン・レネの編集技法と映像技法により、「個の記憶」と「全体の記憶」を分析している。一九五六年のドキュメンタリー映画『夜と霧』で、レネはすでに個と全体の記憶について取りあげていた。

『気狂いピエロ』ポスター
主演はジャン・ポール・ベルモンド

●『気狂いピエロ』（*Pierrot le fou* ジャン＝リュック・ゴダール監督、一九六五）

一九六五年にこの映画を撮りはじめたとき、ゴダールはすでに六年で九本の映画を撮っていた。一九五九年の『勝手にしやがれ』は、彼の映画作りの基礎であって、その後さまざまなジャンルを撮影した。戦争映画の『カラビニエ』、ＳＦの『アルファヴィル』、コメディの『女は女である』、恋愛悲劇の『軽蔑』などまで。

肖像映画でもある『気狂いピエロ』は、ゴダールの最高傑作と思える。

●『影の軍隊』（*L'Armée des Ombres* ジャン＝ピエール・メルヴィル監督、一九六九）

メルヴィル監督はレジスタンス活動の記憶から、二つの作品を作った。処女作『海の沈黙』と、傑作『影の軍隊』。ジョゼフ・ケッセル[27]の小説をベースにし、自分の経験も加えた脚本。戦時下でのレジスタンス闘争を描いたすばらしい作品だ。映画によくみられる戦争中のヒーローの伝説は、メルヴィルの作品中には不在である。

●『大いなる幻影』（*La Grande illusion* ジャン・ルノワール監督、一九三七）

ルノワール監督の二つの傑作、『ゲームの規則』と『大いなる幻影』を美術の面で比較すると、まったく違う作品に見える。しかし「人道主義」を中心にする点では同じだ。戦争映画のはずなのに、戦闘場面も敵の顔も出てこない。社会の階層、宗教、ときに国籍までが奪われるなか、ルノワールが語るのは人間のシンプルな人生の素顔だ。

●『真実』（*La Vérité* アンリ＝ジョルジュ・クルーゾー監督、一九六〇）

ヌーヴェルヴァーグの直前に出た作品とし

『大いなる幻影』ポスター

27　ジョゼフ・ケッセル
Joseph Kessel（一八九八―一九七九）フランスの小説家、脚本家。『昼顔』『幸福の後に来るもの』など。

て、若者と大人の理解不能な関係が強く表現される映画。恋人同士の悲劇が裁判にもちこまれ、主人公である若い女性の犯した罪を裁いていく。

ゆっくりしたペースで進む作品だ。しかし裁かれるのは一人の罪ではない。戦争後のフランスの若者の情熱的な恋愛観を裁く老人裁判官、弁護士、傍聴者、大人たちをトータルで描いていく映画と感じる。

Ⅱ　ナチス占領下のフランス映画と『密告』

①　その前史、トーキー映画から古典期へ

一九二七年一〇月六日。ニューヨークでアラン・クロスランド監督の『ジャズ・シンガー』が公開されたときのことです。映画が途中まですすんだころ、多くの観客が突然、ひどく驚きました。彼らは、映画史上初めての（部分的な）トーキー作品を見たのです。映像そのものからセリフや効果音が流れていたのです。

Ⅰでも書いたように、この革新的なトーキーによって、録音技師、台詞作家、脚本家などの新しい職業が生まれ、新人作家の地位が向上し、俳優たちも一新されます。従来の表情を誇張する演技は、声の抑揚やリズム、フレージングに取って代わられたのでした。

一九三二年、経済恐慌がフランスにも及び、業界全体が大きな打撃を受けます。

その三〇年代、フランス映画は異国情緒に憧れていました。植民地の広大な砂地とオアシスに魅せられた監督たちが、そこで撮影した風景をフランスに届けます。現地では、パリから来た俳優たちが異国人のふりをして、土地の人や女たちをそれなりに演じました。「地元の人たち」は二次的な役を任されるか、そもそも画面に登場しませんでした。

ジュリアン・デュヴィヴィエの『地の果てを行く』[1]は、ベルベル人の娘を演じる女優アナベラ

1『地の果てを行く（*La Bandera*）』一九三五年。原作ピエール・マッコルラン、監督ジュリアン・デュヴィヴィエ、主演ジャン・ギャバン。ロケは当時のスペイン領モロッコ。スペイン外人部隊の協力を得て撮影。

の魅力を見せたり隠したりして楽しませるのですが、監督はこの作品からアラブ人の存在をすべて消し去りました。フランス本国では、上機嫌なアメリカ人、裕福なイギリス人、また風刺画にそっくりなユダヤ人はスクリーンに登場するのに、「平凡な」住民たちは、植民地人と同じように端役で現れるか、または登場しませんでした。

一九三六年には、フランス人民戦線の勝利とともに、詩的リアリズムが絶頂期を迎えました。これはスタジオで撮影される映画で、アレクサンダー・トロネールのような美術監督たちが重要な役割を演じました。台詞作家がフランス映画の中心人物となり、なかでもジャック・プレヴェールとアンリ・ジャンソンが有名です。この舞台演劇のような映画は富裕層を魅了したのですが、庶民階級を退屈させたので、登場人物はやがて労働者や兵士、娼婦など、望ましくはない運命と悪戦苦闘する大衆に置き換えられていきました。作品の中心にあるのは、宿命論です。『陽は昇る』と『獣人』は、この暗いテーマを中心に作られました。プレヴェールとジャンソンは、かなり独特の台詞で、フランス映画に新しい形のテクストを生み出します。登場人物の動作、外見、状況のすべてが、台詞のために利用されました。

第二次世界大戦直前には、四二五〇ほどの映画館がトーキー用に改修されましたが、そのうち三〇〇〇がパリにありました。映画館は家族で定期的に訪れる場所となり、話題の提供源となっていきます。アンリ・ラングロワがジョルジュ・フランジュ（『顔のない眼』で知られる監督）とともにシネマテーク・フランセーズ[2]を創設したのはこのころです。

映画産業もしだいに国際的になります。しかしその主たる原因はナチズムで、ドイツとオーストリアから多くの芸術家が逃げ出し、パリに来たからです。こうしてパリは、アメリカに旅立つ

2　シネマテーク・フランセーズ　前身の「シネクラブ」は三〇年代のフランス文化に欠かせない場となった。左はそのロゴ。

前の一時的な休息の場になりました。多くの外国人が、映画には出演しなくてもフランス映画に協力しました。三〇年代のパリには、ロシア、ハンガリー、チェコからの移住者、ドイツからの亡命者など、数多くの外国人映画監督が迎えられていたのです。

マックス・オフュルスのように有名になった人もいます。他の人たちはハリウッドやロンドンに向かう途中でパリに留まるだけでしたが、それでもフランス映画にいくつかの名作（例えばアレクサンダー・コルダの『マリウス』）を提供しました。これらの作品はフランスの遺産として定着しているので、監督たちが「フランス国民」でないことは忘れられています。

さらに、のちに映画の巨匠となる若い監督たちの、異色の映画の存在も注目されます。フリッツ・ラングとビリー・ワイルダー[3]は、ナチス・ドイツから逃れてパリに避難しました。

パリに来たのは経済的、政治的亡命者だけではありません。あらゆる国の画家や作家、映画監督が、エコール・ド・パリ[4]やシュルレアリスム[5]というこの時代の活気あるフランス文化に参加するためにやって来ました。ルイス・ブニュエルは、国際知的協力協会設立の可能性を秘めて来たのですが、一九二〇年から三〇年にかけて『アンダルシアの犬』と『黄金時代』を次々に製作します。この二つの作品は詩的な反体制映画の傑作であり、「フィルムによる」シュルレアリスムの具体化です。

② 占領、検閲、監視、そして批評は衰退する

ドイツ軍によるフランス占領は、一九四〇年六月二二日の休戦協定締結に始まります。それが

3 ビリー・ワイルダー
Billy Wilder（一九〇六—二〇〇二）アメリカのユダヤ系映画監督、脚本家、プロデューサー。

4 エコール・ド・パリ
École de Paris 一九二〇年代のパリで活躍した外国人アーティストのグループ。流派、様式、主義をもたない画家たちのゆるい集団。ピカソ、ミロ、シャガール、スーティン、モディリアーニ、藤田嗣治など。

5 シュルレアリスム
surréalisme 超現実主義。第一次世界大戦後、ダダイズムの影響を受けつつ独自の路線を歩んだ芸術革新運動。理性を否定、無意識に光を当てる。その名はアンドレ・ブルトンの『シュルレアリスム宣言』（一九二四）に由来。美術のダリ、エルンスト、写真家のマン・レイ、文学のアポリネール、アラゴン、映画のブニュエル、音楽のサティなど、多士多彩。

終わったのは、一九四三年一〇月にまずコルシカ地方が、一九四四年六月から八月にかけてフランス本土が、段階的に解放されてからです。

この占領期間中、ドイツとの休戦協定によりフランス本土が一本の境界線で、第三帝国の軍隊が占領する北部と、いわゆる「自由」地域の南部に二分されました。[6] ただし、フランスの主権は領土全体に及んでおり、占領地域と植民地も依然としてフランス政府の管轄下にありました。この政府を指揮したのがペタン元帥です。[7] 彼は一九四〇年七月一〇日まで首相を務め、その後のヴィシー政権において主席（国家元首）となりました。

フランスはこうして、実質的にナチス・ドイツに服従した状態になりました。すべての被占領国と同様に、経済、人間、そして領土の略奪（アルザス・モーゼルの事実上の併合）を受けたのです。ヴィシー政権は急激に対独協力政策を進め、反レジスタンス政策を支援し、自主的なやり方でユダヤ人を迫害、さらにユダヤ人のドイツとポーランドの強制収容所送りに協力しました。このような服従的状況は深刻化し、連合国軍がフランス領の北アフリカ（モロッコとアルジェリア）に上陸した結果、一九四二年一一月には「自由」南部も占領されました。

ドイツ占領下のフランス人の生活は、食糧、物資の不足と、弾圧によって特徴づけられます。占領が始まるとすぐ、活気があって国際色にあふれていた映画産業は、死の様相を呈しました。撮影所は閉鎖され、人気俳優たちは、フランス映画のもっとも優れた職人たちを伴ってアメリカに逃げだします。さらには、一つの産業が亡霊と化していく最初の兆候が急速に現れました。それはまず、出版界でのことでした。

6 フランスの二分
ドイツ軍に二分割され、北が占領地域、南が「自由」地域。左は当時の地図。

7 フィリップ・ペタン
Philippe Pétain（一八五六―一九五一）
ペタン元帥は第二次世界大戦中、ドイツ占領下のフランスで「ヴィシー政権」と呼ばれる親独政権の主席を務めた。

一九四〇年六月から、多くの雑誌が発行中止になります。雑誌の数は一九三九年には七八種（そのうちパリが五一）を数えていたのに、四二年に残ったのは一七種だけです。供給量の減少は、とうぜん質の低下も招きます。

戦前の映画雑誌には多額の収益がありましたが、占領下で雑誌が減ったために、批評活動じたいも明らかに衰退します。もともと映画批評は一九二〇年代に生まれ、映画に芸術的な正当性を与えていたのです。しかしその後、雑誌が人気を得てファッション誌のようになったため、批評も消えていきます。

「シネ・モンディアル」[8]誌は、一九四一年から四四年まで猛威をふるったプロパガンダの映画週刊誌です。ドイツ大使館から資金を得た、エディシオン・ルポン社から出版されました。社長のロベール・ミュザールは製作会社も管理し、ユダヤ人排斥のいくつものプロパガンダを企画。フランスの解放時にミュザールは、禁固三年の刑を宣告されました。

この「シネ・モンディアル」は、コンチネンタル・フィルム社の作品を大いに宣伝しました。コンチネンタル・フィルム社とは、一九四〇年一一月に、ドイツの資本でナチスの宣伝相ヨーゼフ・ゲッベルス[9]が作り、アルフレート・グレーヴェンが管理した、フランスの新しい映画製作会社です。

ドイツの国家元帥ヘルマン・ゲーリングのお気に入りであったグレーヴェンは、すでにフランスの専門家たちには知られた存在でした。彼は一九三五年にベルリンで『緑のドミノ』を製作、監督はアンリ・デコワン、そしてフランス人俳優のダニエル・ダリューとシャルル・ヴァネルが主演です。ここで留意しておきたいのですが、占領軍の映画に出演したフランス人俳優たちは、

8　雑誌「シネ・モンディアル（Ciné-Mondial）」。左はベルリンとの出会いを謳う記事。

9　ヨーゼフ・ゲッベルス
Joseph Goebbels（一八九七―一九四五）国家社会主義ドイツ労働者党（ナチス）宣伝全国指導者、国民啓蒙・宣伝大臣。

戦争によってアメリカ映画との競争を免れたものの、解放時にはその裏切りの報いを受けたということです。

一九四二年三月、アルフレート・グレーヴェンは、ダニエル・ダリュー、アルベール・プレジャン、シュジー・ドレールなどのフランス人映画スターたちのために、ベルリンへのプロパガンダ旅行を企画します。占領解放時これらの俳優たちは、全員がコンチネンタル社のために出演したこと、さらに対独協力の雑誌で大きく取り上げられたこの旅行に参加したことを認めました。

当時のヨーロッパ、とくにフランスの映画界で支配的だったのは、コンチネンタル・フィルム社が製作したフランス映画だけではありません。三〇年代にフランスで大いに活動していたドイツのＵＦＡ（ウーファ）社、ＴＯＢＩＳ（トービス）社やＡＣＥ（欧州映画同盟）社が製作し、配給した映画も大きな地位を占めていました。ドイツはヨーロッパの映画産業において、そうした地位を確保するため、そして映画のプロモーションのため、またとくに映画雑誌に、巨額の投資をしたのでした。

しかしドイツで作られた映画は、ファイト・ハーランの長編『ユダヤ人ジュース』と『黄金の街』以外、フランスにおいて目論んだ成功を収めることはできませんでした。

ナチス映画の象徴である『ユダヤ人ジュース』は、ゲッベルスの要請を受けて製作され、一九四一年二月にフランスで公開されると、一〇〇万人以上の観客を動員しました。このユダヤ人排斥のプロパガンダ映画が、パリやマルセイユなどのフランス各地で上映されたとき、割れんばかりの拍手を受けたことはよく知られています。いっぽう『黄金の街』は、フランスで公開された最初のカラー映画です。ドイツ人は、彼ら独自の技法であるアグファカラーがアメリカのテ

『ユダヤ人ジュース（Jud Süß）』ポスター

クニカラーに取って代わることを望んでいました。

「シネ・モンディアル」は娯楽雑誌であり、政治状況を正面から取り上げなかったのですが、四一年と四二年にパリで開催された大規模な博覧会では、上映された数本のプロパガンダ映画に肩入れし、占領軍やヴィシー政権好みのテーマに世間の目を向けさせました。

③ コンチネンタル・フィルム社とレジスタンス映画

パリがドイツ軍に占拠されたとき、プロパガンダの指導者ゲッベルスは、フランスの映画製作の監視を任されました。いっぽうペタン元帥は権力の座に就き、政府をヴィシーに置きます。この二人は、製作される作品に共同の監査権を持ち、実際面では、ドイツの「プロパガンダシュタッフェル（プロパガンダ戦隊）」と、ポール・モランが長を務めるフランス検閲局の二つの機関で検閲を行いました。

ドイツ側もフランス側も、検閲の目的の第一段階は部分的に過去を抹殺することです。それは、映画そのものやその名前まで消し、戦前に存在した作品の記憶を取り去ることでもあります。

一九三七年以前の映画は、存在しなかったことにされました。ジャン・ルノワールの『ゲームの規則』やマルセル・カルネの『陽は昇る』のような意図的な作品、あるいは戦争映画、不道徳と思われる映画は禁止され、ユダヤ人俳優の名前はポスターやクレジットから削除されます。フランスに入ってくるイギリスの映画についても同様です。

そして四〇年には占領地域で、四二年には自由区域でも検閲が始まりました。この二つの検閲

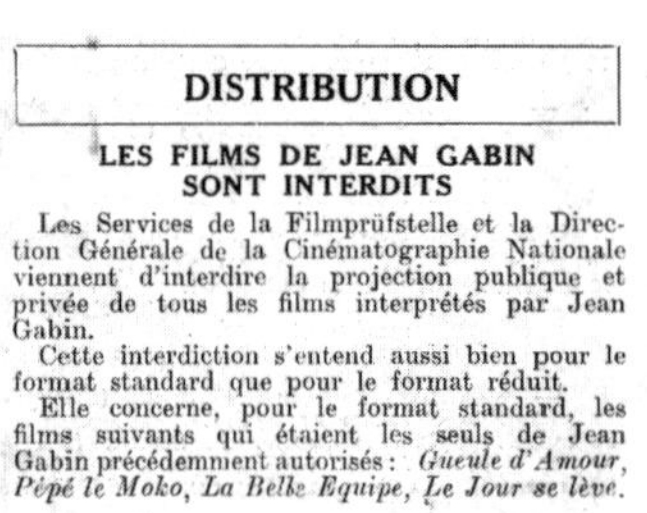

DISTRIBUTION

LES FILMS DE JEAN GABIN SONT INTERDITS

Les Services de la Filmprüfstelle et la Direction Générale de la Cinématographie Nationale viennent d'interdire la projection publique et privée de tous les films interprétés par Jean Gabin.

Cette interdiction s'entend aussi bien pour le format standard que pour le format réduit.

Elle concerne, pour le format standard, les films suivants qui étaient les seuls de Jean Gabin précédemment autorisés : *Gueule d'Amour*, *Pépé le Moko*, *La Belle Equipe*, *Le Jour se lève*.

ジャン・ギャバンの名前が削られたことを告げる新聞報道。

機関の権限は、配給まぎわの映画作品のみならず、製作開始前の台本にも及んでいきます。これらの機関の事前の同意なしでは、どんな映画も製作することはできなかったのです。さらに、監督たちは生のフィルムの支給を待たなければならず、資材不足で完成に至らない作品もいくつかありました。もっとも有名な未完作品は、マルセル・パニョル[10]の『星への祈り』です。

しかしこの時代、配給映画でプロパガンダの演説を見せられても、フランスの観客は決して丸め込まれず、当然のようにボイコットして映画館を立ち去りました。

映画監督のフランソワ・トリュフォーは、占領期に作られたフィクション映画の九八％がペタンを支持するものではなかったと述べています。また、戦前には反ユダヤ主義を暗示する作品がたくさんありましたが、ヴィシー政権時代の価値観に基づいてユダヤ人排斥を称える作品はひとつもありませんでした。

ピエール・ラロッシュ、ジャック・プレヴェール、ジャン・オーランシュとピエール・ボストは、模範的な脚本家です。同じく脚本家で監督のシャルル・スパークは、拘留されたことがあるため、『ホテル・マジェスティックの地下室』において、原作者のジョルジュ・シムノン[11]が考案した詐欺師・銀行家のユダヤ人的側面をすべて取り除きました。脚本家アンリ・ジャンソン[12]は、逆に平和主義、反植民地主義とユダヤ人排斥への告発を主張し、繰り返し禁固刑を受けました。

こうした情勢にもかかわらず、占領時代の四年間に二二〇本の映画が製作され、監督から技術者までのフランス人チームの大部分は、二つの検閲局が仕掛けた罠を避けることができました。たとえば脚本家たちは、多くのフランス人が侵略者に立ち向かう最後の手段だと考えたレジスタンス活動家たちの気力を挫かないために、物語の設定を、戦前ではなく別の時代にする必要があ

10　**マルセル・パニョル**
Marcel Pagnol（一八九五―一九七四）フランスの小説家、劇作家、映画作家。日本でも自伝小説『父の大手柄』などで知られる。

11　**ジョルジュ・シムノン**
Georges Simenon（一九〇三―一九八九）小説家、推理作家。「メグレ警部」シリーズなどで知られる。ベルギー出身。

12　**アンリ・ジャンソン**
Henri Jeanson（一九〇〇―一九七〇）作家・脚本・エッセイスト。

りました。

当時すでに、マルセル・オフュルス、ジャン・ルノワールとルネ・クレールは、ハリウッドでジュリアン・デュヴィヴィエと再会していました。そこにはダリオ・モレノ、ミシェル・モルガン、さらにシャルル・ボワイエなどのフランス人俳優もいました。

いっぽう、ジャン・ギャバン、ジャン＝ピエール・オーモンは、自由フランスのために軍隊で闘っていました。ジャック・フェデールと妻フランソワーズ・ロゼーはスイスに向かいました。フランス映画の子役スター、ロベール・リナンはレジスタンスに加わって捕らえられ、拷問を受け、二三歳で処刑されました。マルセル・カルネはフランスを離れませんでした。

一九四〇年、ゲッベルスは、新会社コンチネンタル・フィルム[13]の社長にアルフレート・グレーヴェンを任命しましたが、この会社は当時パリが悲惨な状態にあったにもかかわらず、想像できないほどの資金を与えられました。監督たちは意のままにフィルムを使い、思い通りの衣装と台本にふさわしいセットを準備させ、現実離れした自由を手にしていました。

映画はイデオロギーを伝達する媒体のひとつであり、その効力は即座に認識されます。ゲッベルスは一九三四年のある演説で、自らを「映画の熱烈な愛好家」と定義し、映画を「もっとも現代的な大衆を操作する手段」のひとつであると語りました（一九三四年二月の演説）。

しかし、アンリ＝ジョルジュ・クルーゾーの『密告』（後述）が証明していることですが、ドイツ資本のこの映画会社は監督たちに、現実をとらえた物語を思い通りに撮影させているかに見え

13 **コンチネンタル・フィルム**
同社は四四年の終了までに三〇作品をリリースした。左はそのロゴマーク。

ました。監督たちに自由が許されていたという印象は、グレーヴェンとゲッベルスの関係が複雑であったからです。もともとグレーヴェンの願望は、アメリカの会社と競争するだけではなく、芸術的観点からも優れたフランスの映画を製作することでした。

グレーヴェンは熱心な親仏家であり、ときには上司の指令をないがしろにすることもあったほどです。ゲッベルスは、グレーヴェンの率直な言葉にたびたび激怒していたようです。その例を挙げましょう。一九四三年にコンチネンタル・フィルム社は、エミール・ゾラの小説『ボヌール・デ・ダム百貨店』[14]を映画化しました。しかしゾラはナチスのブラックリストに載っていたため、グレーヴェンが全力で弁護しなかったならば、この映画は恐らくヴィシー政権の検閲を通ることはできなかったでしょう。

クリスチャン・ジャックの『幻想交響楽』も問題になりました。ゲッベルスは、日記にこう書いています。

> パリの部局（グレーヴェンとその会社のこと［筆者注］）が、フランス人に、ナショナリズム（フランスへの愛国精神［筆者注］）を映画で表現する方法を教えているのには腹が立ちます。フランス人には、簡単で中身のない、できれば馬鹿げた映画だけを作るようにと、はっきり指令を出しました。彼らはそれで満足すると思います。フランス人のナショナリズムを高揚させる必要はありません。[15]

グレーヴェンはしかし、出世欲とともに良質なフランス映画を見たい欲求に駆られ、ユダヤ人の脚本家たちにも仕事への協力を依頼しました。彼がユダヤ人を採用したのは、ジャック・プレ

14 『ボヌール・デ・ダム百貨店』 *Au Bonheur des Dames*』一八八三年出版。自然主義作家エミール・ゾラの小説。当時の華やかなデパートを舞台にした恋物語。

15 Joseph Goebbels, Journal intime du 19 mai 1942, cité par Georges Sadoul dans son *Histoire générale du cinéma*.

ヴェールに指摘されたからです。プレヴェールはグレーヴェンに書いています。

> いいえ！　そもそも、あなたはすでに負けてるのです！［…］あなたのところにユダヤ人がいないからです。ハリウッドを見てください、ユダヤ人がいなければ映画を作ることができません！[16]

その他、ジャン・ドゥヴェーブルのように、敵の組織内で闘うことがより効果的だと考えるレジスタンス活動家の監督もいました。いっぽうベルトラン・タヴェルニエ[17]は、こうした複雑な状況から『レセ・パセ　自由への通行許可証』という難解な作品を作りました。この映画は二人の男性の経歴に焦点を当て、コンチネンタル・フィルム社という驚くべき冒険の行動を冷静に見つめています。

一方のジャン・ドゥヴェーブルは助監督で、レジスタンスという闇の活動を隠す手段として、計算づくでコンチネンタル・フィルム社に入社します。彼は行動的で、無分別で、衝動的で大胆です。他方のジャン・オーランシュは脚本家で詩人、ドイツ人が提供するあらゆる仕事をかたくなに拒否します。控え目で、貪欲で好奇心が強く、同時に三人の愛人がいます。彼は何よりもまずペンを取り、書くことで抵抗したという証人です[18]。

フランス占領という状況で、ヒットラーはパリをナチズムの遊園地のようなものとみなしていました。そして、活気あふれるハリウッドの産業と競争し、軽くてユーモラスな作品を作る映画会社を望んでいたのです。ヒトラーはコンチネンタル・フィルム社がまさか、作品の持つ力によって彼の想像からかけ離れた映画会社になるとは予想もできなかったわけです。

16　https://www.telerama.fr/cinema/alfred-greven-l-allemand-double,56353.php

17　**ベルトラン・タヴェルニエ**　Bertrand Tavernier（一九四一―）フランス・リヨン出身の映画監督・脚本家。

18　Critique du film de Bertrand Tavemie, Laisser-Passer par Nicolas Desprès.

④　映画スターとプロパガンダ――特別なドイツ旅行

ゲッベルスは対独協力プロパガンダのための戦略として、人気俳優のイメージを利用することによって二つの目的をなしとげようと考えていました。ひとつはナチス・ドイツが作りあげる新しいヨーロッパにおいて、ドイツの支配下でフランスの地位を維持するためのフランス風の生活文化を発展させること。もうひとつは、フランスとドイツの俳優たちの相互理解を深めることでした。当時の俳優たちは芸術面で対独協力を担う、フランスにおけるドイツ映画の宣伝手段とみられていたのです。

そんなフランス人映画スターたちの、ドイツ・オーストリアへのプロパガンダ旅行が、ニュース映画で取り上げられました。つまり、映画界の著名人に頼ろうとするプロパガンダの目的と、そもそもメディア媒体によって異なる戦略が確認されたわけです。メディアのなかで、とくに視聴覚メディアと、写真というもっぱら「視覚に訴える」プロパガンダの利点がますますはっきりしていきました。

このプロパガンダ旅行は、大きな問題となりました。四〇年から四四年のフランス映画をテーマとしたあらゆる文学にとって、避けて通れない主題となったのです。さらに後の時代の解説者たちにとっても、対独協力のイデオロギーを象徴するイベントとなりました。

四二年三月一八日、旅行は始まりました。行先はベルリン、ウィーン、ミュンヘンです。

旅行の行程には、ナチス・ドイツの映画の中心地ポツダムにある有名なウーファ社のバーベルスベルク・スタジオや、ウィーン・フィルム社、バイエルン・フィルム社の撮影所の訪問が盛りこまれていました。

この団体旅行は、ある妥協の産物で生まれたのです。それは、第三帝国のマスコミ界の長オットー・ディートリッヒ博士の要請と、フランスにいるドイツの幹部たち、とりわけグレーヴェンとの妥協です。グレーヴェンは、六人の俳優をこの旅行に参加させています。コンチネンタル・フィルム社から、まずダニエル・ダリューとアルベール・プレジャン、そして新顔のシュジー・ドレアの三人の俳優が選ばれました。他の三人、つまりルネ・ダリー、ジュニー・アストル、ヴィヴィアンヌ・ロマンスは、逆にこのドイツの会社のリストに名前が載せられていないからこそ選ばれたようでした。

したがって、もともと占領軍のために働く俳優たちの旅行ではありません。フランス人であり、人気があって高く評価され、ドイツ人のあいだでの悪い評判もない、フランスを代表する映画スターたちの行動という意味がありました。要するに、戦争前のヨーロッパの「二大映画大国」の交流を復活させる、そんなごく普通の文化協力の実例を示すことが、六人の俳優たちの役割だったのです。

旅行は当時、占領下で悲嘆に暮れていたフランス国民に好評でした。そのニュースを上映するパリの映画館には、順番待ちの長い列ができたほどです。映画は、いっとき占領軍を忘れさせる手段であり、同時にニュース映画は時代の情報を得る手段でもあったからです。

ところで、占領時代の映画館の入場者数の記録によれば、パリの人たちは絶えず映画を見に行っていたことがわかります。驚くべきことに、この数字は毎年増え続けていきました。一九四一年

"Le train des vedettes" quitte Paris. Danielle Darrieux, Viviane Romance, et Suzy Delair s'amusent déjà des blagues d'Albert Préjean.

EN ROUTE POUR BERLIN !...

ベルリンへ出発する映画スターを報じる新聞のトップ記事。

の観客数は二億二千万人でしたが、絶頂期の四三年は三億人以上。映画は夏の旅行の代わりとなり、冬をあたため、やはり味気ない現状を忘れさせてくれたのです。

こうした観客の関心は、さまざまなジャンルに及んでいます。なかでも、文学の脚色作品と怪奇映画の二つが人気でした。ユゴーやバルザックというフランスの大作家の作品、モーリス・トゥルヌールの『悪魔の手』、マルセル・レルビエの『幻想の夜』、マルセル・カルネの『悪魔が夜来る』[19]などが、一枚のポスターに同居していました。

⑤ クルーゾー事件、映画『密告』の衝撃

コンチネンタル・フィルム社の末期、一九四三年に製作された『密告』（原題『カラス』）は、意気消沈していたフランスに混乱を引き起こしました。

レジスタンスの地下新聞はこの作品を嘲《あざけ》り、からかいます。密告のさまざまな様子や、はびこる汚職、フランス崩壊の証拠を示すなどの恐ろしい形で国民を描きだし、自由フランスの英雄たちの士気を喪失させると非難したのです。

マルセル・カルネやジュリアン・デュヴィヴィエの作品では、悪はつねに正義の善人によって報いられますが、クルーゾーの作品にはこの伝説は存在しません。人はみな秘密を隠し、目的をとげるために最悪のことをしかねない、そう私たちに言っているようです。堕落する種属としての人間、つまり、必然的に欲望を最優先させる種として人間をとらえているのでしょう。そして『ゲームの規則』のジャン・ルノワールのように、「問題は人それぞれに言い分があることだ」と

19 **『悪魔が夜来る』** Les Visiteurs du Soir　中世フランスの城を舞台に、悪魔に翻弄される男女を描く。

『密告（カラス）』ポスター。 黒いカラスが映画の雰囲気を雄弁に物語る。

言わんばかりの姿勢も見てとれます。

この冷淡な人間性の断罪は、『密告』の二人の人物が対立する場面でみごとに演出されています。頭上の電球が揺れる、そして彼らの顔が交互に光と闇にさらされるこの場面には、ドイツ表現主義の影響が明らかです。

ナチスはしばらくのあいだ、プロパガンダのために『密告』を利用しました。この作品はフランス社会を批判していますが、しかしもともと反フランスの映画ではありません。にもかかわらず、ゲッベルスは政治的な広報の道具として、つまりフランス人を中傷する手段として用いようとしたのでした。

映画は数カ国に供給されましたが、フランスの威信がまだ心に残るほかのヨーロッパ諸国の観客には肯定的に受け入れられ、ゲッベルスの野望は打ちくだかれてしまいました。スイス、チェコなど多くの国の人たちは、ヒトラー政権の退廃的な作品よりもはるかに勝る芸術的品質の、この優れたフランス映画を見て喜びました。

映画のあらすじは次のとおりです。フランス中部の小さな村の医者、レミー・ジェルマンは「カラス」と名乗る匿名の手紙で、密通と違法中絶を非難されます。村にはそんな誹謗中傷の手紙が増えていき、村人のほとんどが噂のやり玉にあげられるようになります。それによって、陰謀や悲惨な事件、報復などが起こります。ジェルマン医師は反対を押しきって一人で捜査を進め、犯人を発見。村人たちがやりかねない、卑劣であさましい行為をも見つけます。

『密告』は、コンチネンタル・フィルム社で製作された、アンリ＝ジョルジュ・クルーゾーの二作目の映画です。彼は、それまでは脚本の修正を専門としていました。前年に、監督としてデ

『密告』からの一シーンには、カラスが描かれた匿名の手紙が登場する。

ビュー、その作品『犯人は二十一番に住む』がヒットしましたが、物語の展開はごく平凡なものでした。

公開時に大成功を収めた『密告』は、のちにあらゆる論争の原因となり、フランス解放時には上映禁止の憂き目にあいます。しかしその後、大々的に映画史に復帰していったのです。

映画『密告』の運命は、不思議なものでした。レジスタンスの地下新聞からは非難され、またこの映画会社に、暗い脅しの物語ではなくもっと明るい楽観的な作品を期待していたヴィシー政権からも批判されました。著名な映画評論家、歴史家のジョルジュ・サドゥール[20]は、『密告』をヒトラーの自伝『我が闘争』に比較さえしたほどです。

たしかにこの作品は反フランス的な「悪」、つまり社会の価値を落としめるという意味での悪を非難するものだったので、その運命はいっそう不思議に思えます。『密告』はヴィシー政権下でも、フランス解放時にも、格好の標的にされました。結果としてクルーゾーは一九四四年六月に映画活動から永久追放されますが、ただちにその懲罰は二年に短縮されます。

クルーゾーと撮影監督ルイ・シャヴァンスが描いた人物像は、どんなロマン主義的傾向にも合いません。レジスタンス側をも（たとえばルネ・クレマンの『鉄路の闘い』[21]の不自然に理想的なレジスタンス像からもほど遠いのです）、ペタンの信奉者をも、ひどく苛立たせたことは認めざるを得ません。隠喩に富むあのみごとな電球シーンのように、クルーゾーの作品においては、白（無罪）でなければ黒（有罪）、という人間は誰もいないのです。登場人物は光と闇のあいだで微妙に変化し、どのような権力の模範にもなり得ません。この作品は、政治的、歴史的状況を別にしても、今もなお真に驚嘆させる映画の力を持っています。

20　**ジョルジュ・サドゥール**
Georges Sadoul（一九〇四－一九六七）フランスの映画史家、批評家、ナンシー生まれ。シュルレアリスム運動を経てマルクス主義に転じる。

21　**『鉄路の闘い』**
ルネ・クレマンの長編デビュー作。第二次世界大戦占領下、祖国奪還のためドイツ軍の補給を妨害したフランス鉄道員たちの物語。

ベルトラン・タヴェルニエはあるドキュメンタリーで、クルーゾーの対独協力に関するすべての嫌疑を晴らしました。クルーゾーは、ひとたび敵地に入ったとしたら、ドイツ人に迫害されて追われるユダヤ人たちを助けていたでしょう。

観客は次々と現れる手がかりや容疑者に惑わされ、優れたサスペンス映画を見ていることがわかります。そしてこれこそが、時代背景を超越し、作品を忘れ難いものにしている理由なのです。ずれた画面構成、パン・フォーカス[22]、とてつもない闇、強烈な美しい光の煌めきなど、いくつかのシーンは表現主義に近く、この作品に夢中にさせる幻想的な特徴を与えています。

クルーゾーはこうして、本物の映画監督として頭角を現しました。その視線と作風は、のちのいくつもの作品においても認められるものです。

『密告』の登場人物は変化にも富んでいます。多くの才能ある俳優たちが、心ゆくまで楽しんで演技をしているのです。派手な台詞を与えられたジネット・ルクレールと、ピエール・ラルケ（信じられないくらいすばらしい医者の役）は、サスペンス・シーンをみごとに演じています。そしてピエール・フレネーもまた彼の役で最高の、しかも現代作品でもっとも現代的なもののひとつを演じました。

あの時代、麻薬、堕胎、不貞といった現代の問題に、あえて正面から取り組んだ映画がほかにあったでしょうか？　また、当時のフランスの指導者たちを辛辣に描写した映画はいくつあったでしょう？（『密告』で描かれる政治家たちの姿をしっかり確認する必要はあったでしょうか？）しかもアルフレート・グレーヴェンの承認とコンチネンタル・フィルム社のドイツのお金を使って。結果としてヴィシー政権をひどく怒らせたのは、そんな暗い思い出以外に、ヴィシー政権が抱く価値観（仕事、家族、

22 パン・フォーカス
ディープ・フォーカスと同じ。近距離から遠距離まですべてに焦点が合う撮影技法。

祖国）を象徴する登場人物がいなかったからです。
それ以上に、レジスタンス活動家たちに好まれなかったのはなぜか？『密告』に描かれたフランスに、英雄的なものは何もなく、卑怯者、対独協力者、裏切者、そして密告者がいるだけでした。いたるところで密告がなされ、登場人物のだれもが密告に頼っていました。したがって、クルーゾーのこの第二作目に成功の機会を与え、観客が真の楽しみを見出すために必要なのは、重要な過去の政治的考察ではなくてこれまで述べてきたような斬新な視線です。

作品全体を通じて巧妙に展開するストーリーに比べると、結末が少し期待外れだと非難されるかもしれません。しかし『密告』は六〇年を経た今もなお力強さを保っています。こうした優れた脚本をいくつか経験すれば、観客を感動させるのは、けっきょく結末より筋書きだということがわかるのです。

『密告』が公開されたとき、激しく怒ったヴィシー政権の幹部たちは、この作品をジャン・グレミヨン[23]の『この空は君のもの』と絶えず対比しました。それはヴィシー政権の価値観により近い作品で、飛行機に情熱を傾け、夫に支えられながら単独飛行の最長記録を打ち立てる一家の主婦の快挙を描いていました。

この映画に『密告』のような暗さはありません。ヴィシー政府支持者やレジスタンス活動家たちは、クルーゾー映画の愛想のない人物にではなく、グレミヨンの控え目な主人公たちのほうに喜んで自分の姿を重ね合わせました。

23　ジャン・グレミヨン　Jean Grémillon（一九〇二―一九五九）フランスの映画監督、脚本家、作曲家。

⑥ 解放後に起こったこと

フランス解放後には、軍部の検閲が始まりました。『密告』は、その厭世主義が容認できないとの理由で上映禁止となります。クルーゾーは国の道徳的な退廃を表現すべきではなかったのだ、レジスタンス活動家やド・ゴール信奉者のように言うとすれば、フランスとフランス人の威厳ある姿を表現すべきだった、というわけです。彼は大きな犠牲を払うこととなり、当時のチームの一部は投獄されました。しかしクルーゾーはそののち映画界での活動を許されます。そしてこの作品は、犠牲にされた映画を守る運動のシンボルにもなりました。

「フランス人は皆レジスタンス活動家だ」と言ったのはド・ゴールではないのか？　だが忘れてならないのは、国民の八〇％までがしばらくはペタンを支持し、ナチスの代表的なプロパガンダ映画『ユダヤ人ジュース』が、フランスの映画館で大いにもてはやされたということです。

第二次世界大戦とコンチネンタル・フィルム社の設立によって、結果的には才能ある新人たちが出現しました。フランス映画史に残るその革新的な映画監督の一人が、クルーゾーだったのです。また多くの俳優、脚本家、監督や技術者が、戦時下での亡命や悲観論に組しなかったおかげで、終戦後の世に出ることができました。いまだに理解しにくいグレーヴェンのフランスびいきが、占領者（ドイツ）より被占領者（フランス）に有利に働いたとも考えられます。それでも、映画界の芸術家たちは、敵の支配下でさえ決して屈しなかったと言うべきなのでしょう。

クルーゾーは、戦争中からすでに「国民」という神話に疑いを持っていました。シャルル・ド・ゴールが長いあいだ抱きつづけ、反証となる記録を隠滅しながらも守ろうとした神話です。

反ユダヤ主義の映画『ユダヤ人ジュース』に拍手した時代は、もう昔のこと。しかしほかの映画監督たちがこうした歴史の難題を取りあげ、フランス人の英雄化をやめるまで、さらに何十年も待たなければならないと思います。

時代は下ります。一九七一年、マルセル・オフュルスのドキュメンタリー『哀しみと憐れみ』では、フランスの片隅がいつもとは逆にドイツ風に描写されていました。この映画は、公開時に大きな非難にさらされます。ペアをなすアラン・レネの『夜と霧』とともにフランス人を驚愕させ、第二次世界大戦のイメージを一変させたからです。『夜と霧』は強制収容所と大量殺戮の真相を語り、『哀しみと憐れみ』はレジスタンス神話に痛烈な疑問を抱かせました。しかしこれらの作品で監督たちは、非難するのではなく、何がフランスを極限状況に導いたかを理解しようとしたのです。

三年後、ルイ・マルと作家パトリック・モディアーノ[24]は、ある若いドイツ・シンパ義勇兵の生涯の無邪気さと不道徳を描くことに挑戦しました。

物語は一九四四年六月、フランス南西部に設定されています。一七歳の若い農家の息子は、レジスタンス活動家に追い払われ、ゲシュタポに協力するフランス人の仲間に加わり、略奪を行います。彼はユダヤ人の仕立て屋の娘と恋に落ち、さらに狡猾になっていきます。でも、人は本当に自分の人生に責任があるのか？　対独協力者たちを理解することができるのでしょうか？ルイ・マルは、この問いに答えを出そうともしないで、貧弱なイデオロギーしか持ちあわせない人たちがいることを示したのです。

その映画『ルシアンの青春』は、ジャンゴ・ラインハルト[25]の音楽によってけた外れの大ヒット

『哀しみと憐れみ』
Le chagrin et la pitié（一九六九）四時間を超える長尺。公開は一九七一年。

24　パトリック・モディアーノ
Patrick Modiano（一九四五―）フランスの作家。三〇作以上の小説がある。アカデミー・フランセーズ賞（一九七二）。二〇一四年ノーベル文学賞。

25　ジャンゴ・ラインハルト
Django Reinhardt,（一九一〇―一九五三）ベルギーのジャズ・ミュージシャン、ギタリスト。

となりました。しかし、一九六八年以後の非常にアグレッシヴなフランスでは、すべての人に気に入られたわけではありません。だからこそ、今日あのときの論争から離れて、この作品をぜひとも見直す必要があります。

『ルシアンの青春』は、ルイ・マルの主なヒット作のひとつです。監督はフランス人のつらい過去をしっかりと目で見てもらうために、占領時のあさましい実体を若い世代に示しました。それまでこの時代を描写した作品は、ルネ・クレマンの『鉄路の闘い』（一九四五）のような大げさで愛国的な戦争映画か、クリスチャン＝ジャックの『バベット戦争へ行く』（一九五九）、ジャン＝ポール・ラプノーの『城の生活』（一九六六）、ジェラール・ウーリーの『大進撃』（一九六七）、マルセル・カミュの『大西洋の壁』（一九七〇）など、レジスタンスに関する一連の喜劇映画に限られていました。

ですから、クロード・オータン＝ララの『パリ横断』（一九五六）のような辛辣な作品や、ジャン＝ピエール・メルヴィルの『影の軍隊』（一九六九）のごとき複雑な作品は例外であり、輝かしいフランス軍の描写はなくても、映画の中の平凡な人々の姿は、したたかに抵抗するフランスという幻想を抱かせたに違いありません。

休戦協定の締結直後に行われた報復的な粛清や、第四共和制の不安定な時期が過ぎ去り、動乱の時代を忘れ、安らぎを望むときが来ました。国の復興プロセスは、救い主で国民の父でもあるド・ゴール将軍[26]を中心に実行されます。彼は占領時代を描く映画を利用して、フランスには強い抵抗力があるという思想を広めようとしました。これらの映画では、純真でいかにもフランス的

26　シャルル・ド・ゴール Charles de Gaulle（一八九〇―一九七〇）フランスの陸軍軍人（将軍）、政治家。フランス第一八代大統領。

な主人公が、社会や恋愛を通じてアイデンティティを見つけます。

この時代の現実を正面からとらえる映画が現れたのは、ド・ゴールの死後のことです。先にあげたマルセル・オフュルスのドキュメンタリー『哀しみと憐れみ』が新しい事実を示し、こうした幻想を決定的に砕きます。「シネマテーク・フランセーズ」の優れた評論に引用されたように、「テレラマ」誌はこの映画を「忘却と、公認された英雄的精神の仮面を剥ぎとり、現実の曖昧さと矛盾のすべてを公明正大に示した作品」と見たのです。歴史の幻想に突きつけられたこの初めての屈辱に加えて、ジャーナリストのフランソワーズ・ジルーが、「レクスプレス」誌でさらにこう述べています。

誰もが知っています、でも、それを言ってはいけないのです。ド・ゴールがぼろを着たフランスに投げかけた毛皮のコートは、フランスは戦争に負けただけでなく、名誉も失なったという重要な事実を永遠に隠すに違いありません。フランスはこれまで、何とかそれに甘んじていたのです。[27]

だがけっきょく、占領時代のフランス映画についての結論は曖昧なものになりました。いっぽうでは、マルセル・カルネをリーダーにして作られた「レジスタンス映画」が「コンチネンタル・フィルム」というナチスの映画会社から公開されたという事実。他方では、大部分のジャーナリスト、俳優や映画監督たちが、ひどく狡猾な敵に騙されて広報やプロパガンダに参加したという事実。

ド・ゴールが言いたてたのは、空疎な言説でした。フランスとフランス人は、亡命しなかった

27　*L'Express*, 1971.5.3

映画界の人たちと同様、すべての国民が命がけで熱心に自由を守ったとは言えません。はるかに多くの「卑怯者や対独協力者」がいたことは、おそらく永遠に知られないでしょう。どこかの監督が何かの映画作品でそのことを取りあげようと試みても、今は大きな危険ではないはずですが。

⑦ ヌーヴェルヴァーグ、評論家？ 監督？

この話の最後に、戦後のフランス映画、そして今もなお世界の映画に大きな衝撃を与え続ける「ヌーヴェルヴァーグ」について、あらためてまとめてみましょう。

フランスのヌーヴェルヴァーグ映画は、戦後に創刊された映画批評雑誌「カイエ・デュ・シネマ Cahiers du Cinéma」が、その母体になります。すぐれた批評家アンドレ・バザンらを中心に、一九五一年に生まれたこの雑誌は、五二年以降、新世代の批評家たちが続々と誌面に登場します。たとえばゴダールは一五号に、トリュフォーは二一号、リヴェットは二三号に。

彼ら「若きトルコ人（勇猛果敢な者）」と呼ばれるようになった批評家は、映画館で誠実に作品と向きあうこと、そして誌面で激しい批評を行うことが特徴でした。

彼らにとって、映画で取りあげられるテーマや題材にのみ限定してものをいうことは問題外でした。この新しい批評家たちは、演出と脚本そのものにもフォーカスし、分析していきます。たとえばフランソワ・トリュフォーは、もっとも先鋭的な映画批判とされる文章の一つ「フランス映画のある傾向」を、「カイエ・デュ・シネマ」三一号（五四年一月）に掲載しました。のちに映画監督となるトリュフォーらが批評家として出発した事実には、大きな意味があります。

「ヌーヴェルヴァーグ（新しい波）」とは、ジャーナリストのフランソワーズ・ジルーが、週刊誌「レクスプレス」の記事で初めて用いた呼び名です（五七年一〇月三日付）。しかしジルーは、この言葉で革命的な映画製作者のグループを表現したのではなく、当時のフランス人の新世代全体を表現したのでした。

一九五八年二月、映画批評家のピエール・ビヤール[28]がミニコミ雑誌『シネマ58』で、ふたたびこの用語を取りあげます。それ以来、若い反体制派であるアンドレ・バザンの子供たちが、当時行きづまりを感じていたフランス映画に反旗をひるがえしていきます。

彼らにとってカメラはペンになり、ショット（映像）から切り離された物語は存在せず、屋外で撮影されるのがあたりまえになります。よく言われるように新しいデバイス、つまりポータブル・カメラやハンディなテープレコーダーの登場は、たしかにヌーヴェルヴァーグにとって重要ではありました。しかしそれよりも、撮影、演技、編集、テキスト、即興性、吹き替え、街や感情の描写方法、自然光の中と現実の場所での撮影など、さまざまな点で映画の文法全体を問い直したことが大きいのです。セット中心のスタジオ映画へのアンチテーゼとしては、まことに徹底した考え方といえるでしょう。

さらに、ヌーヴェルヴァーグ映画の特徴は、主人公が若くて現代的であることも忘れてはなりません。映画の登場人物は、自立を求める普通の人たちです。しばしば怠惰で、法律を破ることを恐れず、社会や家族に無関心で、アメリカの文化や音楽、映画を受け入れ、文学や熱い議論が大好き、そして明らかに愛を探しているのです。

ヌーヴェルヴァーグと呼ばれた最初の監督は、代表作『美しきセルジュ』（一九五七―一九五八）

28　ピエール・ビヤール
Pierre Billard（一九二二―二〇一六）

を作ったクロード・シャブロル[29]です。彼ら新しい製作者たちの目標は、仰ぎ見るお手本と考えたアルフレッド・ヒッチコック（イギリス出身でのちに渡米）などのアメリカ映画に触発されながら、映画の他の領域を開拓することでした。

さかのぼると、一九四七年の『海の沈黙』のジャン＝ピエール・メルヴィルと、一九五六年の『ラ・ポワント・クールト』のアニエス・ヴァルダは、ＣＮＣ（国立映画センター）の製作技法を無視し、独自な職人的技法で撮影し作っているという点で、ヌーヴェルヴァーグの先取りといえるかもしれません。また、一九五五年の『悪い出会い』のアレクサンドル・アストリュック、一九五七年の『素直な悪女』のロジェ・ヴァディム[30]、一九五七年の『死刑台のエレベーター』のルイ・マル[31]もまた、通常のスタジオ映画からの脱却を決意した監督でした。

ビヤールが用いた言葉「ヌーヴェルヴァーグ映画」は、一九五八年から一九六〇年のあいだに映画を撮影する、すべての若手映画人に当てはまります。その特徴的なバイタリティ、映画への熱愛（シネフィリア）、そしてフランス映画を刷新しようとする意欲は、現代の映画に今なお影響を与えているのです。

ところで最初にこの冒険に乗り出したシャブロルは、映画の文法の枠外で撮った『美しきセルジュ』で商業的な大成功をおさめました。ＣＮＣは彼に二五〇〇万フラン（当時七〇〇〇万円前後）のボーナスを与え、彼はすぐに『いとこ同士』を作り、これも大きな収益をあげました。そしてこの最初の二作品で得た利益で、シャルル・Ｌ・ビッチとジャック・リヴェット[32]の短編映画『王手飛車取り』（一九五六、三五ミリ）のプロジェクトに手を貸します。作品にはトリュフォー、ゴダール、シャブロルなども、俳優として参加しました。

29 **クロード・シャブロル**
Claude Chabrol（一九三〇―二〇一〇）監督、映画プロデューサー、脚本家。

30 **ロジェ・ヴァディム**
Roger Vadim（一九二八―二〇〇〇）監督、俳優。『我が妻バルドー、ドヌーヴ、J・フォンダ』などの著作もある。

31 **ルイ・マル**
Louis Malle（一九三二―一九九五）パルムドール賞やアカデミー賞など受賞。

32 **ジャック・リヴェット**
Jacques Rivette（一九二八―二〇一六）

その後も、ヌーヴェルヴァーグの映画が続きます。ジョルジュ・フランジュ（『顔のない目』）、アラン・レネ（『二十四時間の情事』）、ジャック・ドゥミ（『ローラ』）、ヴァルダ（『五時から七時までのクレオ』）、ジャン・ルーシュ（『ある夏の記録』、エドガー・モランと協同監督）などなど。彼らの多くは短編映画の制作からスタートしました。

さらに、ゴダール（『勝手にしやがれ』一九六〇）、リヴェット（『パリは我らのもの』一九六〇）、ロメール（『モンソー公園のパン屋の女の子』一九六三、短編）と続きます。映画マニアの「若きトルコ人たち」が、この爆発的なムーヴメント、ヌーヴェルヴァーグの原動力となっていったのです。

ヌーヴェルヴァーグの映画人は、アメリカのヒッチコックやハワード・ホークス[33]を思い浮かべながら、イタリアの名監督ロッセリーニ[34]のように街中で撮影しました。つまり、彼らのスタイルを定義するならば、一般的なイメージとしては次のようになるでしょう。

「イタリアのネオリアリズモに影響されたヒッチコック映画と、ホークスの影響を強く受けたハリウッド映画との新しい混合物」。ヒッチコックは「ヌーヴェルヴァーグの神様」ともいわれましたが、しかしフランスの映画作家はすぐに彼らの影響を超えていき、自分自身の力でムーヴメントを切りひらいていきました。

トリュフォーの最初の作品である『大人は判ってくれない』（一九五九）は、四五万人の観客動員数を記録します。シャブロルの『いとこ同志』（一九五九）は四一万六千人、ゴダールの『勝手にしやがれ』は三八万人……こうした息をのむような経済的成功は三年間も続きます。しかし、やがて製作者たちの喜びは少しずつ不安へと変化していきました。ブームが去りつつあることを、彼らは肌で感じていたのです。

33　ハワード・ホークス　Howard Hawks（一八九六―一九七七）アメリカの映画監督、脚本家、プロデューサー。

34　ロベルト・ロッセリーニ　Roberto Rossellini（一九〇六―一九七七）イタリアのネオレアリズモの先駆者。『無防備都市』『ドイツ零年』など。

軽快でセクシーで颯爽とした初期の映画は、次第に言葉（思想・観念）の映画へと変貌していきました。シリアスな題材が登場し、世の中に突きつけられます。

ゴダールは『小さな兵隊』でアルジェリア戦争に取り組んでいましたが、この作品は一九六〇年に検閲を受けて、一九六三年に劇場公開されるまで待たなければなりませんでした。そしてトリュフォーの『柔らかい肌』（一九六四）、シャブロルの『ダンディ』（一九六一）、ゴダールの『カラビニエ』（一九六三）、レネの『ミュリエル』（一九六三）は、商業的には失敗作となります。リヴェットとロメールは映画の製作ができなくなり、ゴダールとトリュフォーは厳しい予算のせいでプロジェクトの範囲が狭くなり、シャブロルは売れる映画のための妥協に流れていくほかありませんでした。

ヌーヴェルヴァーグは、たとえそれが儚いものであったとしても、今日でもそれにかかわる技術的な遺産を映画にもたらしています。ハンディなカメラの使用、街角での撮影、スタイルや表現の自由さ、ジャンプショット、繊細な編集。

こうした遺産は、まずヨーロッパ、ブラジル、日本に広がり、そして世界中で映画の歴史を刻むことになったのでした。

テイク2　イタリア

石田聖子

I リアリストたちの果敢な挑戦

【イタリア映画史】

❶ イタリア映画の草創期

フランスにほど近いイタリアにおける初めての映画上映は、パリでリュミエール兄弟が実施した最初の有料公開上映会の三ヵ月後、一八九六年三月にローマで実現しました。古来スペクタクルや視覚的事象に高い関心を寄せてきたイタリアで、新たな視覚体験を提供する映画はたちまち人気を呼び、その後わずか数ヵ月のうちに全土に普及しました。

映写機の開発は、十九世紀末の欧米で同時多発的に行われましたが、イタリアにも映写機の発明家を名乗る人物がいます。陸軍の測量技師フィロテオ・アルベリーニです。

アルベリーニは、エジソンが発明した映写機キネトスコープに想を得て、一八九五年に「キネトグラフォ・アルベリーニ」と呼ばれる映写機の開発に成功しました。

この機器自体はまもなく廃れたものの、アルベリーニはその後、一九〇五年にイタリアにおける最初期の映画製作会社アルベリーニ・エ・サントーニ社（後のチネス社）を設立し、自ら総指揮を執って最初のイタリア劇映画『ローマ占領 一八七〇年九月二〇日』（*La presa di Roma – 20 settembre 1870*）を製作することによって、イタリア映画の幕開けを飾る人物

『ローマ占領 一八七〇年九月二〇日』

となりました。

映画の産業化に先立つ、映画にまつわる固定概念が生じる前の時期には、映画に自由なアプローチを施す人物も現れました。そのひとりに、レオポルド・フレーゴリ[1]がいます。舞台裏に隠れた一瞬のうちに装いをがらりと変える、早替わり役者として国際的な人気を博していたフレーゴリは、一八九七年に巡業でフランスを訪れたさい、映写機の取り扱いについて、リュミエール兄弟から直接手ほどきを受けました。

その後、映画制作に乗り出すと同時に、自身のショーに映画を組み込む試みを開始します。短いフィルムを継ぎ合わせて長尺の作品を作ったり、スクリーンの後ろから人々の口の動きに合わせて多彩な声音を発したり、はたまたスクリーンの縁に電飾を施したりと、観客を驚かせるさまざまな工夫が凝らされました。

なかでも興味深いのは、『舞台裏のフレーゴリ』（*Fregoli dietro le quinte* 他、一八九八頃）と呼ばれる一連の映画作品を用いた試みです。この作品は、その名の通り、早替わり芸を披露中のフレーゴリの舞台裏での着替えの様子を撮影したものです。つまり、早替わり芸で観客を魅了した後、この映像を流すことで、芸の種明かしをしたというわけです。複数の芸術領域を横断しつつ映画を用いた先駆的な試みといえるでしょう。

❷ サイレント期（史劇、喜劇、ディーヴァ映画）

一九〇八年以降、高いイタリア性を誇る三つのジャンルがたてつづけに生み出されると、イタリア映画は早くも黄金時代を迎えます。

イタリア映画を代表するジャンルとして最初に台頭したのが「史劇」です。古代ローマ

1　レオポルド・フレーゴリ
Leopoldo Fregoli（一八六七—一九三六）

『舞台裏のフレーゴリ』

を主題に採る史劇は、一九〇八年の『ポンペイ最後の日』（*Gli ultimi giorni di Pompei*　ルイジ・マッジ監督）以降さかんに製作され、国内外で人気を博しました。

イタリア製史劇が評判を呼んだ主因は、高い芸術性にありました。当時の映画は低俗な見世物と考えられていたのに対し、史劇では文学や絵画など、ハイ・アートの遺産を積極的に取り込み、細部まで作り込むことで芸術性が追及されたのです。

史劇の最高傑作が、一九一四年の『カビリア』（*Cabiria*　ジョヴァンニ・パストローネ監督）です。第二次ポエニ戦争期の混乱に巻き込まれた少女カビリアの命運を、高い物語性とスペクタキュラーな画面で描く同作は、未曽有の映画芸術の傑作として当時の観客の度肝を抜き、後世の映画にも多大な影響を及ぼしました。

一九〇九年以降、ブームとなったのが喜劇でした。喜劇製作は、トリノの製作会社イタラ社の経営製作責任者、ジョヴァンニ・パストローネ（のちに『カビリア』を監督することになる人物）の戦略に端を発します。

フランスで流行していた喜劇映画に刺激を受けたパストローネは、フランスから喜劇俳優アンドレ・デードを招き、システマティックな喜劇製作に取り組みました。

喜劇の効果を高めるべく、デードにニックネーム「クレティネッティ」[2]を与え、『なんてすてきなクレティネッティ』（*Cretinetti che bello!*　アンドレ・デード監督、一九〇九）のように、名をタイトルに冠するシリーズ映画の製作を開始します。親しみやすいキャラクターの新作を相次いで公開することで、観客を定期的に映画館に呼び込みたいパストローネの狙いがみごと当たると、国内の製作会社が次々にその手法に倣いました。

当時の喜劇は、無声ゆえに、身体の動きに

『なんてすてきなクレティネッティ』

2　クレティネッティ　「おまぬけ」「おっちょこちょい」などの意味。なお日本向けのニックネームは「新馬鹿大将」。

もっぱら依拠するもので、俳優にはサーカスやアクロバット芸の経験者など高い身体能力を備えた者が選ばれました。超人的な身のこなしをときにトリックと組み合わせて、観客の驚きと笑いを誘う無声喜劇映画は、独特の魅力に溢れています。

一九一三年以降、一九一〇年代後半にかけて一世を風靡したのが、ディーヴァ映画です。ディーヴァ（「異教の女神」の意）と呼ばれるスター女優を中心に据えた映画で、現代的主題を採るメロドラマです。

特筆すべきディーヴァに、『されどわが愛は死なず』（*Ma l'amor mio non muore* マリオ・カゼリーニ監督、一九一三）に主演してこの潮流を牽引したリダ・ボレッリに加え、フランチェスカ・ベルティーニ、ピーナ・メニケッリがいます。すでに演劇界でキャリアを積んできたこれら女優たちは、舞台特有のやや大袈裟な演技をスクリーン上で披露し、現実離れした魅力を振りまきました。彼女たちの魅力は当時の女性たちをたちまち虜にし、その物腰や装いを真似る者が続出すると、社会現象と化しました。イタリアにおけるスター・システム[3]はここに端を発します。

❸ ネオレアリズモ映画

一九一〇年代に繁栄をきわめたイタリア映画は、第一次世界大戦後から徐々に衰退を始めます。その衰退と反比例するかのように台頭したのが、ファシズムでした。

「映画は最強の武器である」と述べたとされるベニート・ムッソリーニ[4]率いるファシズム体制は、視覚メディアを重視し、映画製作の環境整備に取り組みます。そして一九二五年には、ニュース映画やドキュメンタリー映画の組織的製作を行う教育映画協会（LUCE）を興し、一九三五年にはイタリア初の映画

3　スター・システム
スター俳優の人気を利用して映画製作を行う方式。

4　ベニート・ムッソリーニ
Benito Mussolini（一八八三―一九四五）
イタリアの政治家、元教師。一九二二年から四三年まで継続したファシスト政権を率いた。統帥（ドゥーチェ）。

研究教育施設である映画実験センターを、一九三七年には大規模な映画撮影所チネチッタ[5]を創設しました。世界最古の映画祭である、ヴェネツィア国際映画祭の毎年開催を決定したのも、ファシズム体制でした。

しかしながら、体制下での映画製作は自由だったわけではありません。体制に批判的な内容は、厳しく検閲されたためです。そのため、この時期に主に製作されたのは政治的言説とは隔たった——一般に〈白い電話〉映画と呼ばれる——軽喜劇映画でした。

ファシズム体制が倒れてまもなく登場したのが、ネオレアリズモと呼ばれる一連の映画です（Ⅱ参照）。

「ネオ（新しい）」＋「レアリズモ（現実主義）」との名のとおり、現実の新たな様相を見せる映画を指します。ネオレアリズモ映画を世に知らしめた『無防備都市』（*Roma città aperta* ロベルト・ロッセリーニ監督、一九四五）は、ドイツ軍占領下のローマで繰り広げられる苛烈なレジスタンス活動を、緊迫した空気感とともに示し、世界を圧倒しました。

その他、忘れてはならないネオレアリズモの映画作家に、ルキーノ・ヴィスコンティ[6]とヴィットリオ・デ・シーカ[7]がいます。戦時下や戦後の、過酷な状況を生き抜く庶民の姿を生々しく記録した、これら作家たちによる映画の数々は、歴史の証言として確かな価値をもっています。

他方、映画技法の面でも、ネオレアリズモ映画は大きな転換を記すことになりました。ネオレアリズモ映画の多くは、机上でよく練られた脚本を欠き、非職業俳優を用いた街頭での撮影を実施しています。当然、画は粗く、画調や照明も不安定で、明確な物語はもちえません。従来の映画の法則に照らせば、誤りだらけの映画なのです。

こうした美学的選択の背後にあったのは、

5 **チネチッタ**（Cinecittà）
ローマ郊外の映画撮影所。「映画都市」の意。フェリーニの映画『インテルビスタ』（一九八七）で紹介されている。

6 **ルキーノ・ヴィスコンティ**
Luchino Visconti（一九〇六—一九七六）
『郵便配達は二度ベルを鳴らす』『山猫』『ベニスに死す』『家族の肖像』など。

7 **ヴィットリオ・デ・シーカ**
Vittorio De Sica（一九〇一—一九七四）
『靴みがき』『ミラノの奇蹟』『終着駅』『昨日・今日・明日』『ひまわり』など。

戦後の混乱期ゆえの機材や資金の不足だけではありませんでした。早急に伝えたいことが多くありすぎたのです。さらに、それらは言葉の限界を超えるものでした。この目が見たものをとにかく伝えなければならない、という差し迫った表現の必要がそこにはありました。このとき、映画は改めて問われ、新たなスタートを切ることとなったのです。

ネオレアリズモ映画は、狭義的には、一九四〇年代半ばからまもなくの時期に撮られた映画を指します。しかし、ネオレアリズモ映画が示した映画観は、特定の地域・時代に限定されない、普遍的なスケールをもつことに注意しなければなりません。

なぜなら、ネオレアリズモ映画は、見ることがもつ根源的な意味を、観客に実体験させるためです。わたしたちを取り囲む現実に対して、目をひらかせてくれる映画なのです。

❹ネオレアリズモの展開
――花開く現代映画

一九五〇年代に入り、経済発展の時期を迎えると、武骨なネオレアリズモ映画は時代にそぐわなくなります。

しかしながら、ネオレアリズモ映画という偉大な功績が、格別の存在感を放ちつづけていることに変わりはありませんでした。そのため、一九五〇年代以降のイタリアでは、ネオレアリズモ映画という課題に向き合ったうえで、新たな傾向を獲得した映画が次々に提示されることになります。

ネオレアリズモ映画に端を発し、一九五〇年代から一九六〇年代にかけて生じた潮流に「イタリア式喜劇」があります。「イタリア式喜劇」は、ネオレアリズモ映画が光を当てた庶民の逞しさや、その根底にある楽観性を発展させるとともに、物語性を回復し、大衆演芸の伝統とも融合させることで娯楽性を高め、幅広い観客の心を掴みました。

その代表的な作品に『パンと恋と夢』（*Pene, amore e fantasia*　ルイジ・コメンチーニ監督、一九五三）や、『イタリア式離婚狂想曲』（*Divorzio all'italiana*　ピエトロ・ジェルミ監督、一九六一）があります。

他方、ネオレアリズモ映画の高度な解釈と、類稀なるセンスによって、革新的な映像を実現する作家たちも現れました。そのひとり、フェデリコ・フェリーニ[8]は、〈映像の魔術師〉の異名のもと、現実を深層まで掘り進め、そこに潜む魔術性を暴き出し、幻惑的ながらもどこかノスタルジックな世界を、スクリーン上に見事に現出させてみせました。

フェリーニと同時期に活躍したもうひとりの作家が、ミケランジェロ・アントニオーニです。アントニオーニは、工業化に伴って急激に変貌する生活環境を生きる人々の孤独感や、断絶の情を、形而上絵画[9]さながらの画面に仕立て、新たな眼差しと物語の在りようを示しました。

フェリーニとアントニオーニは、一九六〇年のカンヌ国際映画祭にそれぞれ出品した作品『甘い生活』（*La dolce vita*）と『情事』（*L'avventura*）をもって、ネオレアリズモ映画に始まる映画の歩みが新たな展開を迎えたことを、世に知らしめました。

一九六〇年代に入ると、上記二人の作家に引き続いた個性が、続々と頭角を現しはじめます。代表的な作家に、フランス映画の強い影響のもとに出発したベルナルド・ベルトルッチ、同時代の社会問題に敏感に反応したマルコ・ベロッキオ、ドキュメンタリー製作から出発し、ネオレアリズモの詩学を濃厚に漂わせるエルマンノ・オルミやヴィットリオ&パオロ・タヴィアーニ兄弟がいます。なお、これらの作家たちは、二十一世紀に至るまで、

8　**フェデリコ・フェリーニ**
Federico Fellini（一九二〇—一九九三）
『道』（主演女優ジュリエッタ・マシーナは妻）『8½』『サテリコン』『フェリーニのローマ』など。

9　**形而上絵画**
現実の可視的側面や通常の知覚を超えたものの表現を目ざす二〇世紀初頭イタリアの絵画様式。ジョルジョ・デ・キリコらが提唱。見る者に、不安や郷愁を喚起する。

長くイタリア作家映画の旗手として活動を展開しています。

他方、詩人として出発しながら、理論家としても卓越した才能を発揮したピエル・パオロ・パゾリーニは、詩的かつ省察的な映画によって、映画の新境地を拓きました。

経済的に恵まれたがゆえに、文化が尊重され、映画が強く求められるいっぽう、それに応えて才能ある映画作家たちが百花繚乱の様相を呈したこの時期は、「イタリア十五世紀に匹敵する真のルネサンス期」[10]と高く評価されています。

❺ イタリア映画の現在

多彩な作品を生み出したイタリア映画を貫く要素に、現実主義的傾向が挙げられます。

現在もイタリア映画は、現実を厳しく見据えた作品作りに挑んでいます。加えて、様々なジャンルとの融合を積極的に推進してきた点も、現代イタリア映画の特徴といえるでしょう。

そのような現代イタリアの映画界において、際立った活躍をしている映画作家に、ジュゼッペ・トルナトーレがいます。『ニュー・シネマ・パラダイス』（*Nuovo cinema paradiso* 一九八八）で、失われた南イタリア・シチリア島の映画文化を描き出し、エンニオ・モリコーネ[11]による音楽の高い効果ともあいまって世界に感動をもたらしたトルナトーレは、近年、国際的なキャストや英語を用いるなど、より幅広いスケールを備えた映画の製作に取り組んでいます。

現代イタリアの政治・社会・歴史や、イタリアの優れた文化遺産に光を当てた意欲的な作品によって、現代イタリアのアイデンティティを国内外に発信しつづけている作家に、マッテオ・ガッローネとパオロ・ソレンティー

10　Bernardi 2007: 242

11　**エンニオ・モリコーネ**
Ennio Morricone（一九二八―二〇二〇）
映画音楽で知られるイタリアの作曲家。独創的で詩情豊かな作風は国際的にも評価が高い。セルジオ・レオーネ監督作品の音楽もよく知られている。

ノがいます。ガッローネとソレンティーノは、それぞれ（ロベルト・サヴィアーノの同名小説に基づく）『ゴモラ』（*Gomorra*）と（名優トニ・セルヴィッロの怪演が光る）『イル・ディーヴォ─魔王と呼ばれた男』（*Il divo*）をもって、二〇〇八年のカンヌ国際映画祭で揃って高い評価を受け、イタリア映画の底力を国際的にアピールしました。

イタリア映画のみならず、イタリア文化そのものを古来特徴づけてきた喜劇もまた、健在です。

一九七〇年代より活躍を続けている喜劇役者兼映画作家ロベルト・ベニーニは、ナチス・ドイツの強制収容所を舞台とした『ライフ・イズ・ビューティフル』（*La vita è bella* 一九九七）をもって、映画における笑いの効用を見事に示してみせました。

その他、現代イタリア社会が抱える問題を笑いを込めて扱うことで、人々の意識の向上に貢献した秀作も生まれています。そのうちのひとつ、『人生、ここにあり！』（*Si può fare* ジュリオ・マンフレドニア監督、二〇〇八）は、イタリア精神医療の大胆な実践を主題とした作品です。

高い人気を呼んで、第三部まで製作された『いつだってやめられる』（*Smetto quando voglio* シドニー・シビリア監督、二〇一四）は、二十一世紀以降のイタリアで深刻化している、高学歴者の失業問題を扱いました。

『これが私の人生設計』（*Scusa se esisto!* リッカルド・ミラーニ監督、二〇一四）は、職場における女性をはじめとしたマイノリティの問題に焦点を当て、似た問題を抱える日本でも深い共感を呼んでいます。

ピックアップリスト・イタリア映画

●『グッドモーニング・バビロン！』（*Good Morning Babilonia*　パオロ＆ヴィットリオ・タヴィアーニ監督、一九八七）

D・W・グリフィス監督による歴史的傑作『イントレランス』（一九一六）のセット作りに参加したイタリア人兄弟の物語。誕生まもない映画に集ったひとびとの熱狂、イタリア史劇『カビリア』が当時の映画界に与えたインパクト、二〇世紀初頭のアメリカに大量移民したイタリア人の職人的な腕と類稀なる芸術センスを生かしたハリウッドへの貢献など、映画黎明期や映画史におけるイタリアについて考えるに示唆的。

●『揺れる大地』（*La terra trema*　ルキーノ・ヴィスコンティ監督、一九四八）

ミラノの名門貴族の末裔として『山猫』（*Il Gattopardo*　一九六三）など豪華絢爛な画作りで唯一無二の才能を発揮したヴィスコンティ監督がシチリアの漁師一家の過酷な生活を描いたネオレアリズモ映画。ネオレアリズモ作品らしく虚飾こそ最小限ながら、素材に宿る気品が光るきわめて洗練された作品。

●『昨日・今日・明日』（*Ieri, oggi, domani*　ヴィットリオ・デ・シーカ監督、一九六三）

戦後イタリア映画の繁栄を支えた名優マルチェロ・マストロヤンニとソフィア・ローレンのコンビが送る、愛をめぐる愉快なオムニバス映画。各エピソードは町に関連づけられており、土地ごとに異なる雰囲気も楽しめる。

●『奇跡の丘』（*Il Vangelo secondo Matteo*　ピエル・パオロ・パゾリーニ監督、一九六四）

原題は「マタイによる福音書」。鬼才パゾリーニは福音書独特の簡潔なスタイルを踏襲

『揺れる大地』

し、イエス・キリストの生涯の映像化に挑んだ。生気を失ったかのような淡々たる言葉に代わり、ひとびとの雄弁なる顔つきと存在感から聖書の世界が生々しく立ち現れる様は一見の価値あり。

●『フェリーニのアマルコルド』（*Amarcord* フェデリコ・フェリーニ監督、一九七三）

原題は「わたしは覚えている」の意。そのタイトルどおり、フェリーニによる少年時代の回想録だが、映像の魔術師の手にかかれば単なるひとりよがりな回想録にはなりえない。普遍的なノスタルジーの感覚を刺激する不思議な作品。

●『一九〇〇年』（*Novecento* ベルナルド・ベルトルッチ監督、一九七六）

一九〇〇年の同じ日に北イタリアの同じ場所で生を享けた、地主の子アルフレードと小作人の子オルモの人生の歩みとあわせて、二〇世紀前半イタリア史を描いた壮大な時代絵巻。時代や宿命に翻弄される、愚かで哀しい人間の姿を描く映像の圧倒的な美しさは、必見。

●『カオス・シチリア物語』（*Kaos* パオロ&ヴィットリオ・タヴィアーニ監督、一九八四）

地中海に浮かぶシチリア島は、魔術的な魅力をもつ。そんなシチリアの、荒涼とした地と青く抜けるような空と海を背景に、そこに生きる人間らしさあふれるひとびとの織り成す物語が描かれる。原作は、シチリアの小さな町（その名も意味深な「カオス」）出身のノーベル賞作家ルイジ・ピランデッロ。

●『ニュー・シネマ・パラダイス』（*Nuovo Cinema Paradiso* ジュゼッペ・トルナトーレ監督、一九八八）

『ニュー・シネマ・パラダイス』DVD

映画を愛する少年トトと映写技師アルフレードの友情を軸に、映画がもっとも輝いていた時代が回想される。観客全員が一丸となって観ていた映画、愛情をもってひとびとを繋ぐ存在だった映画…映画そのものについて考えるに好適。

●『ライフ・イズ・ビューティフル』（*La vita è bella*　ロベルト・ベニーニ監督、一九九七）

喜劇作家・俳優ロベルト・ベニーニによるナチスのユダヤ人迫害をテーマとした映画。同テーマを笑いを交えて描いたことについては、発表時から批判が絶えない。しかしこの映画に向き合った者は、そこに込められた愛が、すべてを超越するほど深いことに気づく。映画と笑いの関係について考えるにも示唆的な作品。

●『人生、ここにあり！』（*Si può fare*　ジュリオ・マンフレドニア監督、二〇〇八）

イタリアでは、精神科医フランコ・バザーリアを中心に推し進められた一連の精神医療改革によって、現在までに国内の精神科病院が全廃されている。そんなイタリアで、精神疾患を抱えたひとびとはいかに生きるのか。共存を目指す当事者と社会の試行錯誤は、ときに奇跡を生む。実話に基づく映画。原題は「やればできる」。

Ⅱ 『自転車泥棒』という哀と愛の映画

① はじめに――作品の概要と成り立ち

第二次世界大戦後まもなくのローマ。いつものように仕事を求め、ローマ郊外のヴァル・メライナ地区の職業安定所に赴いたアントニオ・リッチに声がかかります。二年ぶりに仕事が見つかったのです。それも、役所のポスター貼りという好条件の仕事です。さっそく翌日から始められるということですが、ひとつ条件がありました。自転車を持参することです。アントニオは、貧しさゆえに質に入れていた自転車を請け出すと、翌朝、妻マリアがお弁当に用意してくれたオムレツのパニーノを胸ポケットに、ガソリン給油所で働く息子ブルーノと連れ立って、意気揚々と出勤していきます。そうしてようやく、ポスター貼りの仕事に取りかかったと思ったそのとき、壁に立てかけておいた自転車が盗まれてしまいます。自転車を失うこと、それはすなわち生活の糧を失うことを意味していました。見つからなければまた失業してしまう。アントニオは、一瞬にして奈落の底に突き落とされてしまいます。呆然としつつ、警察に自転車の盗難を届け出るものの、捜索の力にはなってくれそうにありません。しかたなくアントニオは、息子ブルーノと、ローマの街中を自転車を探してひた歩くことになります――。

『自転車泥棒』（*Ladri di biciclette*）は、一九四八年にイタリアで製作されたヴィットリオ・デ・シーカ（Vittorio De Sica　一九〇一―一九七四）監督による映画作品です。
発表当初から多くの観客や批評家の賛同を得、一九四九年にアカデミー賞外国語映画賞を受賞したほか、数々の映画祭で高い評価を受けた同作は、現在までイタリアのみならず、世界の映画史上の傑作として名を残しています。

『自転車泥棒』の製作に重要な役割を担ったのは、監督ヴィットリオ・デ・シーカと、脚本家チェーザレ・ザヴァッティーニ（Cesare Zavattini　一九〇二―一九八九）のコンビでした。

監督のデ・シーカは、一九〇一年にラツィオ州ソーラで生まれ、ナポリでアイデンティティを育みました。一九二〇年代に俳優として主に舞台で活躍した後、一九三〇年代には二枚目映画スターとして一世を風靡します。★1 一九四〇年以降、監督業に携わることとなったデ・シーカにとって、最初の重要な監督作となったのが『子どもたちは見ている』（一九四三）でした。脚本のザヴァッティーニは一九〇二年生まれで、新聞記者、編集者、作家として名を成した後に、映画界での活動を開始します。彼を正式に脚本に迎えた★2同作以降、デ・シーカは多くの映画を、ザヴァッティーニとのコンビで手がけることになります。

デ・シーカ＝ザヴァッティーニのコンビによる作品には『靴みがき』（一九四六）、『ミラノの奇跡』（一九五一）、『ウンベルトD』（一九五二）、『終着駅』（一九五三）、『屋根』（一九五六）、『ふたりの、

★1　デ・シーカの俳優としての活動に焦点を当てた日本語で読める論文に、石田（2002）があります。

★2　デ・シーカとザヴァッティーニの最初の出会いは、デ・シーカが主演し、ザヴァッティーニが脚本を手がけた『百万あげよう』（マリオ・カメリーニ監督、一九三五）の撮影時に遡ります。その後、デ・シーカの監督作にザヴァッティーニが最初の脚本を提供したのは『金曜日のテレーザ』（一九四一）でのことでした。しかし、デ・シーカによる直々に協力の要請があったにもかかわらず、事情柄、この映画にザヴァッティーニの名前はクレジットされていません。

『自転車泥棒』ポスター

女』（一九六〇年）、『昨日・今日・明日』（一九六三年）、『ひまわり』（一九七〇年）などがあります。一九四〇年代以降のイタリア映画の名作の数々を生み出した、まさに名コンビといえるでしょう。★3

『自転車泥棒』の最初のアイデアは、ザヴァッティーニからもたらされます。そのときの様子をデ・シーカは次のように回想しています。

> ある日、ザヴァッティーニが電話で、『自転車泥棒』というタイトルの（筆者注：ルイジ・）バルトリーニの本について語ってくれ、この小説にヒントを得て物語を創るつもりだ、と言ってきた。ただし、バルトリーニの小説のような悪漢物ではなく、当時の社会や人々の気持ちに沿った人間的な物語にしたいとのことだった。ぼくは自分がその映画に携われるのだという思いに感激して泣きそうになってしまった。それはぼく自身の気持ちにぴったり寄り添うものだったからだ。[1]

しかし、この後の展開は難航をきわめます。ザヴァッティーニが書きあげた原案を手に、デ・シーカは国内外のプロデューサーのもとをめぐりますが、色恋とも暴力とも無縁のこの作品に食指を動かす者は皆無でした。あるプロデューサーは、主演をケーリー・グラント[2]にする条件を出しますが、デ・シーカ自身が抱いていた俳優のイメージとかけ離れていたため、断念したというエピソードも残っています。けっきょく、イタリアの友人に紹介してもらったミラノの貴族チコーニャ伯爵と、二人の友人（エルコレ・グラツィアデイとセルジョ・ベルナルディ）の支援を受け、製作を開始します。

1　De Sica 2004: 94

2　ケーリー・グラント
一九三〇年代以降の映画界で活躍したスター俳優。イギリス出身。

このような経緯で製作されることとなった『自転車泥棒』は、どんな映画なのでしょうか。その歴史的意義からはじめ、この映画史上の傑作を形づくる要素を順に確認していきましょう。

②ネオレアリズモの特徴と詩学

フランスの映画評論家アンドレ・バザンは、「『自転車泥棒』は異論の余地なくネオレアリズモの究極の表現」[3]と述べました。一般的にも『自転車泥棒』は、ネオレアリズモ映画の傑作として知られています。この作品を語るに欠かせない映画史上の潮流「ネオレアリズモ」とは、どのようなものだったのでしょうか。まずはそれを確認することで、『自転車泥棒』を歴史的に位置づけることから始めましょう。

「ネオレアリズモ」とは、一九四〇年代半ばのイタリアで製作された映画が備える特徴を指して用いられる呼称です。またの名を「新現実主義」といい、現実の新たな側面に光を当てる傾向を指します。したがって、ネオレアリズモ映画とは、第二次世界大戦終戦後のイタリアで生まれた、新たなものの見方を示す映画と考えてよいでしょう。

第二次世界大戦前後の、イタリアの歴史を概観しておきましょう。イタリアでは、ベニート・ムッソリーニを統帥に頂くファシズム体制が、一九二二年から一九四三年まで約二〇年にわたり継続

3　バザン　二〇一五：一八一

★3　フランスの映画評論家アンドレ・バザン（一九一八—五八）は「脚本家と監督のこれほど見事な連係は、映画史を見渡してみても他に例がない」（バザン二〇一五：一七三）と述べています。じつに、ザヴァッティーニは、脚本家としてのみクレジットされている場合でも、撮影から編集に至る製作のあらゆる段階で、デ・シーカのサポートを行うのを常としていました。その相性の良さと協力関係の緊密さから、デ・シーカとザヴァッティーニの関係はしばしば〈カフェラテ〉にたとえられました。この呼称には、ふたりの関係の濃密さから、もはやどれがデ・シーカの貢献でどれがザヴァッティーニのものか切り分けることが困難との意も込められています（Gambetti 1991）。

しました。ファシズム・イタリアは、一九四〇年に第二次世界大戦に枢軸国として参戦しますが、一九四三年にファシズム体制が崩れると、国内は二分されます。イタリア南部は連合軍、北部はナチ・ファシストの占領下に置かれるのです。

以降、北部では、ナチ・ファシストに対する市民（パルチザン）[4]による抵抗運動が活発化します。その結果、一九四五年に全土がナチ・ファシストの支配から解放されると、一九四六年に、イタリア共和国として、新たなスタートを切ることになりました。

この混乱と転換の時期に、ネオレアリズモは生まれました。まず確認したいのは、ネオレアリズモが自然に発生した事実です。ファシズム体制と戦争という抑圧の期間を脱した当時のイタリアで、映画作家たちの多くは自由な表現を渇望していました。それも、脚色されていないありのままの現実や人間の姿を伝える必要を感じていたのです。その結果、機会が到来するや否や、似た傾向をもつ作品がいっせいに生まれ出たというわけです。

ネオレアリズモが、広く時代の要請のもとに醸成された証に、それが映画界の一部に限定されなかった事実が挙げられます。映画領域で発生したネオレアリズモは、やがて文学など他の文化領域にも波及し、当時の文化全体を特徴づけることになりました。

イタリアに、新しい傾向をもつ映画が誕生したことを世界に知らしめた最初の作品がロベルト・ロッセリーニ監督の『無防備都市』（一九四五）です。その他、ルキーノ・ヴィスコンティやデ・シーカらを中心とした作家たちにより、新たな傾向をもつ映画がたて続けに発表され、イタリアに新時代が到来したことを強く印象づけました。

4　パルチザン
占領支配に対して抵抗運動を展開する非正規軍。民衆によって組織される。ゲリラ。

では、ネオレアリズモ映画の特徴とはどのようなものでしょうか。(Ⅰでもかんたんに述べましたが、)まず挙げられるのが路上での撮影です。それまでの映画はスタジオでの撮影が一般的だったのに対し、ネオレアリズモ映画の多くは、カメラを街頭に持ち出しての撮影を決行しています。そのため画面は粗さが目立ち、画調が暗いものとなっています。

また、プロではない非職業俳優を多く起用したのも、ネオレアリズモ映画の特徴です。撮影現場に居合わせた人を動員しての撮影も行われました。

加えて、同時代に起こっていることを主題化した点でも特徴的です。『無防備都市』は、ナチスドイツ占領下のローマを舞台とした、パルチザンの物語でした。ロッセリーニが次に手がけた『戦火のかなた』(一九四六)では、連合軍兵士とイタリアの人々の交流に焦点が当てられています。他方、『自転車泥棒』が扱うのは戦後の社会問題で、とくに失業問題に光が当てられました。

ただし、ネオレアリズモが計画された運動ではなかった以上、その名を冠される映画が、必ずしもこれらすべての特徴を有しているとは限りません。たとえば『無防備都市』では、重要な役どころにはプロの俳優――ピーナ役にアンナ・マニャーニ、神父のドン・ピエトロ役にアルド・ファブリツィ――が使われ、それ以外の役には非職業俳優が配されています。

自然発生した潮流である以上、ネオレアリズモは、いつ始まっていつ終わったという明確な区切りをもちえません。しかしながら、『自転車泥棒』が発表された一九四八年は、ネオレアリズモにとって意義深い年と考えてよいでしょう。

この年に、ロッセリーニは、〈戦争三部作〉の最後の作品『ドイツ零年』を発表し、その後、異なる作風へ向かっていきました。同じ年、ヴィスコンティは『揺れる大地』を発表しています。

『無防備都市』

『ドイツ零年』

シチリア島の小さな漁村に暮らす人々の暮らしを、その土地の人々と方言を用いて活写した、ネオレアリズモの成熟を示す傑作です。同年以降も、ネオレアリズモの名のもとに分類されうる映画は発表されますが、一九四八年は、ネオレアリズモを生んだ社会的気風が最高潮に達した年であり、『自転車泥棒』はその最高地点を記す作品と考えてよいでしょう。

あらゆる時代の、あらゆる地域の人から愛される事実が示すとおり、『自転車泥棒』は、普遍的な価値をもつ作品です。しかし同時に、ある特定の時代と地域に密接に関連していることも、またたしかです。

『自転車泥棒』が製作されたのは、一九四七年のローマ。ここに描かれるのは、同じ時代の同じ場所で起こった出来事です。当時の流行歌が用いられたり、戦後の機動警察隊〈チェーレレ〉が登場したり、数年前まで街を占領していた軍の置き土産の帽子を、何人もの登場人物が被っていたり（アントニオが犯人を見つける手がかりとなったのも、犯人が被っていたドイツ軍の帽子でした）、『自転車泥棒』には、同時代性を強調する要素がふんだんに散りばめられています。

じっさいに『自転車泥棒』の悲劇を理解するには、戦後イタリアで高い失業率が問題となるなか、生活の糧を得る手段としての自転車を失うことが、どれほどの重みをもっていたのかを想像しなければなりません。当時、アントニオのような労働者にとっての自転車の存在は、生存をも揺るがす一大事だったのです。同時に、ひとびとが生き抜くことに必死だった当時、持たざる者同士が奪い合わざるをえない過酷な現実があったことも知るべきでしょう。このように、『自転車泥棒』は、歴史上の一時期の生々しい証言でもあるのです。

③『自転車泥棒』を分析する

物　語

冒頭に掲げたとおり、『自転車泥棒』の物語はごくシンプルです。「盗まれた自転車を求めて親子が歩きまわる物語」とすら要約できるでしょう。このことはすなわち、この映画が、言葉にしてしまえば何でもないエピソードを、目で見て興味の尽きない作品に仕立てあげていることを意味します。

その観点からみて、興味深いシーンがあります。ようやく見つけた仕事の遂行に不可欠な自転車を盗まれたアントニオは、藁にもすがる思いで警察署を訪れ、盗難の状況や自転車の詳細を警官に伝えます。しかし当の警官はというと、力になってくれるどころか、憔悴したアントニオに「自分で探しなさい」と冷淡に言い放つのみ。そのとき、記者がやってきて警官に声をかけます。「何か事件でも?」それに対して警官は、「何にも。自転車くらいさ」。あ、そうですかと、記者は気にも留めずその場を去ります。このシーンが伝えるのは、しがない労働者の一台の自転車が盗まれたことは、新聞のベタ記事にすらならず、言葉を費やすに値しないということです。

それがどうでしょう。『自転車泥棒』は、まさにその同一の出来事を物語るための映画です。映画では、その些細な出来事が一時間半かけて語られ、世紀の傑作となることすら可能なのです。

長いあいだ、映画と文学の優劣をめぐる議論が交わされてきましたが、『自転車泥棒』を前にすれば、そうした議論がいかに不毛かわかります。映画には映画にしか果たすことのできない役割があり、文学と映画は異なる意義をもってこの世に存在するということを、この作品は証明しているのです。

一八九五年に誕生した映画は、一九一〇年代以降、もっぱら物語を語る装置と考えられてきました。現在でも、ある映画について話をするさい、それが「どのような物語を語るか」が焦点となるケースが一般的です。

しかし、映画は物語を語るための装置ではありません。第一に、何かを視覚的に示す装置なのです。現に、映画は物語を語るためではなく、通常の視覚では見えにくいものを、より明瞭に見せることを目的に開発されました。物語に還元してしまえば大したことのない『自転車泥棒』は、物語を語るためではなく、視覚的に示すための映画、すなわち映画の本質を追求する映画のひとつの典型と考えてよいでしょう。

しかしながら、長時間、観客を視覚的刺激のみでもてなすことは至難の業です。事実、映画が物語を語りはじめたのは、技術改良によって映画の上映時間が長くなり、観客の注意を長時間引きつける必要が生まれたことと無関係ではありませんでした。

では、物語じたいはごくシンプルな『自転車泥棒』が、観る者を飽きさせないのはなぜでしょうか。それは、この映画が小さなエピソードにあふれており、見どころに事欠かないためです。これらのエピソードは、「自転車を探す」という映画の本筋には影響を与えないほど些細でありながら、そのどれもが味わい深く、ひとときの楽しみを提供してくれます。

たとえば、ポスター貼りの同僚に、主人公のアントニオが仕事のやり方を教わっているシーンがあります。同僚が壁に糊を塗って（一九四六年の映画『ギルダ』のスター女優リタ・ヘイワースの）ポスターを貼る様子をアントニオが眺めていると、二人の物乞いの子どもが近寄ってきます。ひとりがアコーディオンを弾き、もうひとりが小銭をねだる係のようです。足元にまとわりついてきたアコーディオン弾きを同僚が足で蹴とばすと、子どもたちは、今度はちょうど横を通りかかった紳士に狙いを定めます。子どもたちは紳士にしばらくつきまといますが、反応はなく、諦めて去ります。

あるいは、自転車捜索に疲れたアントニオとブルーノが、気分転換に立ち寄ったトラットリアでのエピソードを例に挙げてもよいでしょう。ブルーノが席に着くと、背後のテーブルの裕福な家庭の子が、息子ブルーノの様子をちらちらうかがっては敵対心を露わにしてきます。見せびらかすように食事をするその子に対抗して、ブルーノもチーズを思い切り伸ばしてモッツァレッラ・イン・カッロッツァ[5]を食べてみせます。しかし、タイミングが悪く、その光景が相手の目に入ることはありませんでした。

いずれも映画の本筋とは無関係のエピソードですが、カメラはその一部始終を追い、観る者に届けてくれるのです。

それぞれが深い余韻を残しながらも、本筋の邪魔にならないこれらエピソードを創造したのは、脚本家ザヴァッティーニでした。ザヴァッティーニは、一九三〇年代のイタリアで掌編の名手として人気を博した作家です。事実、『自転車泥棒』を支えているエピソードは、その一見したさりげなさにそぐわない強烈なインパクトが、ザヴァッティーニの掌編を想起させます。★4

『自転車泥棒』との関連でとりわけ興味深いのが、ザヴァッティーニの作家デビュー作『ぼく

★4　「自転車とは何か。ローマの街はどこもかしこも自転車であふれている。一日に何十台もの自転車が盗まれるが、新聞はそのことをベタ記事にすらしない。ジャーナリズムはもはや本当に優先すべきことが何かわかっていないらしい」と始まるザヴァッティーニひとりの署名入りで発表された原案は、ザヴァッティーニお得意の掌編に非常によく似ています（Zavattini 2002: 77-83）。ザヴァッティーニの掌編のうち日本語で読めるものに『わたしは悪魔だ』（一九四一）があります（石田二〇一九）。

5　**モッツァレッラ・イン・カッロッツァ**
パンで挟んだモッツァレラチーズのフライ。左は『自転車泥棒』。

について大いに語ろう』（一九三二）です。これは、ひょんなきっかけから地獄に迷い込んだ主人公が、地獄、煉獄、天国と死後の世界をめぐりながら、そこに住まう人びとの話に耳を傾ける、ダンテ[6]『神曲』の構造を借りた物語です。かねてからちょっとしたエピソードを書き溜めていたザヴァッティーニは、それらエピソードを死後の世界の人々の語る物語にあてることで、ひとつの大きな物語に仕立てました。死後の世界を旅しつつ、個々人にエピソードを語らせながら、世界の多様性を描き出す『神曲』（ならびに『ぼくについて大いに語ろう』）の構造は、ローマの街をめぐりつつ、それを彩るエピソードを描きだすことで、その豊かさを示してみせる『自転車泥棒』の構造に酷似しています。

『自転車泥棒』において、大きな物語は、無数の小さな物語によって支えられています。この映画で特別なことは何も起こりません。しかし目を凝らしてみるならば、じつに多くの出来事が起こっているのです。その在りかたは、まるでわたしたちの人生のようではないでしょうか。そのことに気づくことが、『自転車泥棒』の楽しみに繋がるだけでなく、ありふれた日常に対して改めて目をひらく契機ともなるのです。

俳優

ネオレアリズモ映画の特徴のひとつに、非職業俳優の起用が挙げられます。『自転車泥棒』の主演俳優陣もまた、全員が演技経験のない素人です。

演技を専門とする職業俳優が多数いるなかで、非職業俳優を用いることには、当然ながらデメリットが伴います。『自転車泥棒』を観て、主人公アントニオの動きのぎこちなさに、違和感を

6　ダンテ・アリギエーリ（Dante Alighieri　一二六五―一三二一）フィレンツェ出身の詩人、哲学者、政治家。代表作は『神曲』（*La Divina Commedia*）。古代ローマの詩人ウェルギリウスと地獄・煉獄・天国をめぐる叙事詩。古今の芸術作品に多大な影響を与えた古典中の古典。

覚えたひとは少なくないでしょう。アントニオ役を演じたマッジョラーニは、角ばった身体の持ち主です。その体形の特徴ともあいまって、アントニオの動きは機械的に見えるときがあります。その様は、「オートマタ（自動人形）」[7]にもたとえられるほどです。

さらにその表情は硬く、じっさいに、アントニオのぎこちなさは、クロース・アップによっていっそう際立ちます。先述のトラットリアで、アントニオがポスター貼りの仕事での報酬について話をするシーンを思い出してみてください。ブルーノに手伝ってもらって手当を加算した結果、報酬がかなりの額になることを知ったアントニオは、改めて自転車を見つけることの重大さを噛みしめます。しかし、自分の足で探しても埒《らち》はあきません。そのとき、映画の前半部で妻が頼っていた聖女様が脳裏をよぎります。人事をつくしたいま、そうだ、聖女様の力を借りてみよう、そんな思いつきを得たアントニオの顔に、カメラが接近していきます。すると、画面に大写しになったアントニオは、ふいに右上を向きます。何かを思い浮かべようとしているかのようですが、その様はいかにもぎこちなく、アントニオ役のマッジョラーニが非職業俳優であることを、観る者に思い起こさせる瞬間となっています。[8]

『自転車泥棒』で非職業俳優が選ばれた背景には、上記のデメリットを超えたメリットがあったと考えるべきでしょう。非職業俳優とはいえ、当然ながら誰でもいいわけではありません。とりわけ、俳優出身のデ・シーカにとって、俳優の選択は、製作の肝ともいえるものでした。『自転車泥棒』のキャスティングについて、デ・シーカは次のように回想しています。

> 母親や父親に連れられた子どもたちが百人ほどやってきた。が、収穫はなかった。金髪の巻き毛の子

7　Moneti 1992: 265

8　Alonge 1997: 48

ばかりで、なかには、狙撃隊員の制服を着て愛国歌を歌ってみせた子すらいた。

ぼくは、子どもの付き添いで来ていた父親のひとりに目を奪われた。その人は、名をランベルト・マッジョラーニといい、興味深い顔つきをしていた。その情感の深さと、人の善さと恐れに満ちた目に引きつけられた。オーディションをし、気に入ったので、出演契約を結ぶことにした。マッジョラーニはブレーダ社の工員だったため、ぼくは会社の役員と面会し、二ヵ月の休暇を取りつけてきた。撮影が終わったらきちんとブレーダ社の仕事に戻ることを本人に約束させた。

かわいらしすぎる子どもたちのオーディションも続けていたが、求めていた顔にはなかなか会えずにいた。そんなある日、あるジャーナリストのインタビューを受けることになった。そのジャーナリストはリアネッラ・カレルという、アングロサクソン系の名をもつイタリア人だった。あれこれ質問してくるあいだ、ぼくは彼女が目をまばたく様子やその大きく濡れた瞳や、青白い顔をじっと観察した。そしてだしぬけに言った。「映画をやってみませんか?」彼女は仰天し、質問する口が止まった。[9]

こうして主人公アントニオ役と妻マリア役が決定します。しかし、息子ブルーノ役は決まりませんでした。けっきょく子役が不在のまま撮影がスタートします。ブルーノ役の子と出会ったのは、自転車を盗まれたアントニオが友人に捜索の相談に訪れる地下室のシーンの撮影中でした。

地下の小劇場で、共産党員がミュージカル劇の練習をしている場面を撮影しているときのことだった。近くで、子どもがぜいぜいあえいでいるのが聞こえてきた。間違いなくアデノイドもちの子で、映画の撮影を見ようと遠くから駆けつけてきたため、息を乱していたのだ。その子は人なつっこい顔つきで、

9 De Sica 2004: 102

鼻は上向き、灰色と黄色が混ざった丸っこい目をしていた。名前を尋ねると、やや鼻にかかった声で、エンツォ・スタヨーラと答えた。ぼくは、その子に逃げられないよう腕をぎゅっとつかんだ。そしてそのシーンの撮影が終わると、スタッフに親を探しに行かせた。こうして主演俳優三人が揃った。[10]

10 De Sica 2004: 102-103

これらの回想から、デ・シーカが俳優を選択するときに最重視したのが、〈顔〉だったことがわかります。演技力や表現力が問われたわけではありません。★5 そうではなく、顔に代表される、その人間ならではの存在感が見きわめられたのです。このことは、巧みな演技で観客を物語に巻き込むのではなくて、ある人間の人となりを見せようとする『自転車泥棒』の、映画としての基本姿勢を示しています。

それでは、『自転車泥棒』にどのような存在感が求められたのか、主人公アントニオの人となりから探っていきましょう。映画の冒頭、職業安定所には仕事を求めて多くの失業者が群がっています。そうしたなか、アントニオはひとり離れた場所にのんびり腰を下ろしており、知人に声をかけられて、ようやく自分に仕事のチャンスがめぐってきたことを知る始末です。この描写からは、アントニオの頼りなさが垣間見えます。

さらに仕事が見つかったあとも、アントニオは自転車が手元にないことを嘆くばかりで、ようやく巡ってきたチャンスを諦めようとすらします。そのとき、「なくたって寝られるでしょ」と、嫁入り道具の上質なシーツをベッドから大胆に剥ぎ取り、質に入れることで代わりに自転車を請

★5　デ・シーカの証言によれば、マッジョラーニのオーディションは演技ではなくその身振りを確認するものでした。「わたしはすぐにマッジョラーニのオーディションをし、その身のこなしや座り方や手の動かし方を確認しました。まめだらけの彼の手は、俳優の手ではなく、工員の手でした」(AA. W. 1997: 11)。

け出す決断を下したのは、妻マリアでした。翌朝、質に入れておいた自転車に傷がついていることを（父親以上に自転車に詳しい）ブルーノに指摘されたときも、アントニオは受け流します。ブルーノはというと、「ぼくだったら文句を言ってやったのに」と繰り返し、頼もしいかぎりです。その後、盗難を届け出た警察署で、アントニオが粗末な扱いに甘んじたことはすでに述べたとおりです。全編を通じてアントニオは、一家の大黒柱でありながらも、気弱で頼りない人物として描かれるのです。

じつに、その本質的な気弱さこそは、アントニオ役のマッジョラーニの顔に刻み込まれているものではないでしょうか。マッジョラーニの顔は、幾多もの苦難と敗北と諦めが刻み込まれた、労働者の顔です。永遠の敗者ならではの、絶望をたたえた顔と言ってもよいでしょう。そして、まさにこの情けなさゆえに、アントニオは、どこにでもいそうな人間のひとりとなります。マッジョラーニは、平凡な人間のサンプルといえます。そのような、特別な誰かでなく、欠点だらけのごく普通の人間の物語を描くために、『自転車泥棒』では、非職業的俳優を起用する必要があったのです。

アントニオは、名もなき平凡な人間のひとりとして選ばれました。その意味で、『自転車泥棒』の冒頭と結末は示唆的です。映画の冒頭、職業安定所に大勢のひとが集まっているなか、ひとり「アントニオ・リッチ」の名前が呼ばれます。すると、それまで全景をとらえていたカメラが、名指されたアントニオにフォーカスします。その後しばらく、カメラは大勢のうちのひとりであるアントニオの後を追い、その人生の物語を観客に届けることになります。

他方、この映画の結末でカメラがとらえるのは、うなだれて歩くアントニオと、その手を握っ

『自転車泥棒』

て歩くブルーノの姿です。彼の姿は、次から次へとスタジアムから溢れてくる、大勢のサッカーファンのなかに次第に紛れて消えていきます。どこにでもいるひとりの人間が、大勢のなかからピックアップされ、再び匿名の塊へ戻っていく様が描かれています。

　ところで、アントニオが不完全な人間である以上、その傍らには支えてくれる誰かが必要です。映画の冒頭でアントニオのそばには妻マリアが付き添い、映画の大半を占める時間、その側にはブルーノの姿があります。

　とくに、アントニオとブルーノのコンビは、観る者に強い印象を与えます。なぜなら、二人の姿が好対照を成しているからです。猫背気味でのっそり歩くアントニオに対し、跳ねるようにぴょこぴょこ歩くブルーノ。虚弱そうで痩せたアントニオに対し、ふっくらと生きる気力にみなぎるブルーノ。人生の厳しさを知るがゆえのぎこちなさを備えたアントニオに対し、いまだ人生の厳しさを知らないがゆえの溌剌さを備えたブルーノというように。じつにデ・シーカは、キャスティングのさい二人が並んで歩く姿のバランスを重視したといいます[11]。

　アントニオを補う存在としてのブルーノ★6こそが、この映画の陰の主役であり、とりわけそ

11　バザン　二〇一五：一五五

★6　不器用なアントニオ役のマッジョラーニに対し、ブルーノ役を演じたスタヨーラは、いかにも演技が自然で表現力に富むことはしばしば指摘されてきました。スタヨーラもまた野次馬から偶然見出された素人であり、撮影時には若干八歳だったことを思えば、驚くべきことです。これは、デ・シーカの演技指導の賜物でもあります。『自転車泥棒』中で神学生の役を演じ、後にマカロニ・ウェスタンの名監督となる、当時十六歳だったセルジオ・レオーネは、デ・シーカの演技指導に触れ、「一般人の演技指導をするデ・シーカは本物の魔法使い」(AA. W. 1997: 22）のようだったと述べています。スター俳優としてイタリア中を魅了した経験をもつデ・シーカは、どんな役でも自分で演じてみせるほか、役の人物が置かれた境遇と、俳優たち自身の境遇を結びつけてみせたり、役柄の人物の詳細について話し聞かせたりすることで、俳優と役柄との距離を縮めるよう努めたといいます。とくに、実生活でもすでに二人の子どもの父親であったデ・シーカの、子役に対する指導には定評があり、どんなに扱いづらい子どもでも見事に手なずけ、名優に仕立てあげることができました。レオーネが、「子どもをすっかりその気にさせ、まるでずっと以前からその役を演じてきたかと思われるほど自然な動きになるまでに仕上げるのだった」(AA. W. 1997: 22）と証言するとおりです。

の眼差しが重視されたことは、デ・シーカ＝ザヴァッティーニのそれまでの歩みからも、明白に見てとれます。デ・シーカ＝ザヴァッティーニの最初の協力作が、子どもの目を通じて大人の利己主義を告発する（その名がすでに意味深い）『子どもたちは見ている』だったことを思い出しましょう。さらに、それに続く『靴みがき』（一九四六）もまた、子どもの鋭い視線を通じて、社会の理不尽を暴く作品でした。

つまり、デ・シーカ＝ザヴァッティーニ作品において、子どもは、社会の不正に目を瞑るばかりの無責任で幼稚な大人に、曇りなき目をもって対峙する存在です。その無垢な視線は、社会批判の有効なツールとなるのです。

そんな子どもであるブルーノの視線は、『自転車泥棒』において父親アントニオにひときわ熱く注がれています。我が子に見つめられるアントニオは、親として、絶えず良心を試されることになります。それゆえ、ブルーノの眼差しは、「単なる社会的な物語になりかねないこのドラマを、個人の道徳的な観念から掘り下げ」[12]る演出装置としての機能も果たすことになります。そして観客はというと、その眼差しがあぶり出す、アントニオの誠実さや不器用さを目の当たりにするからこそ、この平凡な人間の物語を見守りたい思いに駆られるのです。

『自転車泥棒』に、特別な人間は誰ひとり出てきません。この映画に登場する者は、誰もが不完全で、他人の支えを必要とし、苦悩しつつ日々を生きる人間にほかなりません。非職業俳優を用いてこうした人物を描くことにより、普段であればスポットライトの当たらない人間と、その物語に目を向けること、ひいてはそれを観ている者が、自身についても省みることを、促されているのです。

12　バザン　二〇一五：一五一

場所

前節では、〈人間〉の主人公に着目しました。ところでこの映画では、〈場所〉もまた主人公として君臨していることを忘れてはなりません。

物語やスター俳優という、スペクタクル映画にとっての目玉の一切を欠いた『自転車泥棒』では、相対的に、それらを取り巻く環境としての場所が大きな存在感を放つことになります。じつに、ベスパに乗ったオードリー・ヘプバーンが観光名所をめぐる『ローマの休日』（一九五三）ほどの華やかさはないにしろ、『自転車泥棒』で舞台となっているのは、ローマの生活に欠かせない各所であり、観客はローマ巡りをしている気分を味わうことができます。

ローマ市郊外に建ち並ぶ団地の光景で始まる『自転車泥棒』で、自転車捜索に主人公たちが足を運ぶのは、庶民が集うヴィットリオ広場とポルタ・ポルテーゼの市場です。犯人の鍵を握る乞食の後を追うアントニオとブルーノは、ローマの下町とも呼ぶべきトラステヴェレ地区の路地に迷い込みます。その後、子どもが溺れるのはローマを横断して流れるテヴェレ河で、ラストシーンが展開するのは、庶民の娯楽場であるフラミニオ地区のサッカー・スタジアム付近です。

これほどローマの街の存在感の大きい『自転車泥棒』について、バザンは、「スタジオで撮影されたシーンは一切なく、すべての場面は街中で撮影された」[13]と述べました。しかしその後の研究で、一部の屋内のシーンの撮影にセットが利用された可能性も指摘されています[14]。それでも、『自転車泥棒』のほとんどのシーンが、ネオレアリズモの原則にしたがって路上で撮影された事実には変わりありません。

ところで、街頭で撮影されたとしても、『自転車泥棒』の光景は、ただ単に自然のまま切りと

13　バザン　二〇一五：一四六

14　Alonge 1997: 51

られたばかりではないことに注意が必要です。それらは、物語を彩る重要な機能を担っています。

太陽が燦々と降り注ぎ、それゆえに影も色濃いイタリアでは、伝統的に光と影の使い方に格別の注意が払われてきました。かつて、光と影の強いコントラストの表現が、バロックという西洋芸術の一時代を築いたことを想起しましょう。サイレント期に世界で称賛されたイタリア産の史劇スペクタクル映画もまた、光と影の使用で抜きんでていました。

モノクロームで撮られた『自転車泥棒』でも、光と影のコントラストに注意が払われています。たとえば、自転車の盗難後、徒歩で帰宅するアントニオとブルーノの周囲には、刻一刻と夕闇が下りてきます。自転車を盗まれたショックは、養うべき子の存在を目前にして、よりいっそう深まってゆくかのようです。アントニオは、ブルーノを自宅に送り届けたあと、自身は家には戻らず、ひとり夜道を歩きます。いくつかの街灯がわずかに足元を照らすなか、その姿はほぼ闇に包まれます。自転車を失って途方に暮れたアントニオの心情に適した光と影の表現を、これらシーンに見ることができます。

光と影の強烈なコントラストを生みだす建築物であるトンネルの使用法もまた注目に値します。『自転車泥棒』では、トンネル状の建造物が二度登場します。最初のトンネルは、自転車が盗まれた直後に出てきます。アントニオは、通りかかった車の助けを得て自転車泥棒の行方を追うのですが、共犯者に阻まれ、犯人を見失ってしまいます。それはトンネルのなかでのことでした。

二つ目のトンネルは、子どもが溺れる場面に登場します。犯人の手がかりを握る乞食の男を見失った焦りから、ブルーノをぶってしまったアントニオは、ブルーノから離れ、ひとりテヴェレ河畔を下りてゆきます。そのときでした、子どもが溺れていると叫ぶ声が届いたのは。ひょっと

『自転車泥棒』

してブルーノかと、急いで声のもとへ駆けつけるアントニオは、橋桁の下、トンネル状になった場所を通過します。トンネルの影で真っ黒のシルエットとなったアントニオの挙げる「ブルーノ、ブルーノ」との叫びは、トンネル内にこだまし、悲痛な音を響かせます。

このとき、この建造物が、たまたまそこにあるのではなく、劇的効果を高める意図をもつことが明らかになります。このように、アントニオの不安が極まったさいにトンネルが登場するのは決して偶然ではありません。日中でも、その場にだけ濃い影を落とすことのできるトンネルは、社会のなかでひとり疎外されたアントニオの胸の裡《うち》に呼応しているのです。

『自転車泥棒』は、たしかにネオレアリズモの典型的手法に則り、街頭で撮影されました。しかしながら、その光景の活用のしかたは、セットの利用法に似ています。『自転車泥棒』では、ローマの街そのものがセットとして活用されたということができるでしょう。

当然ながら、このような利用は、段取りなしには困難です。じっさいに、一見したさりげなさとは裏腹に、『自転車泥棒』は綿密に準備された映画でもありました。このことは、脚本に参加したひとりスーゾ・チェッキ・ダミーコが証言するとおりです。

> わたしたちは非常に頻繁に出歩きました［…］しかし、映画はしっかり書かれてもいたのです。この映画は、路上でも机上でも生まれました。たとえば、聖女様のエピソードがありますが［…］何度、聖女様のところに足を運んだことか。じっさいにセッションを受け、そのあとで脚本を書いていきました。[15]

15　Faldini-Fofi 2011: 13

加えて、ザヴァッティーニもその著作『映画日誌』にて、『自転車泥棒』準備のためにデ・シーカたちと連れ立って娼館、貧民のためのミサ、聖女様を尋ねた様子を克明に記録しています。[16] これらの描写を読むと、対応する映画のシーンが目に浮かぶかのようです。以上のことからも、脚本が綿密な現実の調査や観察に基づいて作成されたことは疑いありません。

このことは、原作者バルトリーニとのあいだに不和を生む原因ともなりました。★7 すでに述べたとおり、『自転車泥棒』は小説に基づく映画であり、そのことはオープニング・クレジットにも明記されています。しかしながら、結果として、映画は原作からは大きくかけ離れたものとなってしまいました。どれほどかけ離れているかは、映画の主人公がポスター貼りを仕事としているのに対し、バルトリーニの原作小説の主人公は（画家でもあったバルトリーニ自身が投影されていると思しき）画家であること、さらに、映画では自転車は見つからずじまいなのに対し、原作小説では三度も見つかることからも想像することができるでしょう。『自転車泥棒』というタイトルと当初のアイデアこそ小説に負うものの、その後の展開においては、もっぱら現実の観察から汲んでいるというわけです。

「これほど綿密に準備され、熟考され、ていねいに作り上げられた作品は他にあまり例がない」[17] とされる『自転車泥棒』において、それにもかかわらず人為的な演出の跡が見えづらいのは、なぜでしょうか。その答えは、おそらくザヴァッティーニの次の映画観に関係しています。

> 現実そっくりな物語を創りだすのではなく、あたかも物語であるかのように現実を語ることこそが肝心である。[18]

16 Zavattini 2002: 70-77

17 バザン 二〇一五：一八一—一八二

18 Zavattini 2002: 729

現実を志向する映画において、「物語」（フィクション）と「現実」（ノンフィクション）の折り合いをどうつけるかは重要です。そのさい、より一般的なのは、フィクションを本当に起こったことらしく見せようとするアプローチではないでしょうか。それに対し、ザヴァッティーニが試みるのは真逆のアプローチです。まず現実があり、そのうえでいかにそれを物語らしくするかが問われるのです。

　このアプローチの背後にあるのは、現実そのものが人々の注意を引くにじゅうぶんでない事実です。人間の視覚は恣意的であることから、わたしたちは目の前にあるものすらたびたび見逃してしまいます。目できちんととらえるには、対象に対して興味を抱かなくてはなりません。興味を掻き立てるには、物語化のプロセスが有効となります。つまり、対象にまつわる物語を知ることで観る者の感情が刺激され、注目することにつながるというわけです。ここで映画は、「ランプのように、わたしたちの目の前にあるものをよりよく見せる」[19]ために用いられます。現実から出発し、物語を経由し、そしてまた現実へ還ってゆく、というわけです。

　非職業俳優の起用や、街頭での撮影といったネオレアリズモの手法は、どれも映画に高いリアリズムを付与するものです。しかし、『自転車泥棒』がリアルである最大の理由は、それらの手法を超えて、より根本的な次元に求められるべきでしょう。

19　Zavattini 2002: 728

★7　当初より大幅な改変の可能性は示唆されており、バルトリーニとのあいだで交わされた契約書では、あらゆる類いの改変が許されることが明記されていました。しかしながら、じっさいの改変を知った原作者バルトリーニは、裏切り行為としてこれに激しく反発しました。製作側は、クレジットすることで原作とその作者に対する敬意を表しましたが、原作者は、原作小説の姿がほとんど認められないことにプライドを深く傷つけられたのです。バルトリーニによる激しい非難と原作と映画の違いについてはMoneti（1992: 248-249）とBartolini（1984: 1-6）に、また、バルトリーニの小説の映画化に至る経緯についてはDe Santi（2003: 58-59）にまとめられています。

ここでの最終目的は、観客の目の前にありながら目に見えにくい現実を、たしかに目に見せることにあります。『自転車泥棒』を観る者は、詩情豊かな物語と、生々しい現実とのあいだを往還することによって、現実の深みへと誘われるのです。

カメラ

続いては、現実を見せるという目的のために、『自転車泥棒』ではどのようなカメラ・ワークが採用されているかに着目してみましょう。

その意味でまず確認したいのは、この作品では、一般に現実への密着度の高さを示すのに用いられる長回し[20]（ワンシーン・ワンカット）や、ディープ・フォーカス[21]が用いられていない点です。それに対し、『自転車泥棒』で目を引くのは、登場人物を中距離、あるいは長距離からとらえるミディアム・ショットやロング・ショットの多さです。

じっさいに、『自転車泥棒』を鑑賞したあと印象に強く残るのは、ローマの街を親子がさまよっている姿ではないでしょうか。それはおそらく、余裕をもって全身を画面に収めたロング・ショットでしょう。

他方、登場人物に近接した撮影方法であり、感情移入を引き起こしやすいクロース・アップの利用は、最小限に抑えられています。カルロ・モントゥオーリによるカメラが対象に接近するのは、ある表情や身振りなどを強調する必要がある、最低限の場合に限られるのです。

『自転車泥棒』で、カメラは登場人物から、つねに一定の距離を保っています。あえて距離を保つことに徹しているかのようです。その様は、できる限り中立的な立場でいようとする報道カ

20　長回し
映画撮影で、途中にカットを入れず、長い時間カメラを回し続ける技法。その緊張感や持続性が独特の効果を生む。タルコフスキーや溝口健二などが多用した。ヒッチコックは『ロープ』（一九四八）で、作品全編を一つのカットで撮影。近年ではソクーロフの『エルミタージュ幻想』（二〇〇二）が、約九〇分間の全編をワンカットで撮影。

21　ディープ・フォーカス
被写界深度を深くする撮影法。近景から遠景までピントが合っているように見える。パン・フォーカスともいう。

メラにも比することができるでしょう。バザンはデ・シーカをめぐるエッセーのなかで、デ・シーカのスタイルのとらえがたさを指摘しましたが[22]、その一因は、撮影者の意図を感じさせないニュートラルな撮影方法にあります。

そのような中立的な眼差しに特徴づけられるにもかかわらず、『自転車泥棒』という映画の魅力は、それが観る者の胸を強く打つ点にあります。ある映画を観て心が動かされるとき、観客はスクリーン上の人物に感情移入をしています。それは、観客が登場人物の感情を強く感じ取っていることの証です。一般的に、登場人物の感情は、饒舌な語りやクロース・アップによって表現されますが、『自転車泥棒』にはそのいずれも欠けています。ならば、『自転車泥棒』の観客は登場人物の感情をどのような点に読み取っているのか、考える必要があるでしょう。

その意味でまず注目したいのは、登場人物の動きです。登場人物が自らの身の上を雄弁に語ることのない『自転車泥棒』では、その感情は言葉ではなく、もっぱら動きを介して伝えられることになります。『自転車泥棒』で、多くの時間を占める動きは、アントニオとブルーノの歩く動作ですが、この単純な動きにしても、よく見てみるならば、ただ単調に行われるわけではないことがわかります。

たとえば、盗難の翌朝、盗難自転車が解体され、売りに出されているというヴィットリオ広場に向かうシーンで、並んで歩くアントニオとブルーノのうち、アントニオの周囲をきょろきょろ見回しながらせかせかと歩く姿には焦りと不安が、ブルーノのやや跳ねるような歩き方には、父親の力になってやりたいというやる気が満ちあふれているのを感じとることができます。

別のシーンに目を移してみましょう。映画の終盤、ようやく犯人を見つけたものの、地域の仲

22　バザン　二〇一五：一七一―一七四

間たちに阻まれ追及を断念せざるを得ず、場を後にすることにしたアントニオは、やりきれなさに唇を噛みしめ、足早に進んでいきます。そんなアントニオのあとを必死で追うブルーノは、注意が散漫になり、二度も自動車に轢かれそうになります。しかし、振り返ることなくただひたすら突き進むアントニオは、そんな我が子の危機に気づくべくもありません。この一連の動作からは、アントニオの暴走しつつある心情を読み取ることが可能でしょう。

このように、『自転車泥棒』において、登場人物の感情は、顔の表情ではなく、歩き方のちょっとした乱れや、緩急によって表現されているのです。

続いて注目したいのは、この映画において、カメラが登場人物のみを写し取っているわけではない点です。登場人物を中長距離からとらえるカメラの視界には、当然ながら、登場人物の周囲の状況も入ってきます。じっさいに、『自転車泥棒』のカメラが、本筋に影響を与えないエピソードまでもていねいに掬《すく》いとって伝えてくれることについては、「物語」についての節で指摘したとおりです。そのような、カメラが写しとる光景を共有することによって、観客の視界もまた広がり、結果として、登場人物をその周囲との関係のなかで把握することが可能になります。

たとえば、自転車捜索の朝、ヴィットリオ広場付近の街路を熱心に掃く数多の清掃員の姿や、広場で自転車の部品を売るひとびとの活気、あるいは、ミサに集ったひとびとのわびしげな表情といった街を彩るさまざまな光景は、アントニオがそのただなかを生きる社会の表情であり、アントニオの置かれた状況に想いを馳せるために、重要な手がかりとなっています。

このように『自転車泥棒』では、アントニオの苦悩が中心的に語られながらも、決してそればかりがフォーカスされるわけではありません。自転車盗難という災難は、アントニオにとって生

『自転車泥棒』

死を分ける一大事です。しかし、その重大さを強調しつつも、他方で、この一件を大きな世界のなかに据えることによって相対化しようとする意図があることも、またたしかなのです。

目前の状況を必死に生きる個人の姿と、そんなことは大したことではないのだと、大きく構えた視線の両方をここに見いだすことができます。このように、周囲の環境までもとらえるカメラ・ワークは、ままならない運命を生きる登場人物の、ちっぽけな人間としての一面を浮き彫りにします。その姿は、人生の大波小波に翻弄されながらも、日々を精一杯に生きるわたしたちと、なんら変わることがありません。このとき、観客はスクリーン上の登場人物の心情の、きわめて近いところにいるのです。

一般に俳優には、他人の目には見えない内面を演技を通じて外面的に表現することが求められるのに対し、『自転車泥棒』では顔という表面のみが重視されたことはすでに述べました。『自転車泥棒』のカメラもまた、世界の表面を淡々と伝えるばかりです。その目的は、単なる記録に留まりません。ここでは、表面を見せることで、あえて人間や世界の内面を想像させるという、一見して矛盾したアプローチが試みられています。

ただし、ここに皮肉は一切込められていないことに注意しましょう。むしろ、世界を前にした人間の無力さを自覚するがゆえの、いわば謙虚なアプローチとしてとらえられるべきでしょう。半分が目に見えて、残りの半分が目に見えない世界が矛盾そのものである以上、それを包括的にとらえようするならば、目に見える部分の慎重な観察に基づいて、目に見えない部分を想像するほかないのですから。

対象と距離を保つ『自転車泥棒』独特のカメラ・ワークは、安易に介入や判断することなく事態を見守る、という態度の表明でもあります。こうしたカメラの在りかたは、この映画の倫理的立場を表しています。じつに、この映画では誰も責められることがありません。このことは、『自転車泥棒』の結末にかかわってきます。

④ むすびにかえて──『自転車映画』がわたしたちに伝えるもの

冒頭でも触れたとおり、『自転車泥棒』は世界的に高い評価を受けている作品です。しかし、よく見てみるならば、事情はより複雑です。じつのところ、作品を評価する声はもっぱら批評家や知識人から寄せられたものでした。一般の観客のなかには、この作品に強い拒否反応を示す者も少なくなかったようです。デ・シーカ自身、公開初日に映画館を訪れ、館長に客の反応を尋ねようとしたまさにそのとき、家族連れで来ていた男性が「こんな貧相な映画を見せるとは恥を知れ」と、返金を求めていた場面に遭遇したといいます。[23]

加えて、政治的な観点からの批判も多く寄せられました。当初、脚本に参加が予定されていたセルジョ・アミデイは、共産党員である労働者が自転車を盗まれたのなら、いの一番に共産党支部に出向き、その支援をもって新しい自転車を手に入れるはずであるため、ザヴァッティーニの原案に同意できないとして協力を拒みました。また、キリスト教民主党の政治家でのちに首相も務めたジュリオ・アンドレオッティは、ある記事で、デ・シーカ＝ザヴァッティーニ作品を明らかに示唆しつつ、「汚れた衣類は自宅で洗え」という言い回しを用いて強く批判しています。イタリアのみっともない姿を世界に晒すことに対して、苦言を呈したというわけです（しかしその

23 De Sica 2004: 104

二十年後、この発言に対する反省の意をデ・シーカに伝えています[24]。

このように評価が大きく二分される理由のひとつは、そのラストシーンにあるのではないでしょうか。事実、『自転車泥棒』は劇的ながら、非常に曖昧な結末を迎えます。

街中で偶然犯人を見かけたアントニオとブルーノは、その後を追います。アントニオはついに犯人を追い詰めることに成功するも、近所の仲間たちが大挙して犯人の肩をもったため、逆に不利な立場に立たされてしまいます。そのとき、不穏な空気を察知したブルーノが連れてきた警官が介入し、アントニオも一緒に犯人の自宅を捜索することになりました。

犯人の母親が案内してくれた家は、狭い一間に家族四人が暮らすみすぼらしさで、母親の話からは、息子アルフレードもまた失業中であることが明らかになります。けっきょく盗品は見つからず、証人もいないアントニオは、告訴を断念することにします。

その場を後にしたアントニオとブルーノは歩きつづけ、スタジアムの近くまでやってきました。スタジアムから大きな歓声があがるなか、アントニオがふと目をやった先には、大量の自転車が置いてあります。ローマにはこれほどたくさんの自転車があるのかと目を逸らすと、今度はひと気のない場所に、一台の自転車が立てかけてあるのが目に入ります。向き直った先にはまた大量の自転車が。ブルーノと並んで縁石に腰かけると、今度は目の前をスポーツ自転車の一団が通過していきます。もはや、アントニオの目には自転車しか映らないかのようです。

そのうちに試合が終了し、スタジアムから溢れでるひとびとで喧噪がきわまるなか、アントニオはついに意を決しました。そして、ブルーノに運賃を渡して、トラム[25]で別の場所へ向かうよう

24　AA. W. 1997: 13

25　トラム
トラムカー（tramcar）の略。路面電車、市電。ヨーロッパの都市では、今でも主要な交通手段となっているところが多い。

指示すると、立てかけてあった自転車に手をかけ、一目散に走り去ったのです。しかし逃亡は、一瞬のことでした。アントニオはただちに自転車の所有者と通行人たちに身柄を押さえられてしまいます。

トラムに乗り損ね、その一部始終を目撃したブルーノは、「パパ！パパ！」と叫びながら、大勢に囲まれて責め立てられる父親のもとに駆け寄っていきます。そんなブルーノの哀れさに免じて許してもらったアントニオは、ブルーノと二人、静かに立ち去るのでした。

『自転車泥棒』をめぐって様々な評価があるなか、この結末に意表を突かれた、あるいは、その救いのなさに唖然とした、という声を耳にすることもたびたびです。たしかに、この結末は観る者を笑顔にするものではありませんし、アントニオの問題も解決されないままです。ハリウッド映画お得意の、ハッピーエンディングに慣れた現代の観客は、肩すかしを食らった気分になるのかもしれません。

しかしながらこの結末は、これまでに確認してきた『自転車泥棒』の詩学に照らすならば、きわめて自然な選択に思われます。じつに、『自転車泥棒』のような平凡な人間の生きる現実を描くことを目的とする映画にとって、結末とは、特別な事件の終焉であるはずがありません。たとえば、『自転車泥棒』のラストで、ハッピーエンディングを望む多くの観客の期待どおり、アントニオが自転車を見つけ出せたとしたら、この映画の物語は、ひとつの完結したフィクションになってしまうのではないでしょうか。観客の生きる現実とは無縁の、映画のなかでだけ可能な幸せな物語になりかねません。

それに対し、『自転車泥棒』は、あくまでも人生を彩る無数のエピソードをある一定期間のみ区切って見せる映画です。そうである以上、この映画の結末は、人生に起こりうる幾多ものエピソードのひとつの終わりでしかありません。映画中、自転車を見つけることのできなかったアントニオが、その後どう生きていくかは問題ではないのです。アントニオは（今度こそ共産党の協力のもと）自転車を手に入れるかもしれませんし、再び失業生活に転落することになるかもしれません。人生同様、その可能性は拓けたままなのです。

だからこそ、この映画は観る者の現実に影響を与える可能性をもちえます。映画が終わったあとも、わたしたちは現実の問題として、アントニオの苦悩を考えつづけなければなりません。観客それぞれが、フィクションの世界でなく、現実のなかでこの問題をとらえ、想像し、行動することが求められているのです。なにしろ、アントニオはわたしたちのすぐそばにいるかもしれないのですから。

このような見方が可能となるとき、『自転車泥棒』は愛の映画となります。前節の末尾で指摘したとおり、この映画では、誰ひとり責められることがないことに改めて注目しましょう。アントニオは自力で自転車泥棒を見つけだし、犯人に対し制裁を加えようとしました。しかし、泥棒がその名をアルフレードということを知り、アルフレードを取り巻く環境や人々の途方もない貧しさを目の当たりにしたとき、アントニオにアルフレードを訴えることはできませんでした。同じ苦しみを味わう者同士だからこその救いを、ここに見ることができます。そのみじめさを想像しえたゆえにアルフレードを赦したアントニオは、その後、自らが犯した同じ罪を、やはりそのみじめさに共感した誰かによって赦されることになります。

映画を通じてアントニオの行動の背後に、アントニオなりの理由があることを知っているわたしたちは、アントニオが赦されたときにちょっぴり安堵するのではないでしょうか。このとき、アントニオがアルフレードの身になり、アントニオをとらえたひとびとがアントニオの身になり、そして観客もまたアントニオの身になる、という共感の連鎖が起こっています。

『自転車泥棒』の最大の目的は、ここにこそ見いだせます。観客がアントニオの身になり、アントニオが泥棒にまで身を落とさざるをえなかった事情を知るならば、アントニオの行為を非難するばかりでなく、アントニオに対して共感し、その不甲斐なさすら愛しく思われてくるのです。

情けなく、性懲りのない人間の三日間を描いた『自転車泥棒』は、日常のごく些細な瞬間に潜む愛の可能性を指し示しています。

ラストシーンで、アントニオに共鳴したわたしたち観客に代わって、アントニオの手を握りしめるブルーノが示す愛は、罪を犯した父親をそれでも優しく包み込む無償の愛です。その愛は、人知を超えた高尚な愛ではありません。あくまでも日常的な愛なのです。『自転車泥棒』が、時代や地域や人種を超えて世界中で長く愛されつづけているのは、そのような、人間ならではの普遍的な愛の在りかを描きえた証と言えるでしょう。

【主要参考文献】

Ⅰ

ブルネッタ、ジャン・ピエロ　二〇〇八　『イタリア映画史入門――一九〇五―二〇〇三』（川本英明訳、鳥影社）

柳澤一博　二〇〇一　『イタリア映画を読む』（フィルムアート社）

吉村信次郎　一九七六　「イタリア映画史」『世界の映画作家三二・イギリス映画史、イタリア映画史』（キネマ旬報社）

Bernardi, Sandro. 2007 *L'avventura del cinematografo* (Venezia: Marsilio)

Ⅱ

石田聖子　二〇一九　『悪魔にもらった眼鏡』（名古屋外国語大学出版会）

石田美紀　二〇〇二　「ヴィットーリオ・デ・シーカの二つの変身―ファシスト政権下の映画スター」『イタリア学会誌』（五一巻、イタリア学会）一―二四頁

バザン、アンドレ　二〇一五　『映画とは何か（下）』（野崎歓、大原宣久、谷本道昭訳、岩波書店）

AA. VV. 1997 *Ladri di biciclette di Vittorio De Sica. Testimonianze, interventi, sopralluoghi* (a cura di Orio Caldiron e Manuel De Sica, Roma: Pantheon)

AA. VV. 2009 *Ladri di biciclette. Nuove ricerche e un'antologia della critica (1948-1949)* (a cura di Gualtiero De Santi, Atripalda: Laceno)

Alonge, Giaime. 1997 *Vittorio De Sica. Ladri di biciclette* (Torino: Lindau)

Bartolini, Luigi. 1984 *Ladri di biciclette* (Milano: Longanesi & C)

De Santi, Gualtiero. 2003 *Vittorio De Sica* (Milano: il Castoro Cinema)

De Sica, Vittorio. 2004 *La porta del cielo. Memorie 1901-1952* (Cava de' Tirreni: Avagliano)

Faldini, Franca. Fofi, Goffredo. 2011 *L'avventurosa storia del cinema italiano da* Ladri di biciclette *a* La grande guerra (Bologna: Cineteca di Bologna)

Gambetti, Giacomo. 1991 *Cinema!19. Ladri di biciclette* (Torino: Nuova ERI)

Moneti, Guglielmo. 1992 "Ladri di biciclette", *De Sica. Autore, regista, attore* (a cura di Lino Micciché, Venezia: Marsilio)

Zavattini, Cesare. 2002 *Cinema* (a cura di Valentina Fortichiari e Mino Argentieri, Milano: Bompiani)

テイク3　ドイツ

白井史人

I　影が奏でる歴史のプリズム

【ドイツ映画史】

ドイツでの映画の誕生はいつでしょうか——こんな問いに首をかしげる人もいるでしょう。一八九五年十二月二八日のパリでのリュミエール兄弟による上映とするか、一八九三年に発表されたエジソンのキネトスコープにその起源をみるかは立場によって異なるにせよ、映画というメディアは国や言語の枠組みを超えて世界共通の誕生日を持ってるはずではないか、と。

たしかにその通りです。しかし、その前提のもと、ベルリンのドイツ・キネマテーク常設展に足を踏み入れると、映画の歴史記述をめぐる複雑さに困惑するでしょう。そこでドイツ映画の、いや映画そのものの生みの親として名を刻んでいるのは、マックス・スクラダノフスキー（一八六三―一九三九）とエミール・スクラダノフスキー（一八六六―一九四五）というドイツ生まれの一組の兄弟なのです。この二人は、リュミエール兄弟の上映に先立つこと二ヶ月ほどの同年十一月一日、ベルリンのヴァリエテ劇場「ヴィンターガルテン」で、自ら開発した「ビオスコープ」と呼ばれる撮影・映写機材で上映を行いました。

国や立場によって、このように歴史記述に相違が生じることを知ることにも、各国の映

スクラダノフスキー Skladanowsky 兄弟
Max（右）と Emil

画史を学ぶ意義と楽しみがあります。

本章では、第一節でドイツ映画史を概観し、第二節以降は映画の音に着目することで、映画を理解し分析するためのさまざまな視点を学びたいと思います。

❶ 初期映画から一九二〇年代の黄金期へ

映画が誕生して間もない初期映画の時代、ドイツ国産の「ビオスコープ」はそれほど普及せず、フランスのリュミエール兄弟が開発したシネマトグラフなどが見世物小屋で人気を博しました。

ドイツでは蓄音機と撮影を同期させる「補助音響付映画（Tonbilder）」によってトーキー映画の先駆けとなったオスカー・メスター（一八六六―一九四三）が活躍しましたが、映画産業が独自に発展し始めるのは一九一〇年代に入ってからです。有名な舞台俳優・女優が映画に進出し、映画を見世物小屋の出し物の一つから「芸術」へと高める機運のなか『プラーグの大学生』（*Der Student von Prag* シュテラン・リュエ監督、一九一三）などが生まれました。

しかし同時代の欧米の映画製作を引っ張っていたのは、壮大なスペクタクル史劇を生んだイタリア、D・W・グリフィスらが華々しく活躍し始めたアメリカ、また『ファントマ』（*Fantômas* ルイ・フイヤード監督、一九一三／一四）らのシリーズものをヒットさせたフランスです。啓蒙映画や、同性愛を扱った『他人とは異なって』（一九一九）を残したリヒャルト・オスヴァルト（一八八〇―一九六三）らも登場しましたが、ドイツ映画はいまだ、独自色を模索する段階にあったと言えます。

第一次世界大戦中の一九一七年にウーファ[1]が設立されると、ベルリン近郊のバーベルスベルクのスタジオを中心に、一九二〇年代に大作映画を製作するようになります。その方

『プラーグの大学生』

1　クライマイヤー　二〇〇五『ウーファ物語―ある映画コンツェルンの歴史』参照

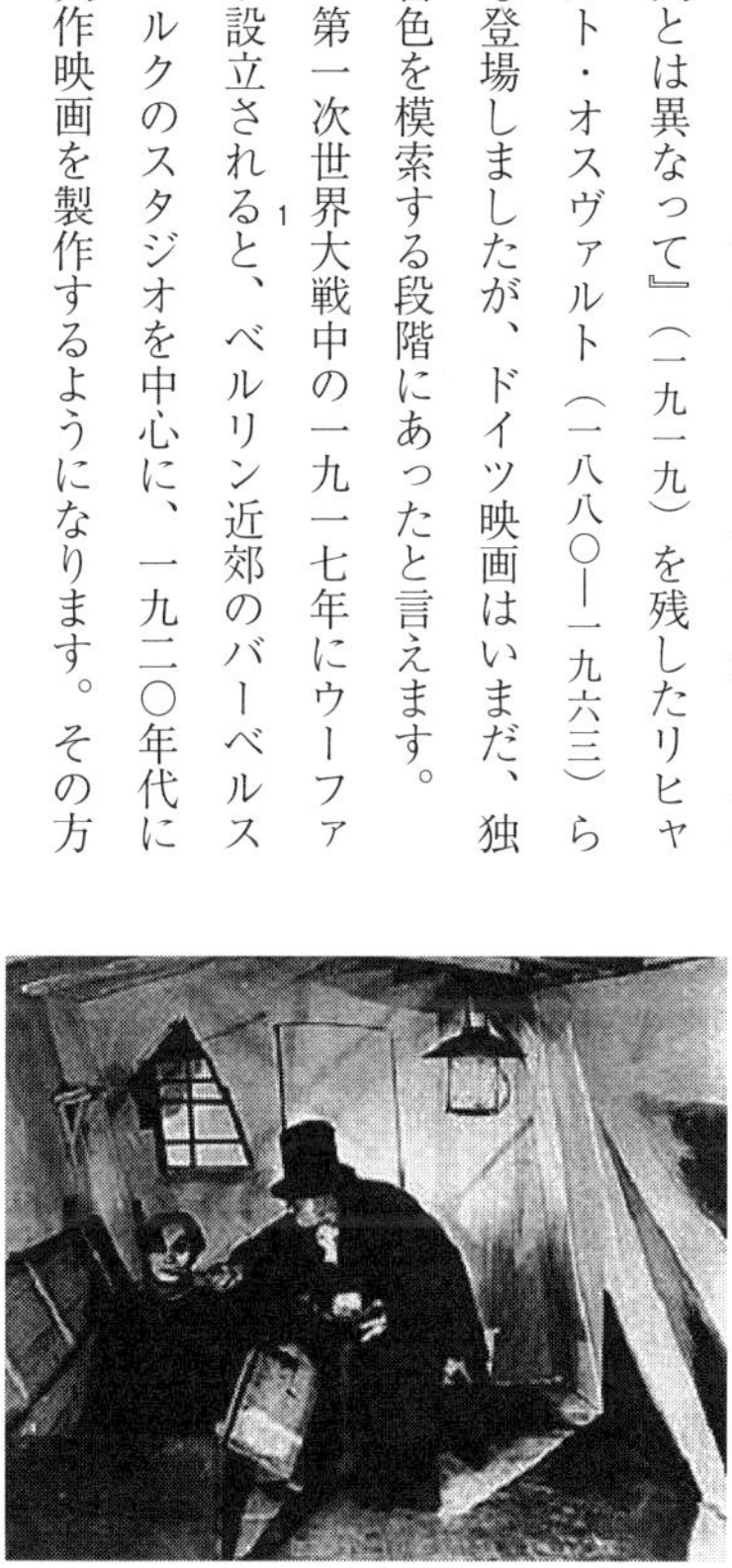
『カリガリ博士』

向を決定づけたのは、『カリガリ博士』（*Das Cabinet des Dr. Caligari* ローベルト・ヴィーネ監督、一九二〇）の世界的なヒットでした。夢遊病者・チェーザレと、彼を見世物小屋で展示し未来を占わせている精神病患者施設の院長が登場するこの映画は、斜めに歪んだ街路や室内のセット、登場人物の視点から描かれる主観的映像など、「表現主義映画」と総称される特徴を強く備えています。

「黄金の二十年代」と呼ばれ、つかの間の繁栄を迎えたヴァイマル期には、ベルリンなどの大都市に華やかな映画館が立ち並び、数十名にのぼるオーケストラが常時伴奏するなど、映画産業は飛躍的発展を遂げます。そのなかで、ドイツ映画を強力に牽引する監督たちが登場しました。

フリッツ・ラング（一八九〇―一九七六）は一九一〇年代半ばから映画の脚本を担当し、第一次世界大戦後に監督として意欲作を発表します。『死滅の谷』（*Der müde Tod* 一九二一）や『ドクトル・マブセ』（*Dr. Mabuse, der Spieler* 一九二一／二二）などを経て、その名声を決定づけたのが『ニーベルンゲン』二部作（*Die Nibelungen* 一九二二／二四）でした。リヒャルト・ヴァーグナー[2]の楽劇《ニーベルングの指環》に対抗するかのような試みは、テーア・フォン・ハルボウによる脚本、壮大なセット、ゴットフリート・フッペルツ（一八八七―一九三七）が映画のために特別に作曲した音楽など、同時代のドイツ映画製作の枠組みを大きく超えるものでした。一九二七年の『メトロポリス』（*Metropolis*）は壮麗な未来都市における階級闘争を描き、スペクタクルと社会意識の両面で先進的な作品です。

ラングと並び、ドイツ映画を技術と美学両面から大きく前進させたのが、フリードリヒ・ヴィルヘルム・ムルナウ（一八八八―一九三一）です。ベルリンのマックス・ライ

2 **リヒャルト・ヴァーグナー（ワーグナーとも表記）**
Richard Wagner（一八一三―一八八三）ドイツの代表的な音楽家。《さまよえるオランダ人》《タンホイザー》《トリスタンとイゾルデ》《ニーベルングの指環》《パルジファル》など、現在も世界中で上演されつづける名作オペラ（楽劇）を残した。

ンハルト劇団で俳優として修業を積んだムルナウは、第一次大戦後に映画に進出します。ドラキュラ伝説を映像化した『吸血鬼ノスフェラトゥ』（*Nosferatu. Eine Symphony des Grauens*　一九二二）、ベルリンの年老いたホテルマンの没落を通して時代の変化を鋭く描いた『最後の人』（*Der letzte Mann*　一九二四）、『ファウスト』（*Faust. Eine deutsche Volkssage*　一九二六）などの傑作を残し、一九二七年にはハリウッドに招かれ『サンライズ』（*Sunrise*）を製作しました。一九三一年に交通事故死したのが惜しまれますが、計算しつくされた照明と影の効果や、空間を自由に動く大胆なカメラワークは、第二次世界大戦後のハリウッドにおける「フィルム・ノワール」と呼ばれる作品群など、後世にも大きな影響を与えました。

　このほかにも、歴史劇から洗練された喜劇まで多彩な作品を残したエルンスト・ルビッチ（一八九二―一九四七）、雪山などの過酷な状況でのロケーション撮影の先駆者アルノルト・ファンク（一八八九―一九七四）など、一九二〇年代のドイツ映画界では、多くの名匠が活躍しました。精神分析を背景とした『心の不思議』（*Das Geheimnis einer Seele. Ein psychoanalytischer Film*　G. W. パープスト監督、一九二六）、健康な裸体美を称賛するヴァイマル期の身体文化を象徴する文化映画『力と美への道』（*Wege zu Kraft und Schönheit*　ニコラス・カウフマン監督、一九二五）、大都市ベルリンのモダンな生活を記録したヴァルター・ルットマン監督の『伯林――大都会交響楽』（*Berlin, die Sinfonie der Großstadt*　一九二七）などもドイツ無声映画の特色ある作品群です。[3]

❷ トーキー映画の興隆とファシズム政権 ——一九三〇―四〇年代

こうした無声映画の発展は、一九二〇年

『吸血鬼ノスフェラトゥ』

3　カメラマンとしてムルナウやルットマンらと共同作業を行ったカール・フロイント（一八九六―一九六九）、ファンクのロケ撮影で活躍したリヒャルト・アングスト（一九〇五―一九八四）ら職人的芸術家も、ドイツ無声映画の繁栄を支えた。

代半ば以降のトーキー技術の普及によって大きな変革を迎えます。『嘆きの天使』（*Der blaue Engel*　ジョセフ・フォン・スタンバーグ監督、一九三〇）に主演しスターダムを駆け上がったマレーネ・ディートリヒ（一九〇一—一九九二）らも登場し、映画製作と流通はますます大規模になりました。無声映画期から活躍するラング、ルビッチ、ゲルハルト・ランプレヒト（一八九七—一九七四）、ローベルト・ジオトマク（一九〇〇—一九七三）らもトーキー映画へ進出し、『忘れじの面影』（*Letter from an unknown Woman*　一九四八、アメリカ）のマックス・オフュルス（一九〇二—一九五七）など、のちにアメリカに亡命して活躍する監督たちもしのぎを削りました。

ウーファ社による独占も進み、『ガソリンボーイ三人組』（*Die Drei von der Tankstelle*　ヴィルヘルム・ティーレ監督、一九三〇）や、ベルリンのレビュー演出から登場したエリック・シャレルが監督した『会議は踊る』（*Der Kongress tanzt*　一九三一）など娯楽性の高い音楽映画が盛んになります。

映画のこうした社会的影響力の増大に目を付けたのが、一九三三年にドイツの政権を奪取した国家社会主義（ナチス）政権でした。総統アドルフ・ヒトラー（一八八九—一九四五）と宣伝相ヨーゼフ・ゲッベルス（一八九七—一九四五）は、ファンクの映画に出演していたレーニ・リーフェンシュタール（一九〇二—二〇〇三）に白羽の矢を立てます。一九三五年のニュルンベルクにおけるナチス党大会の記録映画『意志の勝利』（*Triumph des Willens*）、一九三六年に開催されたベルリン・オリンピックの記録映画『民族の祭典』『美の祭典』（*Olympia*　レーニ・リーフェンシュタール監督、一九三八）は、当時は映画としても国際的に高い評価を得て、党の理念や勢いを内外にアピールするプロパガンダ装置となりま

マレーネ・ディートリヒ　Marlene Diedrich

『民族の祭典』

した。

その一方でナチス政権はモダニズムを牽引した先進的な作品に「退廃芸術（Entartete Kunst）」[4]のレッテルを貼り、公然と侮辱して上映を禁じました。政治プロパガンダの意図が顕著な映画だけではなく、「ドイツ民族」の心の風景である雄大なアルプス山脈などを舞台とした「山岳映画」、娯楽ミュージカルのなかに忍び込む排外的な挿話など、この時代の映画はナショナリズムと表裏一体です。[5]

こうした動きに対して、映画は全体主義的な社会の流れへ抵抗する手段としての力も秘めていました。戯曲・詩・小説など幅広く活躍した文学者ベルトルト・ブレヒト（一八九八―一九六五）は、映画『クーレ・ヴァンペ』（*Kuhle Wampe oder wem gehört die Welt*　スラタン・ドゥドフ監督、一九三二）で脚本を担当し、左翼系の芸術家と協力して、素人の役者を出演させてベルリンの現実生活を描き、格差が広がる社会状況を告発しました。この映画は検閲によって当時公開が禁じられ、一部の場面を削除してようやく発表されています。

思想家ヴァルター・ベンヤミンが[6]、「複製技術時代の芸術作品」という論文で、映画などの新しい複製技術の普及に伴う「アウラ」の凋落を鋭く指摘し、大衆の熱狂や感覚に訴えかける政治の「審美化」に対抗して、芸術こそが「政治化」すべきであると提唱したのもこの時代です。[7]映画史が支配と抵抗の両面を孕んでいることを、一九三〇年代のドイツ映画は如実に示しています。

❸ 二つの「ドイツ映画」――占領から東西分断期　一九四六―一九八九

第二次世界大戦は、無声映画期からトーキーへの転換という技術的変革とともに、ドイツ映画史を大きく二分する出来事となりま

4　**退廃芸術**　ナチスが非道徳的で愚劣として排除したモダニズムの潮流への蔑称。表現主義・新即物主義・ダダイスム・シュルレアリスム、ジャズなどが対象となり、没収、廃棄、売却された。

5　社会学者のジークフリート・クラカウアー（一八八九―一九六六）は、その著書『カリガリからヒトラーへ』（一九四七）で、スクリーンを前に熱狂する観客の集団心理をファシズム批判と合わせて分析した。

6　**ヴァルター・ベンヤミン（ワルターと表記も）**　Walter Benjamin　著作に『暴力批判論』『写真小史』『パッサージュ論』などがある。

7　ベンヤミン　一九九五『ベンヤミン・コレクションI　近代の意味』（浅井健二郎監訳）参照

した。一九四五年の終戦直後のベルリンを記録したさまざまな映像は、ソ連軍との凄惨な地上戦の傷跡を今に伝えます。その一方で、強制収容所におけるユダヤ人、同性愛者、政治犯などの大量虐殺など、ナチス政権下での非人道的行為の多くは、映像として記録される機会すら与えられぬまま遂行されました。

映像は何を記録し、記憶し、「表象」できるのか（あるいはできないのか?）——第二次世界大戦とホロコースト（大量虐殺）の経験は、映像の力をめぐる根本的な問いを我々に突き付けました。記録映画『夜と霧』（*Nuit et brouillard*　アラン・レネ監督、一九五五、フランス）、『ショア』（*Shoah*　クロード・ランズマン監督、一九八五、フランス）から近年のリティ・パニュ『照射されたものたち』（*Irradiated*　二〇二〇、フランス/カンボジア）まで、数少ない収容所の記録写真や映像、強制収容を体験した人々のインタビューなどを通し、世界中で多くの映像作品が生まれ続けています。

そんななかで戦後ドイツ映画の第一作となったのは、占領下で撮影された『殺人者は我々の中にいる』（*Die Mörder sind unter uns*　ヴォルフガング・シュタウテ監督、一九四六）でした。その後、一九四九年に共産主義圏のドイツ民主共和国（以下、東ドイツと略記）と自由主義圏のドイツ連邦共和国（西ドイツ）に分かれて独立した両国で、双方の「ドイツ映画」が新たな発展を遂げていきます。

◎西ドイツ

独立後の西ドイツでは、ヘルムート・コイトナー（一九〇八―一九八〇）らの娯楽映画や、政治性を脱色した郷土映画が人気を博します。一九六〇年代にはフランスを震源地とした「ヌーヴェルヴァーグ」の影響のもと、西ドイツで新たな映画の流れが生まれました。

8　テオドール・W・アドルノ
Theodor W. Adorno（一九〇三―一九六九）ドイツ「フランクフルト学派」の美学者・哲学者、社会学者。音楽評論、作曲も手がけた。『啓蒙の弁証法』『新音楽の哲学』『音楽社会学序説』など。

一九六二年、ノルトライン＝ヴェストファレン州のオーバーハウゼンで開催された短編映画祭フェスティバルにおいて、古いドイツ映画の死と「若いドイツ映画」の誕生を告げるマニフェスト「オーバーハウゼン宣言」に、二六人の映画製作者が名を連ねます。

この動きを牽引したのは、『昨日からの別れ』（*Abschied von Gestern*　一九六六）で長編デビューを果たし、美学者・哲学者のテオドール・W・アドルノ[8]とも親交があったアレクサンダー・クルーゲ（一九三二―）、『テルレスの青春』（*Der junge Törless*　一九六六、原作ローベルト・ムージル[9]）、『ブリキの太鼓』（*Die Blechtrommel*　一九七九、原作ギュンター・グラス[10]）などを発表したフォルカー・シュレンドルフ（一九三九―）らでした。シュレンドルフは、近年の『男と女、モントーク岬で』（*Rückkehr nach Montauk*　二〇一七、原作マックス・フリッシュ[11]『モントーク』）など文学作品の映画化で、作家性の強い作品を発表し続けています。

「ニュー・ジャーマン・シネマ」と総称されるこの新しい潮流のなか、『都会のアリス』（*Alice in den Städten*　一九七四）『ベルリン、天使の詩』（*Der Himmel über Berlin*　一九八七）のヴィム・ヴェンダース（一九四五―）、オペラやギリシャ悲劇の伝統に不思議な映像美が交錯するヴェルナー・シュレーター（一九四五―二〇一〇）、クラウス・キンスキーの怪演が光る『フィッツカラルド』（*Fitzcarraldo*　一九八三）を監督したヴェルナー・ヘルツォーク（一九四二―）らが活躍しました。ジャン＝マリー・ストローブ（一九三三―）とダニエル・ユイレ（一九三六―二〇〇六）夫妻は、アルノルト・シェーンベルク[12]のオペラを厳格に映像化した『モーゼとアロン』（*Moses und Aron* 一九七五）、アルザス地方を舞台とした『ロートリンゲン！』（*Lothringen*　一九九四）など、ヨーロッパの政治や文化に切り込み映画の表現可能性その

9　ローベルト・ムージル
Robert Musil（一八八〇―一九四二）オーストリアの小説家。長編小説『特性のない男』など。

10　ギュンター・グラス
Günter Grass（一九二七―二〇一五）ドイツの作家。代表作に『ブリキの太鼓』『犬の年』など。一九九九年ノーベル文学賞。

11　マックス・フリッシュ
Max Frisch（一九一一―一九九一）スイスの作家。『シュティラー』（邦題『ぼくはシュティラーではない』）など。

12　アルノルト・シェーンベルク
Arnold Schönberg（一八七四―一九五一）オーストリアの音楽家。ベルク、ヴェーベルンとともに新ヴィーン楽派と称される。作品に《浄夜》《グレの歌》《月に憑かれたピエロ》など。音楽理論の著作も多い。

ものを追求する作品群を残しています。

小説・演劇など幅広い分野で活躍したライナー・ヴェルナー・ファスビンダー（一九四五―一九八二）も、戦後西ドイツの映画界を牽引した一人です。[13]『あやつり糸の世界』（*Welt am Draht*　一九七三）や『不安は魂を食いつくす』（*Angst essen Seele auf*　一九七三）など、前衛的スタイルとジャンル映画が混じり合う世界を生み出しました。戦争責任や出稼ぎ労働者の問題、同性愛などの社会問題をちりばめた鋭く繊細な演出と映像スタイルは、いまだ新鮮な魅力を放ちます。

オーバーハウゼン宣言[14]の中心者の一人であるエドガー・ライツ（一九三二―）からハルーン・ファロッキ（一九四四―二〇一四）へ通じる実験的作品群や、のちに『ハンナ・アーレント』（*Hannah Arendt*　二〇一四）を撮るマルガレーテ・フォン・トロッタ（一九四二―）、ヘルマ・ザンダース＝ブラームス（一九四〇―二〇一四）らの女性監督の活躍も見逃せません。

◎東ドイツ

共産主義下の東ドイツでも、西ドイツに劣らず、映画は重要な文化的地位を占めていました。一九四九年の東ドイツ独立以前から、ソ連の占領下で公営映画製作会社として出発したデーファ（DEFA）は、無声映画期にドイツ映画製作の中心地として栄えたバーベルスベルク[15]を中心に製作を展開します。ソ連による検閲、一九五三年のスターリンの死をきっかけとした西側との共同制作の増加、一九六一年のベルリンの壁の建設に象徴される往来禁止、ソ連のアンドレイ・タルコフスキー（一九三二―一九八六）、ポーランドのアンジェイ・ワイダ（一九二六―二〇一六）、チェコのミロシュ・フォアマン（一九三二―二〇一八）らの進歩的映画の流入などさまざ

13　戦後西ドイツを含めたドイツ映画に関する批評を集めた文献としては、渋谷哲也　二〇一五『ドイツ映画零年』など。

14　**オーバーハウゼン宣言**
一九六二年、ルール地方の都市オーバーハウゼン Oberhausen で行われる「オーバーハウゼン短編映画祭」に集まった若手の映画作家たちが、新しいドイツ映画の創造を宣言。〈ニュー・ジャーマン・シネマ〉の起点となる。

15　**バーベルスベルク**
Babelsberg　ドイツ、ブランデンブルク州の州都ポツダムにある地区。ウーファ（UFA）スタジオなど、歴史ある映画スタジオがおかれ、現在も情報発信の一中心地となっている。

まな要因が絡みながら、社会主義的リアリズム、娯楽、芸術的前衛が入り混じる奇妙な世界を形成します。

童話映画『小さなムックの物語』（*Die Geschichte vom kleinen Muck*　一九五三）、西部劇、SF映画（『金星ロケット発信す』（*Der schweigende Stern*　クルト・メーツィヒ監督、一九六〇）、ミュージカル映画『暑い夏』（*Heißer Sommer*　ヨアヒム・ハスラー監督、一九六八）などのジャンル映画がヒットした一方、東ドイツの「ヌーヴェルヴァーグ」と呼ばれた『私はうさぎ』（*Das Kaninchen bin ich*　クルト・メーツィヒ監督、一九六五）、東西に分断された男女の葛藤を描く小説を映画化した『引き裂かれた空』（*Der geteilte Himmel*　コンラート・ヴォルフ監督、一九六四、原作クリスタ・ヴォルフ）などの実験的作品群には、国営の映画産業の枠組みのなかで社会批判を行う立場を強いられた作家たちの苦闘が滲みます。

一九七一年、東ドイツの新たな元首となったエーリヒ・ホーネッカーが芸術におけるタブーの終焉を宣言し雪解けの時代に入ると、西側のスタイルや社会諷刺を取り入れた作品群が登場します。東ドイツ・ロック（Ost-Rock）の興隆とも軌を一にした潮流の口火を切ったのは、一九七三年の『パウルとパウラの伝説』（*Die Legende von Paul und Paula*　ハイナー・カーロウ監督）でした。働くシングルマザーと社会主義統一党の若手党員との恋愛を大胆に映し出したこの作品は、ペーター・ゴットハルト（一九四一―）が手掛けた音楽とも相まって、公開一年目で三百万人以上の観客を集めるヒットを飛ばします。その後デーファ映画は、東ドイツで撮影されベルリンの壁の崩壊後の一九九〇年六月に公開された『建築者たち』（*Die Architekten*　ペーター・カハーネ監督）まで、七〇〇本以上の長編映画を製作して歴史を閉じることになります。[16]

16　ハイドシュケ　二〇一八『東ドイツ映画　デーファと映画史』（山本佳樹訳参照）

❹ ドイツ映画の現在——一九九〇—二〇二〇

一九八九年にベルリンの壁が崩壊し、一九九〇年に東が西に吸収される形でドイツ連邦共和国として統一されます。映画は、この分断から統一にいたる社会変動をどのように捉え、人々の記憶の拠り所となっているのでしょうか。

統一前後のベルリンを記録した映画としては、西側からはヴィム・ヴェンダースの『ベルリン、天使の詩』、東側からは『建築者たち』などがあります。その後、東ドイツの社会を舞台とした映画も多様化します。『善き人のためのソナタ』（*Das Leben der Anderen* フローリアン・ヘンケル・フォン・ドネルスマルク監督、二〇〇六）や『東ベルリンから来た女』（*Barbara* クリスティアン・ペッツォルト監督、二〇一二）は、登場人物たちのちょっとした視線のやり取りにも共産主義政権下での相互監視の息苦しさを伺い知ることができます。

その一方で母の東ドイツの記憶を守ろうと奮闘する息子をアイロニカルに描くコメディ『グッバイ・レーニン！』（*Good Bye, Lenin!* ヴォルフガング・ベッカー監督、二〇〇三）、少年の視点から東ベルリンの社会を自伝的に描いた『ボックスハーゲナー広場』（*Boxhagener Platz* マッティ・ゲショネック監督、二〇一〇）からは、共産主義体制を「故郷」として生きる人々の複雑なアイデンティティの揺れを感じ取ることができるでしょう。

二〇〇〇年代には、ベルリンの街を新鮮な視点から切り取る監督たちの活躍も目立ちます。赤毛で短髪の少女がベルリンの街路を疾走する『ラン・ローラ・ラン』（*Lola rennt* 一九九八）で着目を集めたトム・ティクヴァ（一九六五—）は、『パフューム、ある殺し屋の物語』（*Perfume. The Story of a Murderer* 二〇〇六）や近年のテレビドラマシリーズ『バビロン ベルリン』（*Babylon Berlin*　二〇一七）などを製作していいます。ベルリンに生きる冴えない若者の一日をスタイリッシュに描いたモノクロ映画『コーヒーをめぐる冒険』（*Oh Boy*　二〇一四）のヤン・オーレ・ゲルスター（一九七八―）も、こうした系譜に連なります。

クリスティアン・ペッツォルト（一九六〇―）は、『イェラ』（*Yella*　二〇〇七）などの「幽霊三部作」や『未来を乗り換えた男』（*Transit*　二〇一八）『ウンディーネ』（*Undine*　二〇二〇）で、ニーナ・ホス、パウラ・ベーアなど個性的な女優らへの巧みな演出と繊細な編集で、虚実入り混じる物語世界を現出させました。トーマス・アルスラン（一九六二―）、アンゲラ・シャーネレク（一九六二―）らと並ぶ「ベルリン派」と呼ばれるこの世代の活躍は、二〇一〇年代のドイツ映画を牽引する新しい流れと言えるでしょう。

ドイツ語圏以外にルーツを持つ映画作家の活躍も、「ドイツ映画」の枠組みを拡げる着目すべき現象です。

トルコ系移民の家庭に生まれたファティ・アキン（一九七三―）は、『そして、私たちは愛に帰る』（*Auf der anderen Seite*　二〇〇八）『ソウル・キッチン』（*Soul Kitchen*　二〇〇九）など、ドイツの大都市で生きる移民の若者たちの日常を繊細に演出し、コメディとペーソスの入り混じる世界を築き上げました。政治的理由でアフガニスタンから亡命した両親を持つブルハン・クルバニ（一九八〇―）は、ドイツ北部に位置する旧東の港町ロストックで発生したアジア系移民を標的にした放火事件を扱った『ロストックの長い夜』（*Wir sind jung. Wir sind stark.*　二〇一四）など、社会問題と若者の内面をスタイリッシュなタッチで丁寧に描く作風で頭角を現しました。二〇二〇年に公開された『ベルリン・アレクサンダー広場』（*Berlin Alexanderplatz*）は、アルフレート・デブリンの同名の小説を下敷きにしています。主人公・フランツを西アフリカからベルリンへのがれた難民として現代へ設定を移し、同年のベルリン国際映画祭コンペティションで話題を集めました。

二十一世紀に入ってもなお、ナチス時代の社会を描く映画は枚挙にいとまがありません。[17]『ヒトラー　最期の十二日間』（*Der Untergang* オリヴァー・ヒルシュピーゲル監督、二〇〇四）、『わが教え子、ヒトラー』（*Mein Führer - Die wirklich wahrste Wahrheit über Adolf Hitler* ダニー・レヴ監督、二〇〇七）のような独裁者側の心理を描く歴史ドラマが続く一方、『ヒトラーを欺いた黄色い星』（*Die Unsichtbaren – Wir wollen leben* クラウス・レーフレ監督、二〇一七）、『ペルシャ語の授業』（*Persian Lessons* ヴァディム・パールマン監督、二〇二〇）は、ナチス政権下を生き延びたユダヤ人に焦点を当てています。

やや変わり種として、ヒトラーが二〇一〇年代に蘇るという奇抜な設定の大ヒット小説を映画化した『帰ってきたヒトラー』（*Er ist wieder da* ダフィト・ヴェント監督、二〇一五、原作：ティームア・ヴェルメシュ）は、排外的主張を公然と掲げる政党「ドイツのための選択肢」の台頭にも触れて、移民問題などを契機に噴出するドイツ社会の矛盾を諷刺しています。このように、映画はナチス時代の社会を想起し、現代ドイツの問題として問い直しつづける場であり続けています。

ドイツ映画史は同時代の社会・政治史との関わり抜きに論じることはできません。一〇〇年以上続く「ドイツ映画」の多種多様な作品群を見ていると、それぞれの映画が撮られた「ドイツ」は、二一世紀の前半を生きる私たちが考える「ドイツ」とはまったく異なる国だったのかもしれない――そんな思いにさえ駆られます。

17　渋谷・夏目　二〇一九『ナチス映画論』参照

ピックアップリスト・耳と目で楽しむドイツ映画

●『戦艦ポチョムキン』（*Panzerkreuzer Potemkin*　セルゲイ・エイゼンシュテイン監督、一九二五）

ロシア帝政下の戦艦ポチョムキン号における兵士たちの反乱を描いたソ連の前衛映画は、狭義のドイツ映画ではない。しかし、紀伊国屋書店発売の「復元・マイゼル版　クリティカル・エディション」では、ドイツ封切時に作曲されたエドムント・マイゼルの音楽で映像を楽しむことができる。

さらに珍しいのは、トーキー移行後にドイツで製作された「サウンド版（Tonfassung）」。一九三〇年にピスカートア劇団が声や音楽をあてた興味深い録音が残っている（ドイツ語DVD のみ。*Panzerkreuzer Potemkin & Oktjabr'*, Edition Filmmuseum 82）。

●『会議は踊る』（*Der Kongress tanzt*　エリック・シャレル監督、一九三一）

トーキー初期のドイツ音楽映画を代表する作品。一八一四年のヴィーン会議の時代、リリアン・ハーヴェイ演じる手袋屋の娘と、会議を訪れていたロシア皇帝アレクサンドル一世の身分を超えた恋が描かれる。音楽を担当したヴェルナー・リヒャルト・ハイマンは、無声映画伴奏の演奏家としても活動しながら腕を磨き、トーキー移行後は多くの名作を手掛けた。本作に登場する曲《Das gibt's nur einmal》（命かけて只一度）は、宮崎駿『風立ちぬ』（二〇一三）でも使用されるなど、時代を象徴する流行歌となった。

『会議は踊る』

●『新しき土』（*Die Tochter des Samurai*　アルノルト・ファンク／伊丹万作監督、一九三七、日独合作）

ファシズム政権下で製作されたプロパガンダ映画としては『意志の勝利』らが名高いが、本作は日独合作の異色作。山岳映画の巨匠監督アルノルト・ファンクが来日し、日本側の伊丹万作監督らと共同で製作した。音楽は日本近代音楽の重鎮・山田耕筰が作曲し、無声映画期のハリウッド・スター早川雪舟も出演するなど錚々たる顔ぶれ。義父の支援を経て洋行した輝夫（小杉勇）の帰国に伴う葛藤を、ドイツ人女性ジャーナリストが追いかける物語の背景に、日本の習俗や伝統、さらに現代の政治・社会情勢などが紹介されていく。輝夫の許嫁で、最後に満州へ共に旅立つ幼なじみのミツ子役は、後に小津安二郎の映画などで日本映画を代表する女優となる原節子である。日本の描写の不自然さをきらった伊丹とファンクの意見の齟齬から、ファンクによるドイツ版と伊丹版の二つのバージョンが製作された。ドイツ版の原題は「サムライの娘」。

●『パルジファル』（*Parsifal*　ハンス・ユルゲン・ジーバーベルク監督、一九八二）

オペラと映画の関係は深い。リヒャルト・ヴァーグナーの遺作となったオペラ《パルジファル》を映像化したこの映画は、いわゆる舞台公演を記録した映像とは一線を画する。とりわけ、第3幕での映像と音のズレを逆手にとった手法は必見。ドイツの文化・歴史とナチズムとの関係を問い直し続けるジーバーベルク作品のほか、映像と声の同時録音へ強いこだわりを見せたストローブ／ユイレの『モーゼとアロン』『今日から明日へ』（一九九六）など、オペラ映画は映像表現の実験の場ともなっている。

●『あの日のように抱きしめて』（*Phoenix* クリスティアン・ペッツォルト監督、二〇一四）

ユダヤ人女性歌手のネリー（ニーナ・ホス）が、強制収容所から生還する場面から映画が始まる。かつて生活をしていたベルリンは、第二次世界大戦後の占領下にあった。ネリーは収容所で顔に傷を負ったが、顔面矯正の手術で復元し、瓦礫のベルリンで働く夫のジョニー（ロナルト・ツェアフェルト）を探し出す。妻が死んだと思い込んでいる夫のジョニーは、ネリーを妻だと気づかず、夫のナチス政権下での行動への疑念も湧き起り、ネリーの葛藤は深まっていく。フィクションと歴史が交錯する新たな感性でファシズム政権下の記憶の問題を問い直す作品で、原題は「フェニックス」。ネリーが歌うクルト・ヴァイルの名曲《スピーク・ロー》がいつまでも耳に残る。

●ドイツのさまざまな映画祭

ドイツ各地の映画祭は、それぞれの関心に特化したジャンルに浸るチャンスだ。無声映画ならば、おすすめは晩夏に開催される「ボン無声映画祭」。伝統あるボン大学のキャンパス中庭に敷設された巨大スクリーンで伴奏つき屋外上映を楽しめる。新しいドイツ映画に触れるには、二月末の凍てつくベルリンで開催されるベルリン国際映画祭（通称「ベルリナーレ Berlinale」）を訪れてほしい。世界各地の映画が集まるが、「ドイツの新たな視点」部門では、若手のドイツ映画作家の新作がまとめて上映される。

Ⅱ 「映画の音」と沈黙のざわめき――『ゴジラ』から『最後の人』へ

前節では、ドイツ映画の歴史を概観してきました。ここからは、そのなかでもとくに映画の「音」に焦点を当てて、映像文化を捉える一つの視点を考えてみたいと思います。

映画が無声映画からトーキーへと転換し始めた一九三〇年代初頭に、ドイツでさかんに製作された「音楽映画」などに限らず、映画のなかには実にさまざまな音を聴きとることができます。私が所属する名古屋外国語大学でのゼミの学生に、印象に残っている映画の音を一つ記述して紹介する、という課題を出したことがあります。

すると、十人ほどの小さなゼミでも、映画が始まってすぐに流れる主題歌、登場人物の携帯から流れる楽曲、いわゆるＢＧＭのような音楽、列車のブレーキ音など、実にさまざまな種類の音が挙がってきました。

それではそもそも、映画の音を「聴く」とははたして、どのような営みなのでしょう。それは演奏会で音楽を聞くこと、配信される音源をイヤフォンで楽しむことと、どのように異なるのでしょうか。本節では「理論編」としてドイツ映画からいったん離れ、映画の音を分析する視点と用語を整理しながら、ある作品を分析してみたいと思います。

①　映画の音を「聴く」とは？——映像音響研究のエチュード

映画のなかにあふれる多種多様な音のどこまでを聞いたら、私たちは自信を持って映画の音の「すべて」を聞いたと言えるのでしょうか。試みに、映画の一場面にできるだけ細かく耳を澄ましてみましょう。そして映画から聞こえてくる音を「すべて」メモしてみるのです。どのような映画でも構わないのですが、ここでは有名な『ゴジラ』[1]（本多猪四郎監督[2]、一九五四年）の冒頭五分間にします。

『ゴジラ』の音を「すべて」聴く

場面の内容をまとめておきます。タイトルバックから、太平洋上のとある船の甲板で謎の光を目にする船員たちの場面が続き、その知らせを受ける無線室を経由して、水難救助会社・南海サルベージの所長・尾形秀人（宝田明[3]）が、電話で未確認生物発見の一報を受け取ります。空間的に隔たった三つの場面を滑らかに移行し、映画の世界に観客を引き込む導入部です。

まず、真っ黒なタイトルバックで最初に聞こえてくる音は、大きな足音です。この音がゴジラのものだと観客に明示されるのは、もちろん映画の半ばを過ぎてからです。続いて聞こえるのは、得体のしれない生き物の鳴き声。そして間髪を入れずオーケストラ伴奏がザッ、ザッ、ザッ、ザッと低いビートを刻み始め、ヴァイオリンの低音を中心にドシラ、ドシラ、ドシラソラシドシラ…と有名なテーマが登場します。

このタイトルバックが終わり、海をかき分ける船のスクリューを映すショットから、船員たち

1　『ゴジラ』（一九五四）
東宝製作。本多猪四郎監督。核実験の余波で目ざめた古代怪獣ゴジラが東京を襲い、新兵器オキシジェン・デストロイヤーによって滅ぼされるまで。ビキニ環礁の水爆実験と自衛隊の発足を時代背景として、特撮怪獣映画に現代批判の視点を与えた。円谷英二の特撮が評価され、興行的にも成功、シリーズ化された。

2　本多猪四郎
ほんだいしろう。いのしろうとも呼ばれた。（一九一一—一九九三）東宝の前身PCLに入社。一九五一年、『青い真珠』で初監督。『ゴジラ』以降、特撮の円谷英二とともに多くの「怪獣映画」を手がける。『地球防衛軍』『美女と液体人間』『怪獣大戦争』『メカゴジラの逆襲』など。

3　宝田明
たからだあきら（一九三四—）日本の俳優。『ゴジラ』は初の主演。テレビドラマ、司会者など、多方面で活躍。

がハーモニカやギターを演奏しながらリラックスしている場面へ移ります。そこで空気は一変し、大混乱を迎えた船上での船員たちの叫びの背景で、緊迫感を高める弦楽器の走句が場面を伴奏します。この場面にはまだゴジラは姿を現しません。

次に、洋上で奇妙な事故が生じたことを伝える電報の電子音、続いて主人公の部屋に電話が繋がり、尾形を迎えにきた山根恵美子（河内桃子[4]）との会話を終えて扉が閉めるところまでが一続きです。ここまでの場面で聞こえる音を書き出すと、おおよそ以下のようになります。

ゴジラの足音、叫び声／スクリュー音／船上での船員の演奏／船員たちの叫び／オーケストラ伴奏／電報の送受信音／電話の着信音／登場人物のセリフ／汽笛・港湾のノイズ（これは聞き取りにくい！）／扉の開閉音

五分程度での場面であっても、その「すべて」を聞くためには、映像に対する注意の向け方を少し変える必要が生じます。港湾に面する部屋の戸外で鳴っている汽笛などの効果音は、他の音と比べるときわめて小さく、意識して聞かないとなかなか聞き取れません。ふだん何気なく見ている映像には、きわめて多くの「聞きのがされている」音に満ちていることが分かります。★1

映画音楽≠「映画の音楽」

これらの映画の音をより一般的に分析する基礎のため、その視点と用語を、基本的な研究文献とともに紹介しておきましょう。

4　**河内桃子**
こうちももこ（一九三二—一九九八）宝田明と同期の女優。『ゴジラ』のほか、『男はつらいよ　寅次郎物語』など。

映画のいわゆる「サントラ」[5]のように、映像から切り離された音楽の一ジャンルとして「映画音楽」を捉えることはできます。しかし本章の基本的な着眼点は、映像と音が結びつくことで何が生まれるのか、という点にあります。

そこで映画の不可分な一部として映像とともにある音楽を「映画の音楽」と呼び、狭義の「映画音楽」と区別しておきましょう。また映画のなかにはいわゆる「音楽」に限定されない、効果音やセリフを含めたさまざまな音が溢れています。その全体を指す場合には、より一般的に「映画の音響（もしくは音）」と呼ぶことにします。★2

では、単に音や音楽だけを聞く場合と、映画とともにある「映画の音響」に耳を澄ますときには、何が異なるでしょうか？

大別すると、①「映像とともに」音を聞く要素と、②映像の「物語とともに」音を聞く、という二つの要因が異なります。①「映像とともに」聞く場合は、目に入る情報が、音を捉えるさいに影響を与えます。②の物語とともに音を聞く場合には、映像が構築する「物語」の世界との関係が、聞く者に影響を及ぼすのです。

『ゴジラ』の冒頭の場面から、具体的に考えてみましょう。先ほどは、なにげなく「電話」の

5　**サントラ**
サウンドトラック（soundtrack）の略。本来は、映画フィルムの音声収録部分のこと。サントラは、映画のほかテレビドラマやゲーム、アニメの「劇伴音楽」「付随音楽」等のアルバムにも使われる用語。

★1　二〇一四年にオックスフォード大学出版局から刊行された映像音響研究の論集の序文でニューマイヤーが指摘しているように（*The Oxford Handbook of Film Music Studies*, edited by David Neumeyer. New York: Oxford UP.）、映画の音楽研究の先駆的成果となった英語圏の二つの文献が「無視された（neglected）芸術」や「聴かれぬ（unheard）旋律」といった否定的な形容を通してこの領域を指示したことはその象徴と言えます。Prendergast, Roy. M. 1977 *Film Music: a neglected Art*. 1st. Edition. New York/ London: W.W. Norton; Gorbman, Claudia. 1987. *Unheard Melodies: Narrative Film Music*. Indiana: Indiana UP.

★2　「映画音楽」と「映画の音楽」を区別する立場を明確にしている参考文献として、ミシェル・シオン『映画の音楽』があります。また映像を用いた表現媒体は、テレビ、CM、ゲーム、SNS上の動画などさまざまに拡散しています。かならずしも対象を「映画」に限定せず、「映像音響」というより包括的な概念を用いることもあります。

音が聞こえると書きました。しかし厳密には、音は映画館や自分のPCスピーカー、ときにはイヤフォンから出ているはずです。私たちはなぜ、「ジリリリ」というこの音が、スクリーンに映る「この電話」の音だと無意識に理解したのでしょうか。

ここで、音を聞くと同時に電話の映像が目に入ることで、私たちが一種の錯覚として映像と音を結び付けていることが分かります。映像と音が同期することで、音があたかも、スクリーンに映し出されるその電話から発せられていたかのように感じるのです。

映像と音をめぐるこうした体験の特徴を、フランスの映像音響研究の第一人者であるミシェル・シオン[6]は、映画の音は「自分の在処《ありか》を探すもの」であるという印象的な表現で要約しています。

> トーキー映画の音はどこにあるのか。［中略］スピーカーは、まさに、ホールに音を伝える伝達装置にすぎず、音は、その場所の音響的条件にしたがって多少なりともそのホールの中で反響しながら観る者の耳に到達する。そして、ほかでもない**観る者の耳において、音は自ずからの位置を得る**。観客は、自分が見、理解するものにしたがって、映像によって示される想像上の音源をその音に割り当てるのだ。[7]

映画を見るさいに、音だけを聞いてその音源を判断する訳ではありません。映像によって示される視覚的な「位置づけ」を瞬時に受け入れることで、われわれはスムーズに映画が構築する世界に没入できるのです。「観る者の耳において」ひとたび音源が映像に割り当てられてしまえば、「その人物が右に行けば音も右に移動したように聞こえるし、画面から出て行けば音もスクリーンの横から聞こえるようになる」[8]のです。

6 **ミシェル・シオン** Michel Chion（一九四七―）フランスの作曲家、映像作家、音楽研究者。著書『映画の音楽』、『サウンドアートとしての音楽』など。

7 シオン 一九九三：二七、強調引用者

8 シオン 一九九三：二七

しかし、映画の音のすべてが、つねに映像によって音源を示される訳ではありません。先ほどの映像に戻りましょう。例えば船上で演奏される音楽などは、演奏する船員たちの姿という「音源」が明確に映像に示されます。電報の音も、操作員が機材を懸命に叩く映像が挿入されます。

それに対して、ゴジラの足音は、この時点では映像としてはまったく示されません。また当然のごとく、いわゆるBGMのオーケストラ伴奏も音源は示されません。

このように映画の音を作るときには、フレーム[9]のなかに音源を示すか示さないかが注意深く選択されています。映像とともにある音を聞くさいには、まずは音源が映像のなかに映っている否か、という区分に「フレーム内／フレーム外」の音という概念を導入しましょう。例えば、電話の音は、最初に「フレーム内」の音として提示されますが、その後、ショットが切り替わると電話はフレームの外に位置します。同じ音であっても、音と映像との関係としては「フレーム外」へ移動する場合があります。これは電話の音が、まさに映し出されている部屋のなかで鳴っていることを観客に示すことで、誤解なく音の所在を理解できる常套的演出と言えるでしょう。

つねにフレーム外に位置する汽笛などの音は、観客に対してこの部屋が港湾地域に位置することを示す意味を持っていると同時に、過剰に観客の意識にのぼることがないよう、音量が絞られていることが分かります。もしここで非常に大きく汽笛の音を聞かせてしまうと、次の場面でその船内の様子が示されるなどの場面転換の機能を担うか、さもなければその汽笛に映画全体の事件に関わる鍵が隠されているのではないか、といった過剰な読みを誘発してしまうでしょう。

フレーム内／フレーム外というのは比較的単純な区分です。しかし、同じように音源が示されていない場合も、港の汽笛の音と伴奏のオーケストラとは、映像に対してやや異なる地位を持っ

9　フレーム
Frame　画面の枠のこと。映し出されている画面を境界づける。

ているように思いませんか?

ここで登場するもう一つの重要な区別が、音と物語との関係です。とりわけ劇映画では、作品が映像を通して一つの完結した世界を提示し、観客はその世界を享受し解釈します。そのさいに観客は、映画が構築する「物語世界」を無意識に想定することになります。映画の音も、作品が構築する物語世界の形成に、極めて重要な役割を果たすのです。そのさい作品には、必ずしも物語世界のなかの音だけが登場する訳ではありません。物語世界の外にいる語り手が、意識的に音を取捨選択したり、ときに観客に解説するかのようにナレーションを加えることもあります。「登場人物に聞こえているかどうか」が、ある映画の音が物語世界のなかにあるか、外にあるかを区分する分かりやすい基準です。

このように考えると、汽笛の音は、音源がフレーム内に示されていないものの、登場人物たちにも聞こえている「物語世界の音(diegetic)」であるのに対し、伴奏のオーケストラ音楽は、物語世界の外から観客に対して示される「非物語世界(non-diegetic)」の音と区別できます。

こうした区分は、映像分析の基本的視点を整備した北米圏の映画学において提唱されたものです。映画学の泰斗デイヴィッド・ボードウェル(一九四七—)は、この区別を以下のように定義しています。

物語世界の音とは、ストーリー上の世界のなかに音源がある音のことである。登場人物が発する言葉、ストーリーのなかの物体が発する音、ストーリー上の空間にある楽器から発せられる音楽は皆、物語世界の音である。[中略]

この物語世界の音に対し、**非物語世界の音**がある。それは、**ストーリー上の世界の外部にある音源から聞こえてくる**かのように表現される。非物語世界の音で、もっとも一般的なタイプの音は、作品のアクションを強調するために加えられる音楽である。[10]

ここで、映画『ゴジラ』冒頭の音響を、二つの区分を重ね合わせる形で分類した表が、以下のものです【表1】。一見するときわめて形式的な区別のように見えるかもしれませんが、重要なのは、映画に登場するすべての音を、カテゴリー別に分類することではありません。こうした視点から映像と音響との関係を分析すると、映画の作品のなかで決定的な役割を果たす音に気付きやすくなるのです。

以下、これらの区分に着目して、映画『ゴジラ』の音響が作品のなかで担う役割を、より詳しく分析してみましょう。さまざまなカテゴリのあいだを行き来しながら反復して登場する音が、豊かで立体的な映画の音響を生み出していることを示したいと思います。

聞こえてくる音	音源	物語世界／フレーム
足音	×	物語世界／フレーム外
ゴジラの叫び声	×	物語世界／フレーム外
管弦楽のテーマ	×	非物語世界
船のスクリュー音	○	物語世界／フレーム内
船の上での音楽　ハーモニカ・ギター	○	物語世界／フレーム内
船員たちの叫び	○	物語世界／フレーム内
音楽（走句）	×	非物語世界
電報の音	○	物語世界／フレーム内
電話の音	○→×	物語世界／フレーム内から外へ
登場人物のセリフ	○	物語世界／フレーム内
汽笛・港湾のノイズ	×	物語世界／フレーム外

【表1】

10　ボードウェル／トンプソン二〇〇七：三四八、強調引用者

作品分析の例　映画『ゴジラ』（一九五四）

映画『ゴジラ』の音楽については、これまでも多くの文章が書かれてきました。★3 音楽を作曲した伊福部昭[11]（一九一四―二〇〇六）は、《日本狂詩曲》（一九三五）など演奏会用のオーケストラ作品や、『管弦楽法』などの著作でも、日本の近現代音楽史に大きな足跡を残した人物です。映画『ゴジラ』の音楽も、映画から離れた独立した音楽作品として流通し、メロディだけが切り出されて演奏される機会も少なくありません。

『ゴジラ』の音楽のなかでまず耳に残るのは、俗に「ゴジラのテーマ」とされるあの旋律でしょう。このように映画のなかの人物や主題と結びつく旋律を、オペラでの用語を転用して「ライトモティーフ（示導動機）」と呼ぶことがしばしばあります。

「ライトモティーフ」という表現は、リヒャルト・ヴァーグナーの楽劇に関して用いられた音楽用語で、映画でのこのような例を厳密に「ライトモティーフ」と呼べるのかどうかは意見が分かれます。ただし古くは、トーキー映画の初期に製作された映画『キングコング』（*King Kong* M・C・クーパー、E・B・シェードザック監督、一九三三）[12]で、作曲家マックス・スタイナー[13]（一八八八―一九七一）が使用した手法で、映画の音楽において定着し発展した一つの技法としてとらえる限りでは問題ないでしょう。あの旋律を聞くとゴジラの姿が頭に浮かび、ゴジラが登場する場面では決まってこの旋律が現れる、という映像と音楽の密接な結びつける表現の典型例です。★4

しかし、映画『ゴジラ』の第一作では、このテーマはゴジラの登場場面ではなく、ゴジラの来襲から東京の街を守るため、機動隊が出動するさいに使用された音楽であることは知られていま

11 **伊福部昭**
いふくべあきら（一九一四―二〇〇六）。日本の音楽家。映画『銀嶺の果て』（一九四七）、『サンダカン八番娼館　望郷』（一九七四）など、多数の映画音楽を手がけた。《シンフォニア・タプカーラ》（一九五四）などの演奏会作品も多く、東京音楽学校（現在の東京芸術大学）、東京音楽大学で後進の育成に尽力した。

12 **『キングコング』**
特撮技術と、ストップモーション・アニメーションで作られた、初期怪獣映画の代表的傑作。絶海の孤島から連れてこられた巨大ゴリラ「キングコング」が、ニューヨークのエンパイアステートビルによじ登って……。数々の「リメイク映画」が作られ、日本の『キングコング対ゴジラ』（一九六二）ではゴジラと戦った。

す。映像と音楽の結びつきは、あくまでも作品のなかで形成された恣意的なものでもあるのです。しかしいちど映像と音楽が結びついてしまうと、その連想を断ち切るのは難しい。裏を返せば、観客に訴えかける非常に有効な手段となるわけです。

さらに映画『ゴジラ』は、映画の音響のリアリティに関する重要な問いを投げかける音で満ちています。分かりやすい例は、冒頭のタイトルバックにも表れるゴジラの鳴き声でしょう。そもそも、現実に存在しない怪獣の声や姿が「リアル」に感じられる現象は奇妙なものですが、ゴジラの声の製作のために、作曲家や録音技師が試行錯誤を重ねた記録が残ります。伊福部は、以下のように回想しています。

> ゴジラの鳴き声も多少ですが、私がかかわっています。最初、音響スタッフは実在の動物の声を加工して作ろうとしたんですね。動物園に行ってライオンや虎、象、コンドル、ゴイサギなどの声を録ってきたようですが、〈これ〉という音が出来ない。どうしてもゴジラにふさわしい声には聞こえない。無理もないんです。哺乳類はどうやっても哺乳類の声、鳥類はどこまでも鳥類の声なんですね。そこで私がコントラバスの縦振動を使うことを提案したわけです。[14]

そしてもっとも低い弦楽器であるコントラバスの弦を「握って引っ張って」みた結果、「今まで聞いたこともないような複雑な音」をテープに録音し、その音を音響技師が加工してゴジラの

★3 主なものとしては小林淳『ゴジラの音楽――伊福部昭、佐藤勝、宮内國郎、眞鍋理一郎の響きとその時代』(作品社、二〇一〇年)など。

★4 ライトモティーフ的な映画の音楽の用法を駆使した代表的な作曲家には『スター・ウォーズ』シリーズの音楽を手掛けたジョン・ウィリアムズ(一九三二―)らがいます。

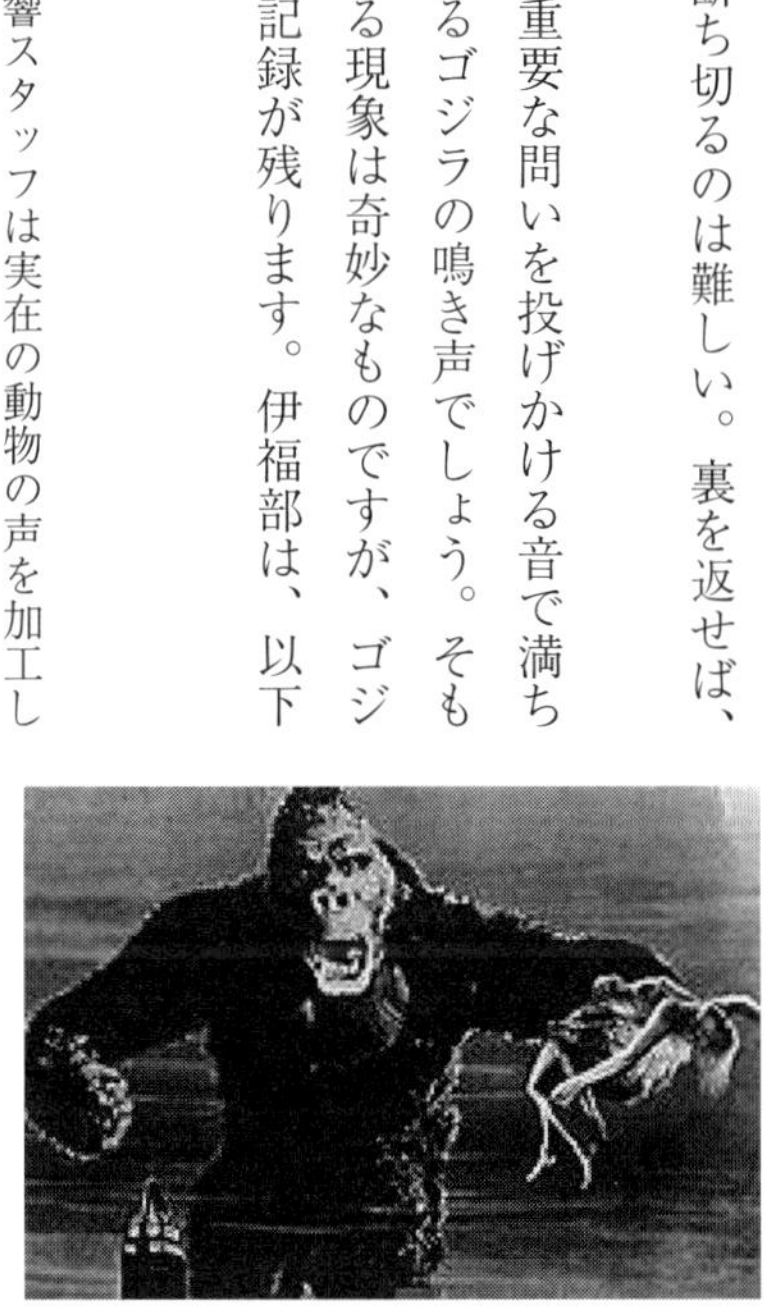

『キングコング』

13 マックス・スタイナー
Max Steiner(一八八八―一九七一)。オーストリア生まれの作曲家。第一次大戦中にアメリカに移り、ブロードウェイのミュージカル指揮者となる。その後、多くの映画音楽を手がけた。『キングコング』『風と共に去りぬ』『カサブランカ』など。

14 伊福部 二〇一四:一二七

鳴き声を生んだそうです。
実在しないゴジラの声ほど極端ではなくても、映画の音響は何らかの形で、リアルではないものをリアルに見せることで成立しています。映画の音を作りあげるために工夫を凝らしてきた録音技師、音響技師たちの視点からみる映画の歴史も、映像文化の豊かさを理解する上で欠かせない視点の一つと言えるでしょう。★5

ゴジラの足音が消えるとき——沈黙を聴く

さまざまな切り口から考えることができる映画『ゴジラ』の音響のなかでも、本節でとくに取り上げたいのは、その「足音」です。ゴジラの「足音」は、映画が進むにつれてフレームの外から内へ位置を移動し、最終的に「沈黙」のなかに消え去ってしまうことで、映像音響ならではの表現を生んでいるからです。

「足音」が最初に登場するのは、先に触れたタイトルバックです。★6 映画を初めてみる観客は、この時点ではこの音の音源を判別できません。映画のなかでこの音がゴジラの足音として登場する場面では、当初は音源のゴジラやその足が映像で示されない「フレーム外」の音として提示されます。

映画の序盤に、大戸島と呼ばれる離島の古い日本家屋で、真夜中に暴風が吹き荒れる場面にドーン、ドーンと得体のしれない音が響き渡ります。家のなかで眠っている男がこの音に反応してあたりを見回すので、この音が彼にも聞こえていることが分かります。背景には非物語世界の音楽として、低く小さな旋律が繰り返し登場。グラグラと揺れる室内で泣き叫ぶ男女が映り、その後、家も村も破壊されますが、暗闇のなかでゴジラの姿が画面に示されることはありません。

ゴジラの姿が初めて示される場面でも、足音は注意深く演出されています。ゴジラの生態を研究する古生物学者の山根恭平博士（志村喬[15]）が調査に向かった島では、ゴジラの来襲にさいし、鐘による警報のもとで住民が逃げ惑うなか、「私はみた。確かにジュラ紀の生物だ」と述べる山根博士のショットの背景で、重い足音が繰り返し響きます。その切り返しのショットで山が映し出されると、山稜からゴジラがその上半身の姿を現し、けたたましく鳴き声を上げます。

鳴き声が最初に物語世界のなかで示されるこのショットで、声がフレーム内の音響として登場するのは、着目に値します。足音がフレーム外の音としてゴジラ登場への期待（恐怖）を高め、クライマックスでフレーム内に登場するゴジラの咆哮――冒頭のタイトルバックで予告された奇妙な物音と映像がようやく同期するこの場面では、非物語世界の伴奏音楽なしでも、映像と効果音だけで過不足ない劇的な効果を感じることができます。

その後、ゴジラが東京へと近づいてきて、市街を闊歩しながら焼き払う場面では、映像と音響が絡みあうスペクタクルが展開します。物語世界の人々の叫び声、ゴジラの鳴き声、足音、燃えさかり崩れ落ちる建物の騒音。これらが入り混じる場面を、オーケストラによる非物語世界の音

15　志村喬　しむらたかし（一九〇五―一九八二）舞台での活躍を経て映画俳優となる。戦前は時代劇などで活躍。戦後は東宝を中心に数多くの作品に出演した。黒澤明監督の『酔いどれ天使』『生きる』『七人の侍』『影武者』など。

ゴジラ出現！　最初の鳴き声

★5　日本における音響技師の活動は、橋本文雄『ええ音やないか――橋本文雄・録音技師一代』（リトル・モア、一九六四年）、紅谷愃一『日本映画のサウンドデザイン――感動場面を演出する音声収録と音響処理のテクニック』（小島和彦編、誠文堂、二〇一一年）、久保田幸雄『聞こえてますか、映画の音（サウンド）』（ワイズ出版、二〇〇四年）など、興味深い回想が残されています。また長門洋平『映画音響論――溝口健二映画を聴く』（みすず書房、二〇一四年）には、『近松物語』など溝口健二の戦後作品の音響を担当した大谷巌への貴重なインタビューが収録されています（二六三―三二八頁）。

★6　興味深いことに、明治学院大学の遠山一行記念日本近代音楽館に所蔵されている『ゴジラ』のための伊福部昭の自筆譜には、タイトルバックの足音と鳴き声のタイミングを示すとみられるメモが残っています。「足音」も音楽の重要な要素の一つと捉えられていた証です。

楽が伴奏します。フレームの外でしだいに近づいてきた足音が、ついにフレームのど真ん中でいままさに街を蹂躙している――ゴジラの足音のフレームの外から内への音源の移動は、映画の息を飲む展開を象徴しているのです。

しかし、本節でもっとも着目したい演出は、この足音が消える瞬間です。映画のクライマックスで、究極の兵器「オキシジョン・デストロイヤー」を開発した芹沢大助博士（平田昭彦[16]）が、ゴジラを倒す唯一の手段として封印していたこの兵器を使用する場面があります。芹沢が潜水服に身を包んで、決死の覚悟で海のなかのゴジラに近づく場面では、それまでの映画の物語世界とはまったく異なる音響空間が立ち現れます。

静かな管弦楽の旋律に伴奏されながら、聞こえてくる物語世界の音は、海中で漏れる泡のコポコポという音のみ。この音響は、海に潜った芹沢の耳に響く、主観的な聴覚風景を表現したものと考えることができるでしょう。★7

ここで、ゴジラを見つめる芹沢の顔のクロース・アップの切り返しとして、海底を歩くゴジラのショットが登場します。このショットは、カメラがゴジラの上半身から下半身へとティルトダウン★8して、芹沢の視点からゴジラの全身を収めます。続いて登場するのが、ゴジラが海底を踏みしめる足のクロース・アップです。あえて足に視線を落としていくカメラの動きで強調しているにもかかわらず、このショットに足音は重ねられていません。★9 無音で海底を踏みしめるゴジラの足。映画の冒頭でフレーム外から人々を脅かし、映画の中盤で、東京を縦横無尽に焼き尽くすフレーム内の音として活躍した足音が、映画のクライマックスで消えてしまうのです。

この足音の「不在」は、それまで映像と音響の関係に注意を向けていた観客にとっては、聞こ

東京を大音響とともに破壊するゴジラ

16 **平田昭彦**
ひらたあきひこ（一九二七―一九八四）俳優。『ゴジラ』シリーズのほか『モスラ』『椿三十郎』などに出演。テレビドラマでは『ウルトラマン』『太陽にほえろ！』など。

えてくる音に劣らず、いやそれ以上に劇的な音響演出として効果を発揮するでしょう。物語世界のなかにありながら、ゴジラが超越的な存在へと変化したことを示唆するようなこの足音の演出には、映像と音が結びつくことでしか表現できない、映画の音響ならではの表現を聴きとることができます。★10 このシーンは、映画『ゴジラ』のクライマックスとして、音に着目していなくても充分に観客の心を捉える場面です。その一方で、戦後の平和主義の背後に、自己犠牲を伴うヒロイズムという第二次世界大戦中のイデオロギーが見え隠れする点に、違和感を持つ方もいるでしょう。海底でのゴジラに対する攻撃という点から、原水爆実験という同時代の社会問題を寓話化した場面とも考えられるます。本節で指摘した足音の不在を、原水爆をめぐる音の表象という問題へ発展させて論じることとさえできるかもしれません。

本節では、映画『ゴジラ』の分析はここまでにします。

映画の音を正しく聴くには、映像から切り離された音を聞くことでは不十分です。映像と音響とが不可分に絡み合いながら生まれる視聴覚体験が、作品のなかでどのように変化し、観客に無意識の効果を及ぼしているのか——映画に耳を澄ます楽しみはそこにあることを、ゴジラの足音は教えてくれます。

ゴジラの最後の「沈黙」に向かって（芹沢博士）

★7　これを登場人物の「視点」ではなく聴覚上の「聴取点」と呼ぶ場合もあります。しかし、海に潜った場合の音響をリアルに再現している訳ではもちろんありません。

★8　固定された土台の上で上から下にカメラを振る動きを示す撮影用語。

★9　『ゴジラ　一九五四』（実業之日本社、一九五四年）に収録されているいくつかのバージョンの台本（「G作品検討用台本」「G作品準備稿」「撮影台本決定稿」）には、この部分の音響に関する記述はありません。撮影から編集するポスト・プロダクションの段階でこのような音響の演出がなされたと考えられます。

★10　映画の音楽における音や「沈黙」の演出を追求した音楽家に、武満徹（一九三〇—一九九六）がいます。『砂の女』（勅使川原宏監督、一九六四）、『怪談』（小林正樹監督、一九六四）、『心中天網島』（篠田正浩監督、一九六九）、『愛の亡霊』（大島渚監督、一九七八）など。

② 音なき映画をいかに聴くか?——ムルナウ『最後の人』の伴奏音楽

ここまで検討した映像と音の結びつきは、あくまでも映像と音が同期することを前提として分析することができます。音源が示されて聞こえるはずのフレーム内の音を抜く表現は、映像と同時に音が聞こえることを無意識のうちに「自然」に感じる観客にしか捉えることはできません。

しかし、映画史を振り返ると、映像と音が同期することは当たり前の前提ではありませんでした。映像と音を結びつける技術は、いつどのように成立し普及したのでしょうか。そして映像と音が一対一に同期することが当たり前ではなかった時代に、映画の音響はどのようなものだったのでしょうか。

ゴジラに導かれて長い寄り道となってしまいましたが、ここで話題を、ふたたびドイツ映画に戻しましょう。現在と大きく異なる無声映画期の音楽の実践を具体的に分析することで、映像とともに音を聞く体験の淵源に迫りたいと思います。

映像と音の歴史——トーキーへの移行

一八九五年のリュミエール兄弟によるシネマトグラフの上映以降、トーキー映画が普及する一九三〇年代の前半まで、映画産業の中心を担っていたのは無声映画でした。ここで「無声(サイレント)映画」とは、映像を記録するフィルムに厳密に同期させる音声を持たない映画を指します。

しかし、無声映画はまったく「サイレント」ではなかった、ということは、映画の音の歴史の研究で強調されています。映像と音を組み合わせる企ては、映画の誕生とほとんど同時に試みられていました。初期のものは、一八九四年のエジソン社が開発した「キネトフォン」と呼ばれるもので、覗き穴式のキネトスコープとフォノグラフ（蓄音機）[17]のそれぞれに同期した映像と音声を記録する装置でした。

こうした映像と音声を同期させる技術の開発競争が本格化したのは一九二〇年代で、ヨーロッパとアメリカを中心にさまざまな試みが乱立します。一九二二年、ドイツでは三人の発明家ハンス・フォークト、ヨー・エングル、ヨーゼフ・マソレが開発した「トリ・エルゴン」方式[18]によるトーキー映画の公式上映が行われました。音波を光の振動に変換して電気的に記録し、再生する方式でしたが、ドイツの映画産業のなかで大きく普及することはありませんでした[19]。

トーキー映画の世界的な普及を決定づけたのは、一九二七年にアメリカで公開された『ジャズ・シンガー』の成功です。この映画はワーナー社が開発した音楽やセリフ、効果音をレコードによって録音・再生する「ヴァイタフォン」方式[20]を用いて、歌やセリフの一部を録音した「パート・トーキー」として製作されています。その後、アメリカのフォックス社は、トリ・エルゴン方式と同じ光学録音のアメリカでの特許実施権を得て、「ムーヴィートーン・システム」と呼ばれる別の方式へと発展させます。

ドイツでもトーキー映画の製作が拡大し、一九二九年にはウーファがバーベルスベルクに新たなトーキー用のスタジオを建設、『ガラスの珍獣』や長編劇映画『悲歌』が製作されました。『悲歌』など初期のトーキー映画は、外国で公開するために、英語、フランス語、ハンガリー語でも、セリフと歌詞が録音されていました。そして一九三〇年代の半ば以降、フレーム内外や物語世界の内外の区別が明瞭で安定した、「古典的」映画の音の作成方法が確立していきます。

17　**フォノグラフ**
エジソンが一八七七年に開発した初期の蓄音機。蝋（ロウ）を円筒状にしたものに溝を掘って音を記録・再生する。やがて円盤状の記録盤にとってかわられる。

18　**「トリ・エルゴン」方式**
ドイツの三人の発明家が開発、特許を取得した映像と音の同期方式。フィルム上に音を記録するサウンド・オン・フィルム。

19　クライマイヤー　二〇〇五：三一九

20　**「ヴァイタフォン」方式**
アメリカのワーナー・ブラザーズが開発したトーキー映画のシステム。

無声映画の伴奏譜

では、トーキー映画の成立以前、映画はどのように音が付されていたのでしょうか。
一九二〇年代のドイツでは、映画館興行が確立するにしたがって、各地の映画館でライブ伴奏するための、選曲の素材となる楽譜の整備も盛んとなりました。
アメリカでは一九一〇年代後半から、多くの作品に共通する場面のための、汎用性の高い伴奏曲集の出版が増加し、二〇年代に入ると、伴奏曲集から選曲するための手引書などが出版されていました。★11

ドイツでもそのアメリカの動きを追うように、一九二〇年代に入って伴奏曲集の出版が本格化しています。なかでも著名なものは、ジュゼッペ・ベッチェ（一八七七―一九七三）が編纂した曲集《キノテーク》（*Kinothek*　一九一九―三三）です。全六巻で計八一曲にのぼり、大オーケストラ、サロン・オーケストラ、室内アンサンブル、ピアノ・ソロなどのさまざまな編成の版が出版されました。ショパンの前奏曲なども含まれており、全ての曲が新たに作曲されたわけではありませんが、《破局的な出来事》《夜》《劇への前奏曲》など、当時の映画に頻出する場面に合わせて使いまわしやすい楽曲がまとめられています。

一九二〇年代は、こうした曲集から選び、ライブ伴奏で指揮をする映画館指揮者の活動が盛んになった時代でした。

たとえばドイツでは、「フィルム・トーン・クンスト」という映画音楽専門雑誌で、★12 同じ映画でも映画館によって音楽が異なるため、あちこちの映画館の伴奏を比べながら、あの映画館のあの指揮者の伴奏は映像とうまく合っているとか、この映画館ではいつも同じ曲の使いまわしばかりだ、といった批評も出るようになりました。

当時のドイツにおける映画館の、伴奏音楽の活況を示すエピソードを一つ紹介しましょう。一九二五年、アメリカの無声映画館の人気指揮者として国際的な名声を獲得していたエルノ・ラペー（一八九一—一九四五）という人物が、★13 ベルリンの主要映画館の一つウーファ・パラスト・アム・ツォーに招聘されました。一九一九年に開館し、ウーファ社の重要な封切館であったウーファ・パラスト・アム・ツォー★14は、一九二五年の一〇月に改修されて、二〇〇〇人以上の観客席を持つ映画館として柿落《こけらおと》しを行います。そのさいにラペーは、七五人もの大規模なオーケストラを指揮したそうです。

しかしラペーの指揮ぶりに対して、ドイツ語圏の批評家からは、「[ラペーは]そもそも序曲と間奏曲で力を使い切ってしまい、映画自体にはほとんど何も残らない」とか、★15 彼は「ペテン師」で「広告塔」に過ぎないといった批評が残っています。★16 当時の映画伴奏が、新しい音楽の分野として観客や批評家から多くの着目を集め、国際的な交流と競争のなかで試行錯誤し、活況を

ツォー・パラスト（撮影・筆者）

★11 無声映画期の伴奏音楽の実践は、リック・オルトマンの以下の文献で詳しく分析されています。Altman, Rick. 2004. *Silent Film Sound*. New York: Columbia UP.

★12 当時の映画館指揮者を主な対象としたと考えられるドイツ語圏の映画音楽専門誌。一九二六年に『フィルム・トーン・クンスト』と改称。

★13 ニューヨークのロキシー劇場などで活躍し、『映画音楽百科事典（「Encyclopedia of music for pictures」）』（一九二五）を編纂しました。

★14 ベルリン動物園近くの「ウーファ・パラスト・アム・ツォー」跡地に建つ現在の映画館「ツォー・パラスト」。ベルリン国際映画祭の重要な上映会場の一つにもなっています（写真は筆者撮影）。

★15 ハンス・ハインツ・シュトゥッケンシュミットの批評（Stuckenschmidt, Hans Heinz. 1926. „Die Musik zum Film," *Die Musik*. 18, no. 11: 811-812)

★16 ハンス・エルトマン（Erdmann, Hans. 1926. „Ernö Rappées Abgang," *Film-Ton-Kunst*. 6, no. 5: 49-50.）。エルトマンは映画『ノスフェラトゥ』などの伴奏音楽作曲家で、映画音楽専門誌『フィルム・トーン・クンスト』や、映画雑誌などに多くの論考を掲載しました。

呈していたことが分かります。

なお日本では、松井翠声[21]という弁士がラペーとコンタクトを取り、その指南書の序文を訳出するなど、日本の無声映画伴奏とも接点がありました。[22]パリの大映画館の指揮者が、アメリカにラペーを訪ねて伴奏法を学んだという記録もあり、無声映画伴奏にたずさわる音楽家たちの、世界的な交流の貪欲さを感じさせます。

21 **松井翠声** まついすいせい（一九〇〇―一九七三）無声映画（活動写真）の弁士として知られる。洋画の担当が多かった。のちに漫談家、司会者、映画俳優としても活躍。

22 松井　一九三一

ドイツでのオリジナル譜

このように、爛熟期を迎えていた無声映画の実践は、トーキー映画へと一朝一夕に転換したわけではありません。技術の転換期にはつきものですが、トーキー映画が主流となった時代にも、無声映画はしばらく製作され続けました。反対に、無声映画期にも、のちのトーキー映画につながるような実践が着々と展開していたのです。

音楽に関しては、どのような点に、その変革への萌芽を見出すことができるでしょうか。映画館ごとに異なるライブ伴奏によって映画が上映されていた、一九二〇年代のドイツで、作品に対してよりふさわしい音楽を模索する動きが、映画館指揮者たちや批評家の間で出てきます。

一九二六から二八年ごろには、ベルリンなどの大都市の大きな映画館の指揮者が自身の選曲例「音楽シナリオ」を雑誌に発表し、選曲のモデルを提供する動きが出てきました。また、製作会社がとくに力を入れる作品に対して、映画のために特別に音楽を作曲するよう作曲家に依頼し、映画会社が楽譜を作成して配給する試みも登場します。

ドイツ語で「オリジナル作曲（Originalkomposition）」（英語では「special score」）などと呼ばれる音楽には、

無声映画期の伴奏の実態と、その後のトーキー映画へとつながる映像と音響を結び付ける表現が混在しています。ここでは、一九二〇年代のドイツ無声映画の傑作の一つである『最後の人』[23]のための音楽を具体的に取り上げて、無声映画期の音楽の実践を分析したいと思います。

まず『最後の人』の基本的な公開情報を確認しておきましょう。『最後の人』のドイツ封切上映は一九二四年十二月二三日、先述したウーファ・パラスト・アム・ツォーでした。セリフや場面を説明する字幕を用いず、映像と音楽のみで作品を成立させる「無字幕映画」という斬新な試みでも知られています。★17

この音楽を作曲したのは、ジュゼッペ・ベッチェという人物です。★18 この音楽家は、映画館指揮者として『一般映画音楽ハンドブック』という伴奏手引書の編集に携わり、多くの作品の選曲とオリジナル作曲の両方を残しました。

ベッチェが映画の音楽へ携わるきっかけとなったのが、一九一三年の映画『リヒャルト・ヴァーグナー』（*Richard Wagner*　カール・フレーリヒ監督）。顔が似ているという理由でヴァーグナー役の主演に抜擢され、みずから伴奏譜も作成しています。[24] ベッチェは一九一〇年代の早い時期から特定の映画への伴奏譜の作成を開始し、一九二〇年代に『タルチュフ』（*Tartüff*　一九二五）などのオリジナル作曲を行い、映画館指揮者として現場でも既成曲からの抜粋による伴奏を精力的に勤め

★17　無声映画期には、映像と映像のあいだに挿入される「中間字幕」などでセリフや場面の説明が行われていました。

★18　ジュゼッペ・ベッチェ Giouseppe Becce。一八七七年イタリアのヴィチェンツァ近郊のロニーゴ（Lonigo）で生まれ、パドヴァでチェロとフルートを学び、地理学と文献学を修めました。一九二〇年代にはノレンドルフ広場のウーファ・パヴィリオンの音楽監督などを務め映画館指揮者として活躍し、トーキー移行後もルイス・トレンカー監督の『火の山』（*Berge in Flammen*　一九三一）やレーニ・リーフェンシュタール監督の『青い光』（*Das blaue Licht*　一九三二）の音楽を担当しています。

23　『最後の人』
フリードリヒ・ヴィルヘルム・ムルナウ監督。カール・マイヤー脚本。エーミール・ヤニングス主演。無声映画。主人公のホテルのポーター（ドアマン）は自分の制服が誇りだったが、高齢という理由で掃除夫にされる。隣人からも嘲笑されて絶望するが……。『吸血鬼ノスフェラトゥ』でも知られるムルナウの技術が大いに生かされている。撮影者カール・フロイントの移動撮影がみごと。

『最後の人』

24　Henzel 2003

ました。

この映画の伴奏のために作成されたヴァイオリン譜が、フランクフルトのドイツ映画研究所[25]に現存しています（冊子状、計二六頁）。映画の六幕構成に対応しており、登場人物のアクションや場面に関する指示が、楽譜にも記載されていました。その内容を詳しくみてみましょう。

まず目を引くのは、五線譜に楽曲が記譜された部分と、ダルベール[26]《抒情組曲》第一番や「フォックストロット（Foxtrott）」「シミー（Shimmy）」という曲名やジャンルなどの指示だけがなされて、既成曲からの転用を指示している部分が混在している点です。

楽譜全体を検討すると、主役の登場を特徴づけるモティーフ上の展開が目立ちます。【譜例】に示したエーミール・ヤニングス（一八八四―一九五〇）演じるポーターのモティーフとも言える主題は、ヤニングスの登場場面で登場し、調性をさまざまに変化させて繰り返し登場します（モティーフの部分は太枠）。

これらの音楽は、この映画に合わせて作曲されたと考えられ、非物語世界の音楽に統一的モティーフを導入し、物語の進行を叙述していく意図が見て取れます。

くわえて、ウンベルト・ジョルダーノ[27]のオペラ《アンドレア・シェニエ》（*Andrea Chénier* 一八九六）第二幕の楽曲が、楽譜で記譜されたり、曲名のみで指示されている箇所もあります。ポーターが掃除係に降格し、孤独に地下の職場へと降りて行く場面の伴奏として転用されるのは、ムソルグスキー《展覧会の絵》より「古城」。楽曲がもともと表現している鄙《ひな》びた城とは異なる内容ですが、楽曲のメランコリックなムードと掃除係に降格した主人公の憂鬱がうまく重なる、選曲の実践の一端が窺えます。

25 **ドイツ映画研究所** Deutsches Filminstitut 略称 DIF。ドイツ映画関係の資料、作品の収集にあたる。ドイツ映画博物館に本部を置き膨大なアルヒーフを誇る。フィルムのコレクションは約一万本とされる。

26 **オイゲン・ダルベール** Eugen Francis Charles d'Albert（一八六四―一九三二）スコットランド出身。ピアニスト、作曲家。

27 **ウンベルト・ジョルダーノ** Umberto Giordano（一八六七―一九四八）イタリアのオペラ作曲家。《アンドレア・シェニエ》や《フェドーラ *Fedora*》（一八九八）など。

新たに作曲された部分と、既成曲をこのように組み合わせて非物語世界の伴奏を構成するだけでなく、より映像との結びつきが密接な部分も見られます。フレーム内でサロン・オーケストラが登場する場面や、街路でトランペットを吹き鳴らす場面では、フレーム内の音楽として、トランペットやヴァイオリンのソロ楽曲が挿入されているのです。

その一方で、本作のためにベッチェが作曲した部分が、他の映画へも汎用できる選曲レパートリーとなったことを示唆する部分もあります。ヤニングス演じる主人公がポーターを解雇されて掃除人になっていることを、近所の女性たちが言いふらす場面の曲は、《女性たちのおしゃべり》として、ベッチェの伴奏曲集《キノテーク》で出版されているのです。

このように考えると、映像と音楽とが「これしかない！」という関係で一対一に対応することは、そもそも想定されていなかったことが分かります。

オリジナル譜の全体をまとめると、【表2】のようになります。ベッチェによる『最後の人』の音楽には、物語世界の音楽と映像との細かな対応や、登場人物の心理や展開に応じたモティーフの使用など、現在にいたるまで続く、映像のための

		内容（頁）
文字指定	曲名・ジャンルによる他作の既成曲指定	ジョルダーノ《アンドレア・シェニエ》第2幕 詳細指定なし「フォックストロット」 ダルベール《叙情組曲》 詳細指定なし「シミー」など
五線譜	記譜された既成曲	ムソルグスキー《展覧会の絵》
	汎用性が高い楽曲	*Kinothek* No.67a “Weibergeschwätz” として《キノテーク》へ所収
	場面に即した作曲	ポーターのモティーフ、《キノテーク》所収曲が展開する部分など

表2　『最後の人』オリジナル譜

【譜例】

音楽の技法の萌芽が見られます。

ムルナウ・クリティカル・エディションとして発売されたＤＶＤでは、このベッチェの楽譜をもとに復元した音楽がサウンドトラックとして使用されています。無声映画期の映像と音楽からどのような効果が生まれているのか、自分の目と耳でも確かめることができる貴重な映像です。★19

③　無声映画伴奏はどのように国境を越えるか？

同じ映画で違う音楽

さらに調査を進めると、映画『最後の人』のために作成された楽譜は、一つだけではないことが分かってきました。『最後の人』がアメリカで公開されたさいに、まったく別の楽譜が作成されていたのです。アメリカで公開された題は、ドイツ語から少し変わって『最後の微笑み（The Last Laugh）』。カリフォルニア州立大学ロサンゼルス校（ＵＣＬＡ）の図書館に楽譜が現存していました。

ＵＣＬＡ図書館（筆者撮影）

この楽譜は「主題キューシート（Thematic Music Cue=Sheet）」と呼ばれる形態で、映画の公開に合わせて推奨される選曲例をまとめたものです。それぞれの場面にふさわしい既成曲の冒頭が、旋律のみ一段で記譜されています。映画館の楽士たちは、このキューシートを参考にして、自分たちの手持ちの楽譜から使える楽曲を選び、映画全体の伴奏を構成したと考えられます。ジェームス・C・ブラッドフォードという人物による選曲で、アメリカでの映画公開を担当したユニヴァーサル社が作成したことが分かります。

映画全体には、計四五ケ所に音楽を入れるよう指示されています。本作が無字幕であることもあり、多くの曲は、映像のアクションが、演奏開始の目印として記されています。たとえば第三曲《セレナーデ》（ハリス作曲）は、「マネージャーが頭を下げている場面」から一分半演奏するよう指定されています。その冒頭をまとめてみました【表3】。

このキューシートの内容を細かく見てみると、ドイツでベッチェが作曲したオリジナルの音楽との相違や、共通点が見えてきます。

まず目につく違いは、ドイツの作曲家が作曲した楽曲が複数含まれていることです。第二曲《スケルツォ》を作曲したのは、フェリックス・メンデルスゾーン＝バルトロディ、第六曲は《Am wunderschönen Rhein（美しいライン河のほとり）》です。表に掲げた部分のあとにも、第十二曲にはヴァーグナーの《結婚行進曲》、第十八曲《Fingertanz（指踊り）》、第二十二曲《Bierwalzer（ビールのワルツ）》にはドイツ語タ

★19　『最後の人』　F・W・ムルナウ監督　ジュゼッペ・ベッチェ音楽　紀伊国屋書店、KKDS-400

番号	指定箇所	演奏時間	曲名	作曲者
1	At screening	15秒	Marche Miniature	Jacobi
2	（アクション）ホテルの場面 ——急ぐ宿泊客たち	1分30秒	Scherzo	Mendelssohn
3	（アクション）お辞儀をするマネージャー	1分30秒	Serenade	Harris
4	（アクション）ポーターが濡れた外套を脱ぐ	1分30秒	THEME: March of the Spooks	Baron
5	（アクション）街路	1分30秒	Le Roi L'a dit	Delibes
6	（アクション）室内灯　少女たちが料理をしている	1分30秒	Am wunderschönen Rhein	Alberti

【表3】

イトルの楽曲が選ばれています。ロシアのチャイコフスキーなどの楽曲も選ばれているので、選曲者に強い統一の意思があったとまでは言えませんが、ドイツ映画であるためドイツ風の楽曲を多く使用したのかもしれません。

いっぽう、ベッチェの音楽で使用されていた既成曲は、イタリアのジョルダーノやロシアのチャイコフスキーなど「ドイツ」を意識させない楽曲でした。ひとたび映画が大西洋を越えると、「ドイツ映画」の一つとしてカテゴライズされる、という事態があったのではないかと推測されます。これに対してベッチェと共通しているのは、反復される主題が設定されていることです。第四曲《THEME：March of the Spooks》（モーリス・バロン作曲）は、冒頭でポーターがレインコートを脱ぐ場面で登場したのち、コートを着る場面、ポーターのフェイド・アウトの場面など、主人公が登場するシーンで繰り返し指定されています。

またフレーム内の音に関しても、映像に合わせて演奏するよう細かい指示がなされています。カフェの音楽家が映る場面では、第三三曲を「ヴァイオリン・ソロとして演奏」、雨が路面に反射する非常に美しい冒頭の場面では、第二曲《スケルツォ》の「但し書き（Note）」として「場面全体を通して、アドリブで雨の効果音」という指定があります。既成曲を有効に活用し、物語世界の音楽を統一したり、フレーム内外の音響を表現しようとしていたことが明確に示されています。なお無声映画期には、製作会社が伴奏モデルとしてこうした楽譜を配給したとしても、実際に個別の映画館で、楽譜を再現するための演奏家の人数が充分に確保されていたわけではありません。

日本の弁士からゴダールまでの「映像と音声」

映画『最後の人』は、ドイツやアメリカ以外にもさまざまな国で公開されました。その音楽として世界の各地で演奏された無数の音楽は、楽譜や記録に残らないまま、つかの間のうちに消えて行ったことでしょう。

日本でも『最後の人』は公開されて話題を集めましたが、当時の日本では、通常は無声映画にはライブの音楽伴奏だけではなく、映画の内容やセリフをライブで語る活動写真弁士による語りが付されていました。弁士の活動は当時、「映画説明」などと呼ばれてたいへん人気を博し、映画スターよりも弁士目当てに映画館に通う観客もいたそうです。

大正末期の日本での映画館では、『最後の人』は、ドイツでムルナウが映画を撮影しているときには想像もできないような形で、上映されていたのではないでしょうか。そこでどのような音が流れていたのか、映画史と音楽史の両面から、想像力を掻き立てられる問題です。★20

ここまで、ドイツ無声映画期の傑作『最後の人』を題材に、無声映画と音楽の結びつきを分析しました。

フィルムに音や音楽がついており、映像と音声が厳密に一対一に対応するという事態は、歴史的には自明のことではありません。映画『ゴジラ』を例として紹介した映像音響分析の方法

★20　日本における無声映画伴奏を研究する数少ない手掛かりの一つが、早稲田大学演劇博物館に所蔵されている無声映画伴奏譜「ヒラノ・コレクション」です。大正から昭和初期に品川娯楽館などの日活直営館で活動していた平野行一（一八九八―没年不詳）が所蔵・使用していた伴奏譜コレクションから、同時の伴奏の一端を伺い知ることができます。
弁士の活動は、現在、澤登翠、片岡一郎、坂本頼光らが、歴史的実践を丹念に調査しつつ、現代的なアレンジを加えて盛んに無声映画上映を実施しています。映画『カツベン！』（周防正行監督、二〇一九）は、活動写真弁士として生きる若者たちの世界を生き生きと蘇らせています。

は、映像と音が厳密に対応していることを前提としていますが、そのような分析が可能となるのは、一九二〇年代以降に確立し、現在まで支配的となった映像様式を前提としていることが分かります。

映像と音声の対応という「常識」は、トーキー映画が世界的に普及したのちも、さまざまな映画の作品のなかで問い直され続けています。

映像と音声を断片化しモンタージュするジャン・リュック・ゴダールの作品群や、映像と音声を同時に録音することに徹底してこだわることで、その奇妙さを浮き彫りにしたジャン＝マリー・ストローブとダニエル・ユイレ[30]によるオペラ映画などは、そのもっとも先鋭的な試みと言えるでしょう。★21

スマートフォンを使えば、てのひらのなかで映像を編集し、さまざまに映像と音声を貼り変えて遊ぶことができる現在、映像と音声が一対一でしか対応しない状況を「古い」と感じる世代も増えているかもしれません。映画館の空間への音響デザインやVR、ゲームオーディオの発達で「フレーム」概念が再検討されるなど、今後、映像文化の変化にともない、音響表現も大きく変化していくでしょう。

映画『最後の人』は、幸運にも複数の伴奏譜が現存していた数少ない例です。しかし無声映画のなかには、伴奏譜はおろかフィルムも散逸したり、大部分の場面が欠けた断片のみが現存する傑作も無数に存在します。★22 そのような失われた映画とその音楽が、映画史と現在の映像文化を見つめ直すヒントを与えてくれるように思います。

30 **ジャン＝マリー・ストローブとダニエル・ユイレ**
Jean-Marie Straub　Danièle Huillet
ストローブ（一九三三―）、ユイレ（一九三六年―二〇〇六）ストローブ＝ユイレと称される二人組（夫婦）の映画監督。『アンナ・マグダレーナ・バッハの日記』『モーゼとアロン』など。

●むすび——複数のドイツ映画史へ

本章では、はじめにドイツ映画史を概観したのち、Ⅱの①で、筆者が専門とする映画の音の領域に関する基本的な分析方法と事例を紹介し、②では、そうした分析が可能となる以前の、無声映画期の伴奏音楽を検討しました。

本章で取り上げた分析方法は、ドイツ映画に限られた視点ではありません。無声映画期の音に着目した③の議論からは、「ドイツ映画」という枠組みも、実はきわめて境界が曖昧なものであったことが浮かび上がってきます。

ベルリンの大映画館で、オーケストラ伴奏により華々しく封切られた『最後の人』、アメリカの場末の映画館でピアニストがキューシートをにらみながら伴奏した『最後の微笑み』、そして日本での弁士による語りに乗って上映された『最後の人』——一つの作品が、それぞれ異なる文脈のなかで形を変えるとき、『最後の人』は、もはや「ドイツ映画」と言い切れないかもしれません。映画というメディアのモビリティは、一つの映画を、「国籍」のような枠組みで分類する見方を軽々

★21　ほかにも、映画『天空の城ラピュタ』（宮崎駿監督、一九八六）の久石譲（一九五〇—）による音楽が、ディズニーによる北米版（二〇〇三）で改訂されたのも面白い例です。ややレトロな印象すら感じる電子音のサウンドが魅力的なオリジナル版の音楽と、壮大なオーケストラで映像と音声がぴったりと同期している北米版を比較すると、映画の音楽の製作に興行、文化、技術などさまざまな要因が大きく作用していることが分かります。

★22　まれに、映像が現存していないにもかかわらず、伴奏音楽だけが残る場合もあります。そうした奇妙な「映像なき」伴奏音楽に関しては、以下の拙論をご参照ください。白井史人　二〇二〇「映像なき伴奏音楽の系譜——溝口健二、マウリシオ・カーゲル、坂本龍一」『Artes Mundi』第五巻、七二—八八頁、二〇二〇年。なお本節はJSPS科研費（一九K一二九九〇）の研究成果、および文部科学省「共同利用・共同研究拠点（演劇映像学連携研究拠点）の令和二年度共同研究課題「映画宣伝資料を活用した無声映画興業に関する基礎研究」の成果を含みます。

と越えてしまうのです。
本章を手掛かりに「ドイツ」と「映画史」それぞれに関する先入観を取りはらって、多くのドイツ映画に触れ、ときに耳を澄ましてみてください。映画とその歴史の隙間にざわめく、さまざまな声を聴きとることができるはずです。

【主要参考文献】

I

クライマイヤー、クラウス　二〇〇五『ウーファ物語―ある映画コンツェルンの歴史』（平田達治ほか訳、鳥影社）

渋谷哲也・夏目深雪（編著）二〇一九『ナチス映画論―ヒトラー・キッチュ・現代』（森話社）

ハイドシュケ、ゼバスティアン　二〇一九『東ドイツ映画―デーファと映画史』（山本佳樹訳、鳥影社）

ハーケ、ザビーネ　二〇二〇『ドイツ映画』（山本佳樹訳、鳥影社）

ベンヤミン、ヴァルター　一九九五『ベンヤミン・コレクションI 近代の意味』（浅井健二郎監訳、久保哲司訳、筑摩書房）

II

伊福部昭　二〇一四『伊福部昭語る―伊福部映画音楽回顧録』（ワイズ出版）

シオン、ミシェル　一九九三『映画にとって音とはなにか』（川竹英克、J・ピノン訳、勁草書房）

シオン、ミシェル　二〇〇二『映画の音楽』（小沼純一、北村真澄監訳、伊藤制子、二本木かおり訳、みすず書房）

長門洋平　二〇一四『映画音響論―溝口健二映画を聴く』（みすず書房）

ボードウェル、デイヴィッド／トンプソン、クリスティン　二〇〇七　『フィルム・アート―映画芸術入門』（名古屋大学出版会）
松井翠声　一九三二　『映画音楽全般』（春陽堂）
Henzel, Christoph. 2003 „Giuseppe Becces Musik zu ‚Richard Wagner – Eine Film-Biographie' (1913)" *Archiv für Musikwissenschaft.* 60, no. 2: 136-161.

一九二六年　横浜オデオン座の上映チラシ『最後の人』ほか
（早稲田大学演劇博物館所蔵）

テイク4　アメリカ

小川真理子

I 「夢の工場」と「希望の映画」

【アメリカ映画史】

❶「夢の工場」と「希望の映画」

のちに「ハリウッドの父」と言われることとなるD・W・グリフィス[1]は、一九一五年に、およそ三時間におよぶ大作『国民の創生』を世に出しました。南北戦争を舞台に、南北間で引き裂かれる二つの家族の友情と愛を描いたこの壮大な物語には、リンカーン大統領の暗殺も描き出され、当時のアメリカの中流階級に大きな熱狂をもって受け入れられました。そのいっぽう、主人公が白人至上主義集団クー・クラックス・クラン[2]の一員となって復讐を果たしていく姿が、圧倒的なヒーロー的行為として描かれ、そのことが黒人やリベラル派の人々からの激しい抗議を引き起こしました。

翌一九一六年、グリフィスはこの抗議への返答として、人間の他者への寛容と不寛容を歴史的観点から描いた『イントレランス』を、アメリカ映画産業の中心としての基盤を固めはじめていたハリウッドで制作しました。

一九一〇年代前後に西海岸のハリウッドで映画が制作されるようになるまで、アメリカの映画制作の中心は、東海岸のニューヨーク州やニュージャージー州でした。この時代、アメリカは世界の映画の中心ではなく、むし

1 D・W・グリフィス
David.W.Griffith（一八七五―一九四八）劇作家として出発、『ドリーの冒険』（一九〇八）で監督デビュー。三〇〇本に上る短編を制作。心理技法としてのクロース・アップなどを考案。

2 クー・クラックス・クラン
Ku Klux Klan　KKK。アメリカの秘密結社、白人至上主義団体。一八六五創立。現在もその傍流が活動を続ける。『フォレストガンプ』『評決のとき』『フライド・グリーン・トマト』など、多数の映画で取り上げられている。

ろ世界の映画産業をリードしていたフランスやイタリアの作品を多く輸入し、観客はそれらを楽しんでいました。

そして、映画の制作者たちもこれらの外国映画から大きな影響を受け、自身の作品づくりに反映させてきました。現在の物語映画の原型と言われる「古典的ハリウッド映画」は、「ハリウッド」が成立する以前の[3]、このようなグローバルな時代を経たからこそ成立したと言えるのです。

一九一四年に勃発した第一次世界大戦を機に戦場となったフランスやイタリアにかわって各国はアメリカに映画の供給を頼らざるを得ず、ハリウッドは世界の映画産業の中心として急速に発展します。一九二〇年代にかけて、制作と配給と上映の全てをひとつの会社が行う「垂直統合」と呼ばれる製作システムによって、世界中を魅了する映画を生産する「夢の工場」となっていくのです。これが、ハリウッドのスタジオ・システムです。

しかしながら、アメリカ映画はきらびやかな「ハリウッド映画」ばかりではありません。一九二〇年、黒人映画監督オスカー・ミショー[4]は『我らが門の内にて』(*Within Our Gate*)によって、グリフィスの『国民の創生』を真正面から批判しました。

ミショーは、自分の制作会社をつくり、ハリウッドのスタジオ・システムの外で映画制作を行いました。『我らが門の内にて』は、南部の黒人女性が、黒人の貧しい子供たちの教育のために奔走し、やがては自分の不幸な過去を克服していくという物語です。黒人の役を白人が演じた『国民の創生』と違い、主人公をはじめ黒人の役者が中心となり、派手さはありませんが主人公の黒人女性の落ち着いた感情表現は、観るものを確かな物語の世界へと引き込んでいきます。

そして私たちの心を引っ掻きえぐるような

3 ハリウッド以前
アメリカ映画の始原としては、最初に注目されたエジソンの「動く映像」キネトスコープがあげられる(一八九一年特許)。しかし撮影は大がかりであり、映写は「のぞき穴方式」で一人しか見られなかったため、フランスのリュミエール兄弟のシネマトグラフ(一八九五、初公開)などに「はじめての映画」の地位を譲る。

4 オスカー・ミショー
Oscar Micheaux(一八八四—一九五一)黒人の観客のための映画である"Race films"のパイオニア。四〇作品以上の映画を制作し、七つの小説を執筆した。代表作は、他に『Body and Soul』(一九二五)『神の継子たち』(*God's Step Children* 一九三八)。

ふたつの場面が、この作品を〝忘れがたい〟という言葉では表現することのできない、それ以上の何かにしています。ひとつは、主人公が白人の男に性的な虐待を受ける場面であり、もうひとつは、黒人の男が白人からリンチを受ける場面です。これらに表現された「狂気」は、『国民の創生』において、黒人の男に追いかけられる白人の女性の狂気と、その最愛の妹を失い、クー・クラックス・クランに身を投じる男に見られる狂気とに相対するものとして、ミショーがぶつけてきたものでしょう。

　その表現されたものの衝撃の大きさはもちろんですが、同時に、強大なスタジオ・システムの外で、インディペンデントとしてでしか表現できないものの力が、「希望の映画」としての力がこの八〇分あまりの小さな作品にはあるのです。

❷「プロダクション・コード」と「赤狩り」

アメリカ映画は、産業としての自らの地盤と発展を守るために、早い時期から検閲という自主規制を選び、制度として取り入れてきました。

　ニッケルオデオン[5]と呼ばれた映画専門の劇場の急速な普及にともない、良識ある中産階級の人々は新興の娯楽産業の社会に与える影響を危惧し、批判を強めていきました。映画産業は一九〇九年、対策として最初の自主規制団体をニューヨークで設立しました。

　一九二〇年代には垂直統合が進み、産業としての構造を強力に固めていたハリウッドは、スター俳優のスキャンダルなどによって再び向けられた厳しい社会の批判のなかで、外部からの検閲を避けるために、自ら全米映画製作者配給者協会（MPPDA）をつくります。MPPDAには有力な共和党員ウィル・H・

5　**ニッケルオデオン**
Nickelodeon 一九〇五年、ピッツバーグでハリー・デイビスとジョン・P・ハリスが、五セント（ニッケル硬貨）で鑑賞できる映画専門の常設小屋を開館。「ニッケルオデオン」と呼ばれる。たちまち大人気となり、一九〇八年末には全米で一万軒に増加した。その興行主は移民が多く、映画で富を蓄えた者は、エジソンとの特許合戦もしのいでハリウッドに君臨するようになる。映画『ニッケルオデオン』（ボグダノヴィッチ監督、一九七六）は、このときの様相を描いている。

ヘイズが就任し、一九三〇年に「映画製作倫理規定」（通称プロダクション・コード）を作成。このプロダクション・コードが実質的に機能したのは一九三四年になってからです。

一九三〇年代に入ると、サイレント映画からトーキー映画への移行が進み、物語映画の内容そのものが人々へ与える影響の大きさに対し、今度は宗教団体が厳しい目を向けます。ヘイズは、「映画倫理規定管理局（PCA）」をつくり、プロダクション・コードの内容を厳しく実行します。つまり、シナリオや編集の段階で規定の内容に符号するように、厳密にチェックされるのです。

この一九六八年まで続く自主検閲制度は、題材の画一化を決定的にし、「映画イコール物語という図式を確実」[6]にし、この制度によってハリウッド映画が「語る物語こそがアメリカ文化」[7]なのだと公的に認められたこととなります。一九三〇年代のハリウッドの黄金期に、良識あるアメリカの夢を具現したフランク・キャプラ監督、ジェームス・スチュアート主演の『我が家の楽園』（*You Can't Take It With You*　一九三八）や『スミス都へ行く』（*Mr. Smith Goes to Washington*　一九三九）などの質の高い「古典的ハリウッド映画」は、厳しいプロダクション・コードの管理のもとで製作された作品でもあるのです。

現在に至るまで、きらびやかな「夢の工場」としてのハリウッドは揺るぎのないもののように思われますが、実際は一九四〇年代後半から一九五〇年代にかけて、ハリウッドの撮影所システムは崩壊の道をたどります。

最初の打撃は、一九四六年に、ハリウッドを独占していたスタジオ八社（メジャーと呼ばれるビッグ5《ファイブ》：パラマウント、MGM、二十世紀フォックス、ワーナー・ブラザーズ、RKOと、マイナーと呼ばれるリトル3《スリー》：ユニバーサル、コロンビア、ユナイテッド・アーティスト）のすべ

6　北野　二〇一七：一一七

7　北野　二〇一七：一一七

てに、独占禁止法が適用されたことでした。一九三〇年代後半に始まっていたこの訴訟は、「パラマウント訴訟」とも呼ばれます。そして、一九四六年に出された最高裁の判決によって、メジャースタジオは劇場チェーンをその経営体制から切り離さざるを得なくなりました。ハリウッドの映画産業を構造的に支えていた「垂直統合」が崩壊したのです。

つぎの打撃は、一九四七年にはじまる「レッドパージ」、いわゆる「赤狩り」です。第二次大戦後の対ソビエトの冷戦下にあって、アメリカ政府が組織する非米活動委員会[8]がハリウッドの映画人たちにも触手を伸ばし、共産主義思想を厳しく追及し抑圧します。

なかでも、のちに「ハリウッド10《テン》」[9]と呼ばれるようになる脚本家を中心とした映画人たちは、自分たちの仕事は憲法の表現の自由に保障されていると主張し、喚問での具体的な証言を拒否、その結果一年間拘留されます。彼らの多くが、一九三〇年代にニューヨークの演劇界で脚本家として活躍し、その後ハリウッドに移り進歩的な思想を実践してきた才能ある人物たちでした。

さらに一九五一年に再開された映画人喚問は、上院議員マッカーシーが指揮する「マッカーシーイズム」のもとで過酷さを増し、ハリウッドから追われる者が続出、ハリウッドの映画人たちに疑心暗鬼と悔恨を与え、ハリウッドの創造性に大きな傷を残しました。

これらの打撃に加え、一九五〇年代のテレビの急速な普及で、「夢の工場」として君臨してきたハリウッドの産業体制は実質的に崩壊、産業構造の変革を余儀なくされたのです。

❸「夢の映画」と「希望の映画」

ハリウッドの黄金期と言われる一九三〇年代にあっても、ハリウッドは完全な安寧に

8 **非米活動委員会**
アメリカ国内における反体制的な、つまり非アメリカ的活動を抑圧しようと、一九三八年に設置された下院の委員会。国内のナチ活動の取り締まりから、戦後は共産主義者、そのシンパ的団体をターゲットとした。六〇年代後半、活動は事実上消滅した。

9 **「ハリウッド10」**
アルヴァ・ベッシー（脚本家）、ハーバート・ビーバーマン（脚本家・監督）、リング・ラードナー・ジュニアなどの一〇人。ラードナーは、脚本家、ジャーナリスト。『M★A★S★H』などで二回アカデミー賞を獲得した、「ハリウッド10」の最後の生存者。また映画『ウディ・アレンのザ・フロント』（*The Front* 一九七六）は、マーティン・リット監督の社会派コメディ。ウディ・アレン主演。脚本のウォルター・バーンスタイン。監督のリット、出演者のゼロ・モステル、ハーシェル・バーナルディ、ロイド・ガウラもまた「赤狩り」のブラックリストに載っていた。

あったわけではありません。一九二〇年代終わりにはじまったトーキー映画への移行とそれによる莫大な設備投資に加え、一九三〇年代の世界恐慌の経済的混乱に直面するなかで、足を踏ん張って良質な映画をつくり続けてきました。観客を獲得するため、いわゆるA級とB級と呼ばれる二本立ての上映を行うなど、メジャーとマイナーそして独立制作会社は、製作費と製作日数とスターとを使い分けて、特徴ある作品を製作しました。

大スタジオは、大作を担うA班とは別にB班を組織、B級映画[10]を供給しました。大作を製作する独立系の有名なプロデューサーもいましたが、ハリウッドの大スタジオから離れた「貧窮通り」(Poverty Row)と呼ばれる区域では、モノグラム社やリパブリック社のように、早撮り低予算のB級映画を製作する独立系の映画会社が軒を連ね、大スタジオのきらびやかな映画を支える「ハリウッド映画」を製作します。これらのなかには、大作では表現することの不可能な映画の魅力を持つ作品があり、観客を魅了していました。また前述したオスカー・ミショーも、この時代にハリウッドのメインストリームから離れて、映画をつくり続けていました。

第二次大戦後の繁栄のなか、消費社会に突入するアメリカにあって、「夢の工場」は崩壊しても、ハリウッド映画は人々の「夢の映画」であり続けたといえるでしょう。

そのいっぽう、「垂直統合」の崩壊のあと、二本立興行という上映形態が成立し得なくなったアメリカにおいて、ハリウッドで培われた早撮り低予算のB級映画の魅力とその表現は、新たな「B級映画」として、一九五〇年代以降のアメリカ映画に生き残り続けました。このような映画は、ミショーのような映画とともに、アメリカ映画に多様さと、そしてアメリカ映画を観る者とつくる者に、今も

10　B級映画
アメリカン・リリーシング・カンパニーなどがその代表的な製作会社。若年層を対象にしたSF映画、ホラー映画などを生む。同社の代表的監督だったロジャー・コーマンの弟子に、コッポラ、スコセッシ、ボグダノヴィッチなどの著名監督がいる。なお『アメリカン・グラフィティ』や『スターウォーズ』などを手がけたジョージ・ルーカスは、コッポラの考え方に共鳴し、ハリウッドに制約されない映画作りのためにコッポラが設立したアメリカン・ゾエトロープ社の副社長に就任。同社の第一作『THX 1138』で初監督を務めた。

なお確かな自由と希望を与え続けています。

ピックアップリスト・アメリカ、希望の映画より

●『キッド』（*The Kid*　チャールズ・チャップリン監督・主演、一九二一）

貧乏気ままなチャップリンが赤ん坊を拾い育て、ふたりのあいだに強い絆が生まれる。孤児院へと連れ去られる子供を、屋根を這いあがり、駆け抜けて取り戻すチャップリンは、まるで子熊を奪われて荒れ狂う母熊のようである。メロドラマとスラップスティック・コメディの魅力が奇跡的に融合した、サイレント映画の傑作。

●『サンライズ』（*Sunrise*　F・W・ムルナウ監督、一九二七）

ドイツ表現主義映画を代表するムルナウが、フォックス社に招かれて制作したドラマ。危機を乗り越える若い夫婦に向けられたムルナウの眼差しが、人間に対する寛容と優しさを観るものに信じさせる、「希望の映画」。ムルナウのように、ハリウッドは早くからスタンバーグやシュトロハイムなどヨーロッパの才能を取り入れてきた。トーキー以前の、部分的に音声を取り入れたサウンド映画でもある。

●『オープニング・ナイト』（*Opening Night*　ジョン・カサヴェテス[11]監督、一九七七）

ベテランの舞台女優マートルは、自分を慕う熱狂的な若い女性のファンが目の前で車に轢かれて死んだことをきっかけに、自分のなかで失いつつある若さと情熱に気づき、「希望」を求めてあがき苦しむ。カサヴェテスは、ハリウッド映画に俳優として出演して得た金を、自身の映画の製作費にあてて映画をつく

11 **ジョン・カサヴェテス**
John Cassavetes（一九二九―一九八九）ニューヨークで演劇を学び、舞台俳優として出発。映画やテレビにも出演しながら、『アメリカの影』（一九五八）を初監督。他に『フェイシズ』（一九六八）、『こわれゆく女』（一九七四）など。

り続けた。アメリカのインディペンデント映画を代表する監督であり、カサヴェテスの映像の自由と率直さは、世界中の映画のつくり手に希望を与えている。

●『ゼア・ウィル・ビー・ブラッド』（*There Will Be Blood* ポール・トーマス・アンダーソン[12]監督、二〇〇七）

ゼロから出発した男が石油の採掘と事業に成功するいっぽうで、息子を犠牲にし、孤独と孤立に追い込まれてゆく。宿敵である宗教家のふるまいは、あらゆるもの……宗教までもがショーと化すアメリカの一面を、強く印象づける。壮大な人間ドラマを描きながら、救いようもないふたりの結末は、私たちがいま目にしているものこそ、映画というショーに過ぎないことを教えてくれる。

12　ポール・トーマス・アンダーソン　Paul Thomas Anderson（一九七〇―）代表作に『ブギーナイツ』（一九九七）、『マグノリア』（一九九九）、『インヒアレント・ヴァイス』（二〇〇五）がある。

Ⅱ 『アンダルシアの犬』と「アトラクションの映画」と〈観客〉

——もうひとつの物語、そしてオルタナティヴの力

① イントロダクション　物語としての映画？

「あっ……」授業でこの映画を上映すると、声にならない声が教室のなかから聞こえてきます。眼球をカミソリで切るというショッキングなシーンを冒頭に持つ、この有名な映画『アンダルシアの犬』は、スペイン人のルイス・ブニュエルとサルバドル・ダリによって、一九二九年にフランスで制作されました。同じ年にはじめてフランスの劇場で上映されたとき、つくり手であるブニュエル本人が、観客の映画に対する過激な反応を恐れて、ポケットに小石をしのばせていたと言われています。

はじめての上映と同じように、一〇〇年近く時代を経た現在まで変わらぬ衝撃をあたえる『アンダルシアの犬』は、最初のシュルレアリスム映画とも言われ、よく、死、欲望、エロティシズム、夢といった観点から論じられます。しかしながら、ここでは「映画」、そのものに視点をおいてこの作品についてお話ししたいと思います。

『アンダルシアの犬』は、とても「映画」に忠実な作品と言えます。その忠実さは、映像という実体のない現象に、堅固さを——なにか触れればその実感を得られるような堅固さを——作品

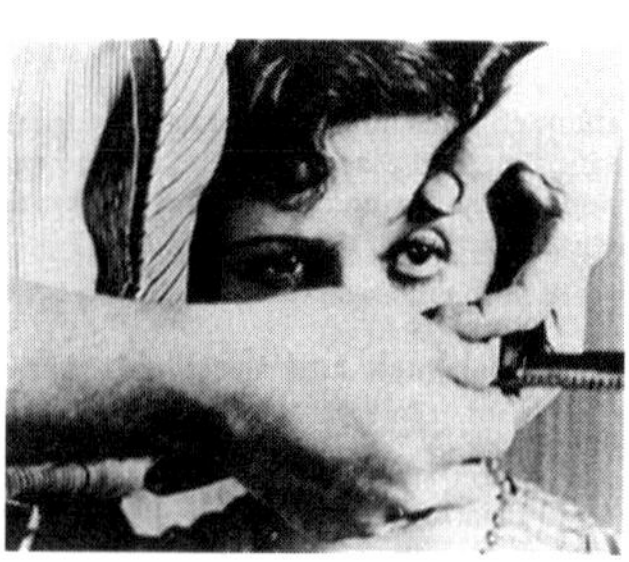

『アンダルシアの犬』

に与えるほどです。この堅固であることの理由は、つぎのように言えるでしょう。映画のもつ物語というかたちを、そのかたちを完全に壊してしまわないで、そのあり方に揺さぶりをかける方法で見るものに強く問いかけることです。そうして、作品を構成する映像から「意味」を取りのぞき、イメージそのもののあり方を提示していることです。

まず、『アンダルシアの犬』は、映画がその誕生から培ってきた技法を放棄することなく、映画のもつ物語のかたちそのものを問いかけます。ここでいう「物語のかたち」とは、登場人物の心理的な動機を発展させたり、話のなかで起こるいくつかの出来事の因果関係を強く意識させたりすることで物語を展開させていく、そう、現在のわたしたちがテレビや映画でよく親しんでいるドラマのかたちで、「ナラティヴ」とも言われています。

映画が誕生し、はじめは複雑な物語を語ることのなかった映画ですが、次第に登場人物の細やかな感情を描くようになり、観客はその感情の動きや変化を追ったり、ある出来事が起こればその原因やその後の結果を追ったりすることで、物語の流れを理解していきました。そして現在の私たちは、ドラマを見るときに格別に意識することなく、登場人物の心理や出来事の因果関係を追いながら物語を理解しています。

しかし『アンダルシアの犬』では、私たちはこの物語の流れを追うことがどうしてもできないのです。中心となるひと組の男女が登場しますが、彼らの気持ちをたどろうとしても、たどることができません。途中、男性が嫌がる女性の胸やお尻を触るシーンがあります。だんだんと女性はその気になっていくようなのですが、突然、逃げ出し、ドタバタと追いかけっこが始まります。結局、ふたりが恋人なのかそうでないのか最後までよくわかりません。男性の突拍子もない行動は、何か特定のキャラクターを持たされることを拒んでいるようでもあります。

別のシーンでは、美しい少女が登場し、路上にころがる切断された手を棒で突き、やってきた警官がその手を箱にしまい、彼女に渡します。集まってきた人だかりを警官が追い払い、その警官も姿を消したあと彼女は車に轢かれてしまう、という謎めいた事件らしきことも起こるのですが、この事件というのはどうも、映画の話のカギでも隠された仕掛けでもないらしい。そもそも、事件といえるのかどうか。

このように、恋愛やサスペンスだけでなく、犯罪、コメディや、メロドラマ……らしき数々のシーンに私たちは遭遇し、もしやここに映画の秘密が隠されているのではと、その後の展開を期待するのですが、期待はどれも裏切られます。結局は、どの要素も私たちの前に放り出されたままで、発展することはありません。

また、『アンダルシアの犬』はサイレント映画ですので、登場人物の会話は聞こえてきません。私たちは物語の流れを理解しようと、映画のなかでエピソードごとに示される「八年後」、「午前三時頃」、「一六年前」、といった字幕を頼りにします。でも、そのあとにつづく出来事は、八年後とも、午前三時頃とも、一六年前とも、どうみても関係がないのです。ふつう、物語のなかで出来事がいつ起きたのか、私たちの理解を助ける「時」を示す字幕は、かえって私たちを混乱させます。物語とは、たとえ回想シーンは挿入されても、直線的に進む時間軸に従うものです。しかしながら、ここではこのリニアな時系列は断たれ、そうして個々のエピソードは分断し、因果関係もまた断ち切られます。

このようにして、登場人物の心理もつかみどころがなく、一度は手をつけられた物語はすぐに

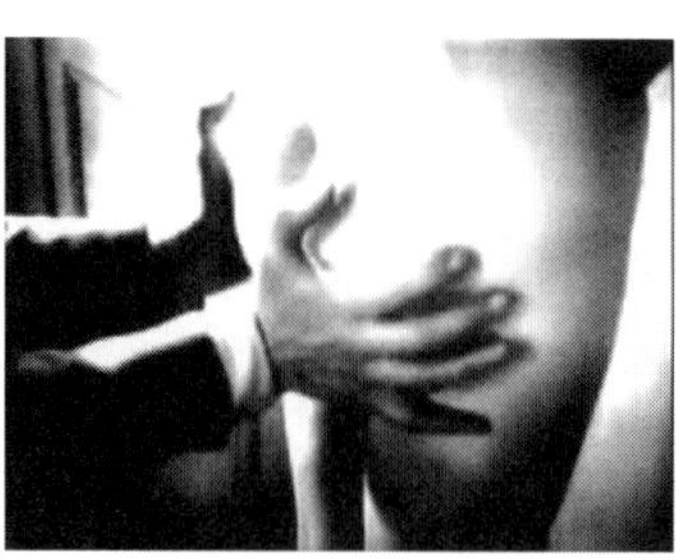
『アンダルシアの犬』

放り出され、因果関係は断ち切られ、それと同時に、個々のイメージは解放されてしまいます。カミソリに切られる眼球、切断された手首、手のひらから裂けてわき出る蟻の群れ、露わになる女性の体、グランドピアノに乗るロバの屍体と、ロープで引きずられる僧侶――。シュルレアリストであるダリの、あの特異なイメージの奇抜さに私たちの目は奪われます。

しかしながら、『アンダルシアの犬』は、これらの解放されたイメージを、映画に特有の技法を使って映画のうちに引きとどめます。実際、映画の物語のかたちにとって大切なのは、話の内容だけでなく、映像によってそれをいかに語るか――いかに見せるかと言ってもいいと思うのですが――というところにもあります。そのために、カメラワーク、編集、照明、俳優の演技など、さまざまな映画技法が使われます。これらは、はじめから現在みられるような技法であったわけでなく、映画が誕生してから二〇年近くの歳月をかけて、複雑になっていく話の内容とともに映画自身が身につけ、そうして物語のかたちは成立しました。

なかでも、編集の技法は特別です。みなさん、身近にある映像を思い浮かべてください。テレビドラマでもCMでも、ひとつの作品は複数の短いショットから成立しています。ショットとは、たとえばビデオカメラやスマートフォンのビデオ機能で、撮影開始ボタンをオンにしてからオフにするまでの、まとまりのあるひとつの映像です。ふつう編集といえば、ひとつのショットとつぎのショットをつないでいくことです。まず、いくつかのショットをつなげてまとまりのあるひとかたまりの出来事になるよう、つまりエピソードになるようにつなげる、同じようにして別のショットをつないでいくつかのエピソードをつくり、さらに、これらのエピソードをリニアな時間軸にしたがって因果関係を持つようにつないで、大きなひとつの物語とします。

そして語ろうとする物語が複雑になるにつれ、示される「場所」と「時間」を、観客が混乱しないで追えるよう、映像をどうつなぎ見せるかという「編集の技法」に工夫が必要とされました。しかし、映画技法が獲得される二〇年のあいだには、つくり手は場面場面のショットをうまくつなぐことができず、観客は物語を見失って混乱することもありました。また映画における編集は「モンタージュ」とも呼ばれ、のちのつくり手たちが自身の理論を重ねて、さまざまな工夫や実践もしました。

『アンダルシアの犬』は、このようなモンタージュによって、あえて物語が意味を持たないようにショットをつなぎます。恋愛やサスペンスといったドラマの要素を語りはじめても、その話を展開させるようにはショットをつながず、断片としてのドラマばかりをつなぎます。『アンダルシアの犬』においては、「時」を示す字幕もまた時系列を混乱させ断片化を実践するためにどこにつなげるかという意味でモンタージュの役割を果たしているといえるでしょう。

場所のつながりもまた、モンタージュによって接続され、断ち切られます。たとえば、男性に追いかけられた女性が追い詰められて隣の部屋に逃げ込む瞬間に、追ってくるその男の手をドアに挟んでしまう場面があります。必死にドアを押さえ抵抗するのですが、ふと気がつくと、逃げ込んだ部屋にいま手を挟まれている男がいて、ベッドの上からこちらを見ています。そればかりでなく、逃げ込んだはずの部屋は、たったいま逃げ出したばかりの部屋そのものなのです。ここでも、空間的なつながりは、モンタージュによって断ち切られます。

別の場面では、こんないたずらも見られます。男性は、理由は明らかにされないまま、部屋のなかで拳銃で撃たれます。その男が倒れこむと、倒れこんだ先は森のなか——。ここではなんの関係もないふたつのショット――部屋のショットと森のショットとがつながれています。いえ、むしろ、ふたつのショットがぶつかり合っている、そんな強い印象すら私たちに与えます。

このように『アンダルシアの犬』において、モンタージュは、ショットをつなぐことでありながら同時に物語を断ち切っていくことであって、そのようにして習慣として映画に物語を求める私たちに、「物語のかたち」そのものを問いかけているのです。見ている私たちがうめき声を上げるのは、強烈なイメージにばかりでなく、意味を求めれば求めるほど混乱させられるこの映画に対してでもあります。

つぎの項では、『アンダルシアの犬』からさらに時代をさかのぼり、複雑な物語をもつ以前の、初期の映画についてお話しします。初期映画は、ナラティヴをもたないという点で『アンダルシアの犬』と共通し、また、ナラティヴから解放された映像が観客との直接的な関係をもつ、という点も共有します。

このような初期映画の特徴を知ることで、「物語のかたち」を揺さぶられ、強烈なイメージを投げつけられて混乱する私たちは、物語とは異なる新たな拠りどころを得るはずです。

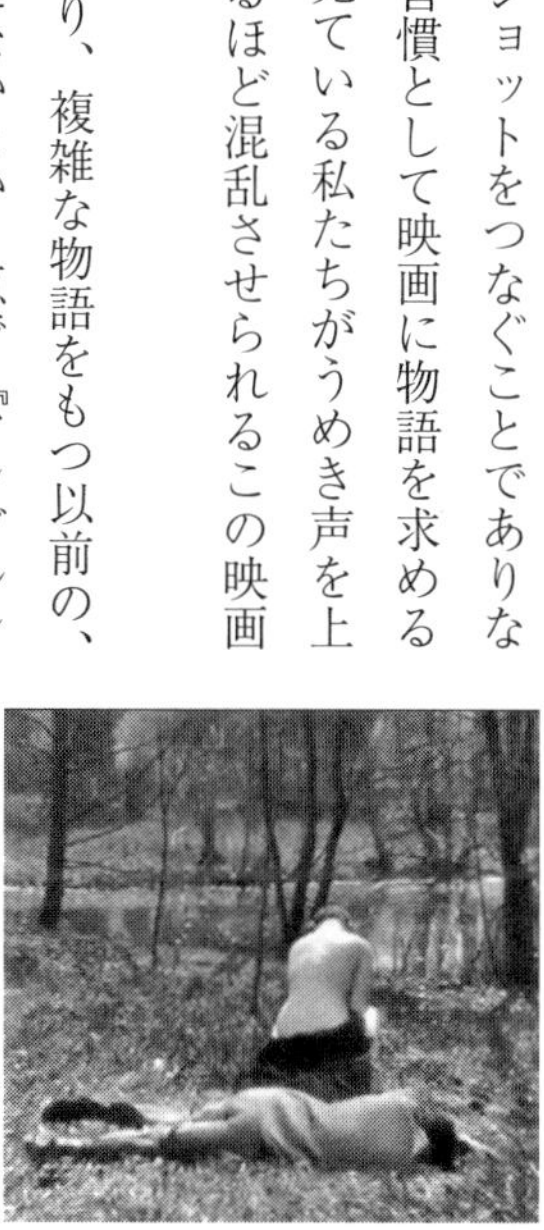

『アンダルシアの犬』

②「はじめての映画」――観客との新しい関係

『アンダルシアの犬』は、映画を意味や物語から解放し、自由になった個々の映像というイメージを、見るものに強く差し出す行為でもあります。この観客とイメージとの直接的な関係は、物語をもつ以前の初期の映画にも特徴的にみられます。この項では、初期映画のこうした特徴について、とくに観客と映像との関係に焦点をあててお話しします。

まず、私たちにはあまりなじみのない、初期の映画を体験していきましょう。初期映画とは、映画が誕生してからおよそ二〇年のあいだにつくられた映画のことをいいます。一八九四年に、アメリカのエジソンがキネトスコープで、翌一八九五年に、フランスのリュミエール兄弟がシネマトグラフで動く映像を有料公開してから、一九一〇年代半ばまでのおよそ二〇年のあいだです。なぜ一九一〇年代半ばまでかというと、この時期に、前の項でお話ししたナラティヴ・フィルムの形態をもつ「古典的ハリウッド映画」が確立したからです。

ですから、初期映画は簡単にいうと、物語のかたち、つまりナラティヴを持たない映画です。みなさんは、物語のかたちを持たない初期の映画がどんなものであるのか、想像できますか？

『アンダルシアの犬』と同じように、私たちを混乱させるものでしょうか？

これから、そうした初期映画のいくつかを見ていきましょう。映画を発明したといわれるリュミエール兄弟の「はじめての映画」です。一八九五年から一八九七年に撮影された、いまからおよそ一二五年前の作品。うわっ、古ッ！　そんな声が聞こえてきましたね。

見る前に、ちょっと想像してみてください。一二五年前の映画がどんなものであるのか。色は、ついているでしょうか？　音は？　長さはどのくらい？　見て、理解できるのか？　おもしろいかな……？　とても古い作品ですが、難しく考えようとせずに、肩の力を抜いてリラックスして見てください（たとえばYouTubeで検索すれば見られます。以下の作品も同様です）。

さあ、何が見えましたか？　最初の作品『赤ん坊の食事』（一八九五）は、屋外のテーブルで食事をする家族の様子が映し出されていました。赤ちゃんを真ん中にして、お父さんとお母さんが両脇に座り、お父さんが赤ちゃんの口にスプーンを運ぶ姿がなんともほほえましい光景です。みなさんが感じたように一二五年前の当時の観客も、裕福にもみえるこの家族のなごやかな団らんの様子に惹きつけられました。そしてそれと同じくらい、三人の家族の背後に小さく映り込んでいる木々の葉が、風にそよそよと動くその様子に興味を持ちました。

二つめの作品『壁の取り壊し』（一八九六）は、後半の逆再生の映像が目を惹く、ユニークな作品です。こんな古い時代にも、逆再生の映像を人々が楽しんでいたことに私たちは驚かされます。ひとりの男の指示にしたがって三人の男たちがつるはしで廃屋の壁をたたき、ついには壁が地面に崩れ落ちる。その崩れ落ちた壁は、フィルムを逆に回転させることによって、再び崩される前のもとのかたちに戻ります。その魔法をかけたようなコミカルな映像の動きを、当時の観客も大いに楽しみました。そして、それと同じくらい彼らが興味を持ったのが、壁が崩れ落ちたときにスクリーンいっぱいにもうもうと広がる、白い土煙そのものでした。

三つ目の『港を離れる小舟』（一八九五）は、不思議な作品です。スクリーンのほとんどが海に覆われている印象を受けるのではないでしょうか。はじめはそうでもないのですが、というのも、画面の手前から入り込んでスクリーンを大きく占める手漕ぎのボートに、まず私たちの視線は向かうからです。男たちが漕ぎ、そのボートが波に乗って沖へと進んでいく様子を目で追いながら、ボートを運んでいく波の動きに私たちの目は奪われていき、その波が思いのほか荒いことに気づかされます。いまや遠くに小さく見えるボートは、やってきた大きなひと波に完全にコントロール不能となり、大きく向きを変えたところで、映画は唐突に終わります。見終わったあとでは、スクリーンいっぱいにざわざわと揺れる波が、残像とともに私たちの記憶に残るのです。

『赤ん坊の食事』

一八九六年、この映画がロンドンではじめて上映されたとき、見終わったあとの観客の何人かがスクリーンの前に歩み寄り、持っていたステッキで、スクリーンを突きました。彼らは、スクリーンがガラスでできていて、そこに水タンクが隠されていると思い込んだというのです。

さあ、最後の作品です。『ラ・シオタ駅への列車の到着』は、初期の映画のなかでももっとも有名な作品のひとつといえます。あっという間に終わってしまうので、気をつけて見ていてくださいね。なにが見えましたか？　一台の汽車が、スクリーンの奥から手前に向かって、対角線上にホームに入り込んで来て停車し、ホームに乗客が行き来する、ただそれだけの作品です。この映画を見た当時の観客は、汽車がスクリーンから飛び出して、実際に自分たちのほうに突進してくると思い、ある者は叫び声を上げ、ある者は椅子の下にもぐり込み、はたまたある者は出口に向かって一目散に逃げていった、という話が伝えられています。★1

これらの四つの「はじめての映画」は、白黒で、音楽はついていましたが、出てくる人の声や撮影された場所の物音は聞こえませんでした。白黒のサイレント映画です。そして、一分にも満たないとても短い作品で、たったひとつのショットしかありません。現在の私たちが考える映画、つまりナラティヴ・フィルムとはずいぶん違います。

見た人のなかには、「日常を切り取った映像」、「まるでホームビデオのよう」と指摘してくれた方もいるとおり、物語というものを持たず、日常の光景がただ撮影されています。実際、『赤ん坊の食事』で見られる人々は、リュミエール兄弟の兄のオーギュストとその家族であり、壁を取り壊すように指示しているのもまたオーギュストであり、『港を出る小舟』の人物は、小さくてはっきりと特定はできませんが、オーギュストがそこにいるか、リュミエール兄弟の近しい人

『ラ・シオタ駅への列車の到着』

たちでしょう。ちなみに、リュミエール兄弟の弟のルイは優れた技術者であって、撮影を担当していました。

現在の映画と異なるのは、初期映画がナラティヴをもたないことだけではありません。当時の観客の反応もまた、現在の私たちからすれば到底、理解のできないものでしょう。彼らが興味を示したという、風に揺れる木々の葉や立ち込める土煙や波の動きは、現在の映画にとってはむしろ付属物であり、作品の中心となるものではありません。ましてや、スクリーンのなかの列車を本物と思い込んでしまうとは！　しかし、これらの「はじめての映画」の観客の反応は、一九世紀末に誕生した映画という新たな表現媒体が、従来の芸術表現には不可能な、観客との新しい関係をつくり上げていることを教えてくれます。

たとえば、映画の編集者であり、評論家でもあるダイ・ヴォーンという人は、とくに、人々が木々の葉などの自然の動きに驚いたことについて、「映画が劇場では不可能な自生性（spontaneity）を描く能力を持っていた」[1]からだと指摘します。「むしろ観客たちが驚いたのは、生命を持たないものまでが自己表現に参加していることだった」と。

こんなふうに想像してみてください。リュミエール兄弟は、『赤ん坊の食事』を撮影するときに、

1　ヴォーン　二〇〇三：三七

★1　これらのリュミエール兄弟の映画の観客の反応については、ジョルジュ・サドゥールの『世界映画史全史2　映画の発明　初期の見世物1895-1897』やダイ・ヴォーンの「光（リュミエール）あれ――リュミエール兄弟と自生性」で確認できる。『列車の到着』のパニックにおちいった観客の反応は、サドゥールの『世界映画史全史』では確証となる記述はされておらず、リュミエール兄弟の最初の上映に立ち会ったメリエスが別の映画を評して、「動く写真」への変容に「茫然自失し、言葉にならないほど驚き、呆気にとられた」という証言を引用している（八五頁）。この『列車の到着』の神話としての当時の観客の反応を、ガニングは論考「驚きの美学　初期映画と軽々しく信じ込む（ことのない）観客」において「アトラクション（注意喚起）の映画」の上映形態がもたらすショック作用について言及している。また『壁の取り壊し』の逆再生による上映は、『世界映画史全史』において、一八九六年一月から行われ、最初のトリック映画になったと記述される（九八頁）。

ふだんやり慣れているように晴れた日の庭にテーブルと椅子を置き、軽食を用意し、親子を座らせ、その前にカメラを置いて食事をする様子を撮影するという「演出」を行いました。そうやって、日常の一部を切り取りフィルムにおさめました。
観客は、その演出された日常的な光景のなかで、同じく演出され、映画という新しい表現形態のなかで自己を表現する人物たちを、新鮮な驚きと関心を持って受け入れることができました。しかし、あのスクリーンの隅っこでうごめいている木々の葉は、カメラを向けた人物の意図しないところで、しっかりとその存在を主張し、スクリーンを見る私たちに向かって自己表現をしている——。言いかえると、「自生性」は、自然のものがそれに向き合う者とコミュニケーションを取ろうと働きかける行為であり、それは観客にとって、つくり手が表現するものを完全にコントロールする従来のコミュニケーションの形——劇場の舞台のような——ではなし得なかった、新しい経験でもあったのです。[2]
さらに、この映画と観客との新しい関係においては、「自生性」を持つ映像は、何か手を伸ばせば触れることができるような、そんな感覚を見るものに与えました。『港を出る小舟』のロンドンの観客が、スクリーンがガラスでできていて、そこに水タンクが隠されていると思い込んでスクリーンを突いたことはお話ししました。この観客の反応をどう思われましたか?　おそらく、こんなふうに考えたのではないでしょうか。彼らはスクリーンいっぱいに広がる波をリアルに感じ、水槽の水という「本物の水」を確かめようとスクリーンを突っついたのだと。でも、もしそうであるならば、ヴォーンの指摘するように、なぜ同じ想像力で『赤ん坊の食事』や『壁の取り壊し』の観客は、スクリーンの背後に木々や壊されようとする壁が隠されていたと思わなかった

2　ヴォーン　二〇〇三：三七

のでしょうか。

現在の私たちが、それが本当だと思って映像に手を伸ばし、触れようとすることがあるでしょうか。たとえば、海や川の水であればコンピュータグラフィックでつくり込まれた水や、スクリーンから目の前に飛び出してくる立体的な3D映像。ただ、私たちはそれを本物だと思うのではなく、単なる映像だとわかっていて「ああ、リアルだ」と感じ、CGの映像であれば手で触れてみたいと思い、3D映像であれば実際に手を伸ばす衝動にかられ、飛び出してくる水には、われ知らず体がよけることもあるでしょう。

一二五年前の観客もまた、映画との新しいコミュニケーションの関係においては、「本物の水」がスクリーンに隠されていたと考えたというよりは、映像として表された水のイメージがある種の実在を、私たちがいう「リアルな」感覚を与えたと考えるほうがいいのではないでしょうか。それは、手を伸ばせば触れられるような堅固な感覚であったのかもしれません。そうして、列車の観客もまた、自然物ではありませんが、スクリーンに映し出された列車を本物だと思ったのではなく、イメージとしての列車が彼らの身体に作用するような堅固さを与え、観客もまたそう受けとったと考えることはできないでしょうか。

どのように思われますか？　はじめての映画の非常にシンプルな、物語のかたちをもたない作品に、違和感を覚えた人もいるはずです。それ以上に、当時の観客の反応に違和感を消せない人もいるでしょう。私たちはそのような違和感をもったまま、つまり現在の私たちの立ち位置から離れずに、つぎに「アトラクションの映画」という概念を使って、初期映画における映画と観客との新しい関係をみていくことにします。

③「アトラクションの映画」──方法としての初期映画

「アトラクションの映画」とは、一九八〇年代の前半にガニングというアメリカの映画研究者が中心となって提唱した、初期映画をとらえ直すための概念です。★2 従来の映画史では、初期の映画は複雑な物語と映画技法を持たないため、原始的《プリミティブ》であるとか未成熟であると軽んじられてきました。ここには「古典的ハリウッド映画」に代表される物語映画こそが、映画の成熟したかたちであるという考えがあります。

そうではなく、初期の映画を「自律した場」として映画史のなかに位置づけ直すこと、それが「アトラクションの映画」の試みです。具体的には、上映の方法、表現の形態、そして観客がどのように映画を受け入れたか、といった複数の観点から、初期映画の「アトラクション」としての性質を示していきます。そうして明らかにされた特徴は、その後の物語映画の時代にあっても様々にかたちをかえて映画のなかで表されていく、そのような映画の潜在的な力を示す実践の場としても、「アトラクションの映画」があります。

はじめのころ映画は専門の劇場、いまでいう映画館というものをもたず、移動サーカス、フェア（地域の市《いち》や祭り）、地域の小劇場や施設、教会、アミューズメントパーク、ヴォードヴィル劇場などの多様な場所で上映されていました。背景には、映画が誕生する以前の一九世紀後半から二〇世紀の世紀の変わり目にかけて発生した様々な形態の視覚文化や、アミューズメントパークやヴォードヴィル劇場などそれまでの娯楽形態とは異なる規模の大きなビジネス・エンターテインメントを謳歌した人々によって、映画もまた連続的に楽しまれていたという事実があります。

たとえばアメリカにおいては、映画の専門の劇場〝ニッケルオデオン〟が急速に普及する一九〇五年前後まで、ヴォードヴィル劇場は、映画が上映され人々がそれを楽しむことができる主要な場所でした。映画よりも数十年早い一九世紀後半に、ヴォードヴィル劇場は都市部に興り、同時期に第二次産業革命で発生した、都市部の新たな労働者の大切な娯楽の場となりました。

ひとつのプログラムは複数の多様な出しもので構成され、観客は一回の料金を支払って、いつでも入場し観覧することができました。映画は、このようなヴォードヴィル・ショーのプログラムのなかに組み込まれ、観客は、アクロバット、マジックショー、ダンス、動物の曲芸などとともに、アトラクションのひとつとして映画を体験することができました。★3

★2　本稿での「アトラクションの映画」については、主にガニングの論考「アトラクションの映画――初期映画とその観客、そしてアヴァンギャルド」と「驚きの美学・初期映画と軽々しく信じ込む（ことのない）観客」を参考とした。これらの論考における「アトラクションの映画」によってガニングがもっとも主張したいのは、初期映画のなかに力強く内在し、時代を経てからも、文化的社会的背景の異なる映画監督たちや理論家によって引き上げられ、受け継がれてきた映画の力である。じじつガニングは、一九二三年のエイゼンシュテインの論考「アトラクションのモンタージュ」から「アトラクションの映画」の由来を得ており、先述の「アトラクションの映画」においては、「アトラクションの映画」と『アンダルシアの犬』とのつながりが示唆されている。本稿でも筆者は、観客と映像の関係を軸とする映画の力を概念化するものとして「アトラクションの映画」を支持し、ガニングのコンセプトをもとに、具体的なアプローチを試みた。また映画史における初期映画再考の動きは、「アトラクションの映画」にはじまったわけでなく、一九七八年の英国ブライトン地方で開かれた初期映画に関するシンポジウムを契機に、その後、欧米の複数の映画研究者たちの積み重ねによって切り拓かれた。この動向と「アトラクションの映画」のコンセプトの画期性については、それぞれ『「新」映画理論集成Ⅰ――歴史・人種・ジェンダー』の武田潔氏、『アンチ・スペクタクル――沸騰する映像文化の考古学（アルケオロジー）』の中村秀之氏による詳しい解説がある。

★3　ヨーロッパでは、映画の誕生と同時期にミュージックホールが、ヨーロッパをまたぐ劇場チェーンをもつようになり、寸劇やバレエなどの出しものと一緒に映画を上映するようになった。映画の導入期は、ヴォードヴィルやミュージックホールの出しものを撮影、映画として劇場で上映することも多く、またショーの俳優は映画俳優に起用されたり、映画俳優へ転向したりするなど、両者のつながりと連続性は大きい。これはチャップリンやバスター・キートンにもいえることである。また、アメリカのニッケルオデオンが、一九〇六年―一九〇八年に爆発的な人気となるあいだも、ヴォードヴィル劇場では映画がよく上映され、ニッケルオデオンとの共存を続け、一九二三年頃までの同じ時期を生き延びた。ヴォードヴィル劇場のない地域には、全米どこでも観客がいるならどんな田舎でも、カメラ、プロジェクター、フィルムを持った巡回上映技師が訪れ、教会や公民館、学校の教室などで映画を上映。第一次世界大戦前まで続いた。

また、一九世紀後半の欧米で興り、第一次大戦前に最盛期を迎えるアミューズメントパークも、都市部の労働者が余暇を過ごす重要な場所となり、ここでも初期の映画は上映されました。第二次産業革命を背景とする電気や鉄道の普及にささえられ、とくにアメリカでは、鉄道会社が自社の路線の終着駅となる郊外にアミューズメントパークを建設、人々は仕事を終えた夕刻や週末の休日に、安定して得られる給与の幾らかを使い、鉄道を乗り継いでここを訪れました。

「コニーアイランド」は、映画の誕生と同じ一八九五年に、ニューヨーク州のブルックリン郊外に建設された複合型娯楽施設です。最先端の技術を使ったローラーコースターや、ウォータースライドなどのスリルを楽しむ乗り物、見せ物、ダンスやパレードといったショーなど、多くのアトラクションを楽しむことができました。

エジソン社によって撮影された映画『夜のコニーアイランド』（Coney Island at Night 一九〇五）には、電気をふんだんに使ったイルミネーションで飾られた壮大な塔とアトラクションが映し出され、広大な敷地にどこまでもつづく、そのきらびやかな光景を見ることができます。初期の映画は、このようなアミューズメントパークのなかに施設が建てられ、上映され、まさに人々はアトラクションのひとつとして映画を楽しんでいました。三つのテーマパークからなるコニーアイランドでは一九〇六年の時点で、およそ三〇の「アトラクションの映画」が上映されました。[3]

ここに「アトラクションの映画」のユニークな例があります。一九〇五年にアメリカではじまったヘイルズ・ツアー（the Hales Tour）という劇場チェーンは、列車に見立てた劇場のなかで映画を上映しました。その劇場の前方に据えつけられたスクリーンには、本物の列車の最前部や最後尾からカメラで撮影された、地方や外国のめずらしい風景が映し出されました。

3 *Encyclopedia of Early Cinema* 2005: 22

ヘイルズ・ツアーの観客は、劇場に入るとたちまち列車の乗客となり、車掌の格好をした案内人にチケットを切られます。ツアーがはじまると、風景に合わせて列車は揺れ、傾きました。汽笛が鳴り、車輪がきしむと、乗客の顔に風が吹きつけることもありました。実際に、ヘイルズ・ツアーはアミューズメントパークでも楽しむことができましたが、この映画体験は、まさにアトラクションといえるでしょう。[4]

つぎに、このように多様な場所でアトラクションとして楽しまれていた映画の、表現の特徴をみていきましょう。「アトラクションの映画」は、初期映画のなかでも映画の誕生から一九〇六年頃までのおよそ一〇年間につくられた作品の特徴です。一九〇六年頃からより長い尺の作品が支配的になり、そのなかでナラティヴと、それを語るための映画技法が獲得されていくため、「アトラクションの映画」はそれ以前の時期の映画を対象とします。

「アトラクションの映画」の最大の表現の特徴は、観客に対して何かを「見せる」という、映画が本質的にもつ能力です。たいへん当たり前のように思われますが、別のいい方をすると、物語を語ることによってではなく、見ることのできるイメージを直接、観客に差し出すことによって、彼らの注意や興味を呼び起こしたり、驚きや好奇心に訴えかけたりする映画の力です。[5] そのため、ナラティヴ・フィルムがそれ自体で充足し、自己完結するとのは違い、「アトラクションの映画」は、スクリーンに映し出される映像と観客との関係がとても大切になります。

たとえば、初期映画において人気のあったトリック・フィルム、もしくはマジック・フィルムもまた、「アトラクションの映画」の宝庫です。映画をつくる以前には奇術師であったジョルジュ・メリエスは、有名な『月世界旅行』（一九〇二）に代表される、ファンタジーの魅力にあふれる多

4　ヘイルズ・ツアーについては、チャールズ・マッサーの *The Emergence of Cinema: The American Screen to 1907* (pp. 429-431）と加藤幹郎著『映画館と観客の文化史』（一七一―一七七頁）で、成り立ちと普及、魅惑的なヘイルズ・ツアー内部の写真を参照することができる。

5　ガニング　二〇〇三：三〇八

くのトリック・フィルムを制作しました。メリエスは自分の作品によく登場し、身振り手振りを使って、直接カメラに向かって語りかけます。

メリエスの『ロベール＝ウーダン劇場における一人の婦人の雲隠れ』（*Escamotage d'une dame chez Robert-Houdin* 一八九六）や『幾つもの頭をもった男』（*Un Homme de tête* 一八九八）では、メリエス自身が摩訶不思議な世界へ観客を誘う、案内役のマジシャンとして登場します。こんな声が聞こえてきそうです。「さあ、紳士淑女のみなさん、よくご覧あれ！ こちらの女性を、みなさんの前で消してみせましょう！」

本来、映画のなかの人物が直接、観客に向かって語りかけるような身振りをしたり視線を送ったりすることは、ナラティヴ・フィルムにおいては、物語の世界観を壊してしまうという理由でタヴーとされています。しかし、このような観客への直接的な行為は、多くの「アトラクションの映画」にみることのできる特徴です。[6]

さらに、メリエスのトリック映画は、機械装置としての映画の仕組みを駆使した作品でもあります。たとえば、『一人オーケストラ』（*L'Homme Orchestre* 一九〇〇）は、多重露光の技術を使い一コマにいくつもの像を重ねて映しこみました。ここではひとつの場面に、シンバル、太鼓、ヴァイオリンなど、異なる楽器をもった七人ものメリエスがつぎつぎと現れ、おどけた調子でいっせいに演奏する様子が生き生きと映し出されます。この映画が観客に与える効果は、ナラティヴによるものでなく、直接的に驚きと興味とを与える「アトラクションの映画」そのものといえるでしょう。

このように「アトラクションの映画」は、初期映画の時代の人々が、多様な場所でローラーコー

『幾つもの頭をもった男』

6 映画作品に出演する登場人物ばかりが、観客に向かって合図を送るのではない。実際に興行師がスクリーンの横に立ち、映画の口上や解説を行って観客の注意や関心を引くことも多くあった。これは、映画が誕生する以前に人気のあった、マジックランタン・ショーの巡回興行師と連続する行為でもある。

スターやマジックとともに、アトラクションのひとつとして映画を楽しんでいたことを教えてくれます。そこでの映画は複雑な物語を語るのでなく、観客にイメージを差し出し、注意や興味を引いたり驚きを与えたりすることが大切でした。

この映像と観客との直接的な関係は、ナラティヴ・フィルムの規範を持つ以前の、映画と観客との生き生きとした関係を、容易に想像させてくれます。「アトラクションの映画」の概念は、初期の映画を原始的で未成熟だとみなす映画史からばかりでなく、初期映画の観客も同様に、原始的で未成熟だとする私たちの思い込みからも解放してくれるのです。

このように「アトラクションの映画」をとおして、初期の映画を自律した場に位置づけ直すと、私たちが体験した「はじめての映画」の観客の反応もまた、より自律したイメージとの関係でとらえ直し、想像することができるでしょう。

スクリーンいっぱいに広がる海の波の映像は、「リアルなイメージ」として差し出され、観客もまたそれをリアルなイメージとしての水と受けとめ、「本物の水」とは間違えなかったこと。そして、映画が誕生する以前に多様な視覚文化を経験していたパリや、ロンドンの都市の人々が、スクリーンの列車のイメージを本物だと思ったのでなく、イメージと本物との境界を、好奇心と驚きをもって楽しむ――まさに私たちのいう「リアル」を楽しむ観客であったことです。このことは、映像の与える堅固さというものが、本来、イメージと観客との自律した関係のうえに成立することを教えてくれているのかもしれません。

そして、イメージと観客との直接的な関係を考えるならば、ガニングの指摘するとおり、メリエス的な技巧を凝らしたトリック映画のみに目を向けるのでなく、「アトラクションの映画」は、リュミエール的なる記録映画においても息づいていることを忘れてはならないのです。さらにガニングは、つぎのように示唆します。「アトラクションの映画は物語が支配するようになってからも消えることはない。それどころか地下に潜伏して、アヴァンギャルドのしかるべき実践に入り込み、また物語映画の要素として生き続ける」[7]と。ここでふたたび、私たちのアヴァンギャルド映画、『アンダルシアの犬』に帰ることとしましょう。

④『アンダルシアの犬』——オルタナティヴの力

『アンダルシアの犬』を制作したブニュエルとダリは、青年期にマドリードにある「学生館」と呼ばれる寄宿舎で出会い、互いに大きな影響を与えました。この交流のなかには、スペインを代表する詩人ガルシア・ロルカもいました。

人間形成にとても重要だった、ブニュエル自身がそう語るこの学生生活のあとで、彼はパリに出て、フランス印象派といわれる映画運動の監督ジャン・エプスタンの俳優学校に入り、エプスタンの二つの映画作品の助監督となります。一九二九年一月、スペインにいるダリに招かれ、クリスマス休暇をともに過ごしたふたりは、ある朝、前の晩に見た夢のイメージを出発点に、不合理なイメージを交換し合いました。そうして『アンダルシアの犬』のシナリオを、一週間で書き上げたのでした。ブニュエルの回想によると、「頭に浮かぶ第一番目のイメージを拾い上げ、反対に、文明や教育から連想されるものすべてを機械的に排除し」[8]てシナリオに取り組んだそうです。実質的に撮影と編集を行なったブニュエルは、「私たちを驚嘆させるものはイメージでなけ

7 ガニング 二〇〇三：三〇五

8 トレント／デ・ラ・コリーナ 一九九〇：三四

ればならなかった」という言葉も残しています。★4

『アンダルシアの犬』は、現実的な作品といえます。この「現実的」とは、作品が制作された第一次世界大戦後のヨーロッパの現状に、強く訴えかけるという意味においてです。ブニュエルとダリが参加したシュルレアリスムは、西欧の近代化以降さらに発展を遂げる科学技術と、第二次産業革命を経て速度を増す工業化、そして人間の叡智と理性を集約したはずの第一次大戦が、結局は多くの破壊と死しかもたらさなかったと考え、そのような反省もなく生きる人々と社会に、怒りをもって抗議した文学者や美術家たちの芸術運動です。[9]

シュルレアリスムの意味する「超現実主義」は、私たちのあいだではよく「シュールな」といった言葉で使われ、日常的でないことや非現実的であることだと理解されます。まさに、ダリの絵画のつくり出すイメージであり、『アンダルシアの犬』で繰り広げられる奇抜なイメージです。しかしそればかりでなく、フランス文学者の巌谷國士氏がシュルレアリスムと現実との関わりを強調していうように、シュルレアリスムの「シュル」には、『過剰』とか『強度』という意味もあり、「『超現実』は現実を超越・超脱するだけではなくて、むしろ現実の度合いが強いという意味も含んでいる」のです。私たちの理解のおよばぬ、あっちの世界の話、というよりも、超現実

9　酒井　二〇一一

★4　トレント／デ・ラ・コリーナ一九九〇：三四、ダリとのシナリオの執筆のあと資金を調達し撮影をしきり編集を行なったのはブニュエルだが、『ブニュエル・ロルカ・ダリ――果てしなき謎』（アグスティン・サンチェス・ビダル著、野谷文昭／網野真木子 共訳、白水社、一九九八年）によると、パリでダリが『アンダルシアの犬』を観た際にクレジットに自分の名がないことを目撃、シュルレアリスム映画であることと、ダリとの共作であることとが示されていないと、ブニュエルへの手紙のなかで激怒して訴えている。その後のふたりの共作『黄金時代』（一九三〇）でも同様の問題が起こり、ブニュエルとダリとの溝は深まる。しかし同書において、「学生館」時代に始まり『アンダルシアの犬』以後も生涯にわたって終わることないロルカも含めた互いの芸術作品における影響の大きさが追求されており、ブニュエルとダリが共同で『アンダルシアの犬』の「イメージ」をつくりあげた事実の大きさを想像させる。また、ブニュエルが彼の文芸作品と映画作品の双方において、断章形式の詩人ラモン・ゴメス・デ・ラ・セルナから受けた影響の大きさとスペインの前衛芸術運動ウルトライスモとの関わりについても言及されている。

主義は「強度の現実」「現実以上の現実」であり、むしろ「現実」と「非現実」とのあいだに連続性が存在するのだと。[10]

『アンダルシアの犬』の現実は、はじめに触れたように、私たちが当たり前と思っている習慣や制度に対する意識を、映画をとおして揺るがすことにあったといえるでしょう。じじつ、映画は初期映画の時代に物語を語るための方法を身につけただけでなく、特許や著作権、映画館をもつことにともなう、多くの経済上の効率や自主規制などの制度もまた蓄積していきました。そのようなものを含めて、映画は産業としての地位を確固とし、私たちの社会に根づきますが、それらの結実としての「古典的ハリウッド映画」というナラティヴ・フィルムのかたちに、『アンダルシアの犬』はモンタージュという映画技法を使って揺さぶりをかけるのです。

このように、ナラティヴ・フィルムをささえている当の映画技法によって、その映画のかたちを壊していくことは、断ち切られたイメージの数々を「映画」という現実にとどめる術にほかなりません。「シュルレアリスム映画」といわれる他の作品や、同時代の前衛映画の多くが、奇抜なイメージや奔放なイメージばかり目につき、それらのイメージが地についていないような、どこか散逸した印象を与えるのとは大きく違います。

また『アンダルシアの犬』には、マドリードの「学生館」の時代、ブニュエルがダリやロルカとともに映画館に通い、みなで熱狂的に愛したアメリカ映画のスラップスティック・コメディ映画[11]の影響がみられます。そして、このスラップスティック映画の要素もまた、『アンダルシアの犬』を現実の世界にとどめているといえるのです。

こんな忘れられないシーンがありました。主人公の男が、追いかけていた女性をまさに襲おう

『アンダルシアの犬』

10 巌谷 二〇〇二：一九

11 元の意味は「棒で叩く（スティックでスラップする）ときの棒」のこと。アメリカの喜劇で相手を叩くのに使われた。転じてパイ投げなど体をはったドタバタ芸、さらには動きの多いコメディ映画をさすようになった。

としたとき、唐突に床のうえに置かれていたロープをつかみ、全身で引っぱりはじめます。襲われると思って女性同様に身を縮めていた私たちは、この男の突飛な行動に呆気にとられます。そんなことはお構いなしに、男は負けじと両手につかんだロープを肩にかつぎ、全身をかがめ、足を踏んばりロープを引っぱります。ロープの先には……なんと、グランドピアノが二台！　しかも、ピアノの上にはロバの屍体がのっかっています。それだけではありません。ロープにはふたりの僧侶もつながれていて、足を踏んばりながら男に引っぱられるのに抵抗しています。

私たちは、目の前につぎつぎと差し出されるこれらのイメージに、ただただ驚愕するしかありません。こんな光景のなかで、それでも男はまだロープを必死になって引っぱりつづけている。この男のドタバタと、無意に繰り返される「身体的行為」は、ブニュエルが大変な愛情をしめしたスラップスティックスの俳優、バスター・キートンの体の動きを思い起こさせます。

さらにスラップスティック映画のナラティブのかたちを考えると、『アンダルシアの犬』との共有点がみえてきます。一九一〇年代初期のアメリカのスラップスティック映画は、ギャグをいっぱいにつめ込んだ断片的なエピソードから構成されていました。それが一九二〇年代に入ると、より因果関係のはっきりしたナラティヴをもつ作品へと変わっていきます。そのようななかで、ところどころに挿入されるギャグは、笑いだけでなく、「アトラクション」として見るものに驚きやショックを与えました。

このようなスラップスティック映画のナラティヴは、映画研究者クラフトンが指摘するように「水平方向」にすすむ物語と、その流れを壊す「垂直方向」のスペクタクルな「アトラクション」、つまりギャグによって構成されていました。[12]

12　Crafton 1995: 119

これが、「パイとチェイス」（Pie and Chase）——追いかっけこをして二次元的に物語が進行するなかで、唐突に顔面にぶつけられるパイ——比喩的にいうところのスラップスティック・コメディのナラティヴのかたちなのです。[13] そしてこの「パイ」は、初期映画からスラップスティックスへと引き継がれ、そのアナーキーで不合理な側面に強度を増して、私たちの『アンダルシアの犬』に継承されたイメージの数々なのです。

じじつブニュエルは、バスター・キートンを評するエッセイのなかで、一九二〇年代後半になり、しだいに技巧や感傷にはしっていくフランスやドイツの映画を強く批判します。そのいっぽうで、技巧が物語のうちに溶けこみ、感傷をもたない物質的なキートンの身体が際立つ彼のスラップスティック映画を称賛しています。[14] 行きすぎた技巧と感傷は、作品を構成するひとつひとつのショットが、自律したイメージとして観客に差し出されることの大きなさまたげとなるのでしょう。

そうして、『アンダルシアの犬』を少し距離をおいて俯瞰してみると、大きくは、男が女を追いかけるチェイス・フィルムの二次元的な流れが見えてきます。同時に、強烈なイメージの数々がその流れを断ち切っていくありようもまた、見えてくるでしょう。これはスラップスティック・コメディ映画の「物語のかたち」と共通します。

私たちは『アンダルシアの犬』に「物語がない」と言ってきました。しかし、このスラップスティック映画との共有点によって、決してそれが「物語」と対立する「非物語」を意味するのでなく、つまり「物語／非物語」と二元論によって分かたれるものでなく、「物語／非物語」が共存する物語のかたちを作品のうちに抱え込んでいることがわかるでしょう。『アンダルシアの犬』を現実にとどめているのはモンタージュだけでなく、言ってみればモンタージュによってつなぎ

13　Crafton 1995: 111

14　ブニュエル　二〇〇六：一六〇－一六二

とめられた、かたちある「もうひとつの物語」なのです。

映画のもつ物語というかたちを完全には壊さず、映画技法に忠実でありながら、当時すでに主流となっていた「物語映画」と、それを当然とみていた観客の意識に揺さぶりをかけたこと。『アンダルシアの犬』のこの映画へのふるまいは、シュルレアリスムの「問い直すこと」——デペイズマンの行為にほかなりません。ブルトンの主張するデペイズマンが、「本来あるべき場所から物あるいはイメージを移して別のところに配置したときに、そこに驚異が生まれる」[★5]という意味においては、『アンダルシアの犬』の配置され直したイメージもまた意味を取りのぞきながら堅固なかたちとなって、イメージそのもののあり方を観客に差し出すのです。

初期映画の時代のイメージと観客とのユートピア的な関係は、『アンダルシアの犬』によって、より現実なかたちとなって見るものの意識を揺さぶります。これはエイゼンシュテインの「アトラクションのモンタージュ」の実践や、一九三〇年代になって、ベンヤミンが全体主義という物語にまきこまれることの危機感から、映画と観客との関係を見直した行為ともつながるでしょう。[★6]

★5　巖谷二〇〇二：八五、ブルトンはマックス・エルンストの『百頭女』(コラージュによる絵画文字)の序文でデペイズマン(dépaysement)について言及する。デペイズマンの本来の意味は「ある国から引きはなしてして他の国へ追放する」でありそこから「本来の環境から別のところへ移すこと、置きかえること、本来あるべき場所にないものを出会わせて異和を生じさせること」。

★6　エイゼンシュテインは演劇論「アトラクションのモンタージュ」(一九二三)において、従来の演劇の形態のなかに、観客への攻撃的な瞬間をもたらすことが必要だと述べている。それは「知覚する側に一定の情緒的なショックを与えるよう綿密に計算され、経験的に選りすぐられた、感覚的な心理的作用を観客に及ぼす要素」のことである。これが観客に働きかける「アトラクション」の効果であり、ガニングの「アトラクションの映画」が由来とするところである。エイゼンシュテインは映画に移行してからも、モンタージュ理論をはじめとして、この観客を視座に入れた「アトラクション」の効果を映画に取り入れている。またベンヤミンも、映画と観客とがつくりだす関係の可能性(とその危うさ)を取り上げ、「複製技術時代の芸術作品」(一九三六)において、「歴史の広大な時空間のなかでは、人間の集団の存在様式が総体的に変化するにつれて、人間の知覚の在りかたも変わる」ことを指摘している。そしてこの「集団的知覚の変容」においては、映画と大衆のあいだに「遊戯空間」が生じているとしている。ここでは、映画はつぎからつぎへとショットを変えることで、見るものにショック作用を与えるため、絵画のような従来の鑑賞形態とは異なり、観客はくつろいだ「気散じ(distraction)」の状態で映画に接する必要がある、と述べる。ベンヤミンのこの有名な論考は、一九三〇年代に入り、トーキーの出現によって大衆の熱狂を獲得する映画を前に、その本質的な可能性を映画と観客との関係から考察、同時にこの関係が政治に利用されることの危機感を訴えている。

『アンダルシアの犬』というもうひとつの物語は、同時代の保守的な考えには抵抗しながらも、映画の本質的な力を見いだし、それをよすがとしているのです。それは、あるべき前衛のあり方、つまり主流の影としての存在ではないもうひとつの可能性、映画のオルタナティヴの力であることを示しているのです。

【主要参考文献】

I

北野圭介　二〇一七『新版ハリウッド百年史講義』（平凡社新書）

蓮實重彥　二〇一七『ハリウッド映画史講義—翳りの歴史のために』（筑摩書房）

Bowser, Pearl. Spence, Louise. 2000 *Writing Himself Into History: Oscar Micheaux, His Silent Films, and His Audiences* (New Brunswick: Rutgers University Press)

Thompson, Kristin. Bordwell, David. 2010 *Film History: An Introduction, Third Edition* (New York: McGraw-Hill)

II

岩本憲児（編）　一九八六『エイゼンシュテイン解読—論文と作品の一巻全集』（フィルムアート社）

巌谷國士　二〇〇二『シュルレアリスムとは何か—超現実的講義』（ちくま学芸文庫）

加藤幹郎　二〇〇六『映画館と観客の文化史』（中公新書）

ガニング、トム　一九九八「驚きの美学 初期映画と軽々しく信じ込む（ことのない）観客」『「新」映画理論集成I—歴史・人種・ジェンダー』（岩本憲児、武田潔、斉藤綾子編、フィルムアート社）一〇二—一一七頁

ガニング、トム　二〇〇三「アトラクションの映画—初期映画とその観客、そしてアヴァンギャルド」『アンチ・スペクタクル—沸騰する映像文化の考古学』（長谷正人、中村秀之編訳、東京大学出版）三〇三—三一九頁

酒井健　二〇一一『シュルレアリスム—終わりなき革命』（中公新書）

サドゥール、ジュルジュ　一九九三『世界映画史全史2 映画の発明—初期の見世物1895-1897』（村山匡一郎、出口丈人、小松弘訳、国書刊行会）

トレント、トマス・ペレス／デ・ラ・コリーナ、ホセ　一九九〇『インタヴュー ルイス・ブニュエル—公開禁止令』（岩崎清訳、フィルムアート社）

ブニュエル、ルイス　二〇〇六　「バスター・キートンのカレッジ・ライフ」『ルイス・ブニュエル著作集成』（杉浦勉訳、思潮社）一六〇―一六二頁

Crafton, Donald. 1995 "Pie and Chase: Gag, Spectacle and Narrative in Slapstick Comedy", *Classical Hollywood Comedy* (Los Angeles: the American Film Institute)

Musser, Charles. 1990 *The Emergence of Cinema: The American Screen to 1907* (Berkeley: University of California Press)

Encyclopedia of Early Cinema. 2005 (Edited by Richard Abel, London: Routledge)

The Shadow and Its Shadow: Surrealist Writings on the Cinema (Third Edition, Revised and Expanded). 2000 (Edited, translated, and Introduced by Paul Hammond, San Francisco: City Lights Books)

インターミッション

イギリス

弱者への優しいまなざし

ムーディ美穂

六〇年代、七〇年代のヨーロッパ映画を考えるとき、フランス、イタリアと比べ、イギリス映画にはどこか地味なイメージがないだろうか。

　フランスではゴダールやルイ・マルなどに代表されるヌーヴェルヴァーグの旗手が次々と現れ、イタリアではヴィスコンティやパゾリーニなど、映画史に名を残す多くの映像作家が活躍した。マカロニウエスタンや、『サスペリア』などに代表されるイタリアンホラーを思い出す人も少なくないだろう。

　それに比べると、その当時のイギリス映画には、どこか精彩を欠くような印象がある。

　八〇年代、世界で一気にイギリス映画に注目が集まったのは『炎のランナー』（一九八一）からであろうか。その後、『アナザーカントリー』（一九八四）や『モーリス』（一九八七）など、貴公子然とした美形の俳優が登場するイギリス映画が次々と公開され、日本では話題となっていった。

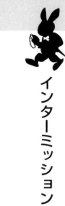

　すばらしい田園風景や貴族の荘園を舞台に、ケンブリッジやオックスフォード大に通う若く美形な紳士たちと、彼らを取り巻く女性たちの物語は、きらびやかで美しい。クロサワ映画を観て、日本にはいまだにサムライがおり、人々はキモノを着て紙の家に住んでいると思ってしまう海外の人々と同じく、これら「イギリス貴族映画」の登場人物たちは、「英国人」を代表するイメージとして、多くの人の心に刷り込まれたのではないだろうか。

　もちろん、前述の〝アナカン〟や、映画制作会社マーチャント・アンド・アイヴォリーが次々と発表した〝イケメン貴族映画〟の階級に属するイギリス人はごく一握りである。しかもイケメンとあれば、もう彼らは夢の中の王子様たちと言っていい。

それら夢の世界の住人たちからは程遠い、人口の大多数を占める労働者階級の人々を取り上げ、その存在と社会の矛盾を描いた映像作家の第一人者は、ケン・ローチであろう。

彼の作品で最初に注目を集めたのは、炭鉱町を舞台とし、ハヤブサといじめられっ子との交流を描いた『ケス』(一九六四)であった。その後の作品はあまり注目されずにいたが、九〇年代に入ってから発表した『レディバード・レディバード』や『マイ・ネーム・イズ・ジョー』等の作品は、国内外の賞を受賞している。

市井に生きる人々を描いた彼の作品の白眉は『わたしは、ダニエル・ブレイク』(二〇一六)である。五九歳の大工ダニエルは心臓の病を抱えて仕事を失い、失業給付金の申し込みをするものの、役所でたらい回しにされる。そうこうするうち、若いシングルマザーのケイトと知り合い、何くれと世話を焼くようになる。

印象的なシーンがある。ケイトは親切にしてくれたお礼に、とダニエルを夕食に招待する。が、自分は「お腹が空いていないの」と食べることをしない。数日後、ダニエルはケイトを食料配給所に連れて行く。そこでケイトはいきなり、手渡された缶詰のふたをこじ開けて手を突っ込み、口いっぱい頬張るのである。口の周りを汚し、ポロポロと涙をこぼしながら「ごめんなさい、ごめんなさい!」と泣きじゃくるケイトを、ダニエルは優しく座らせ、繰り返し語りかける。「謝るのはやめなさい。悪いのは君じゃない」。その後、ケイトは悲しい選択をする。

マイケル・ウィンターボトムは、トマス・ハーディの小説やボスニア紛争、SF、音楽映画など、様々な分野における作品を発表している。それらの中で、『ひかりのまち』(一九九九)にはケン・ローチの作品とどこか共通するものがある。ロンドンに住むデビーは夫と別れ、一人で幼い息子ジャックを育てている。愛情はあるものの、男遊びにも余念がない。ジャックは母親とロンドンの花火大会に行くことを心待ちにしているが、当日あることが起こり、夜、彼はひとりぼっちにされる。狭い部屋の窓の外から聞こえてくる花火の音や、街の喧騒、窓から微かに漏れてくる花火の光に我慢ができず、彼は小さなリュックを背負い、一人夜の街に出かけて行く。

楽しげに花火を見る親子や恋人たちの間を縫うようにして、ジャックはロンドンの街を歩く。夜空に次々と上がる花火は美しい。でも彼にはそれを一緒に楽しみ、手を繋ぎ、守ってくれる人はいない。――そして事件が起こる。

ジャックもケイトも、ひもじさや寂しさを声高く訴えることはない。観客である私たちは、彼らの目に映るものを見、心の中を垣間見ようとする。映画の中に綴られるのは哀しく、つらい生活であるのに、観終わった後の気持ちは暗くなく、どこか清々しい。そのような気持ちになれるのは、これら小さき弱きものたちに向けられる、作り手たちの優しい視線に自分たちの視線を重ねるからであろう。イギリス映画が描く、市井の人々の物語にハッピーエンドは多くない。何故なら、彼らの人生は、観客の心の中でこれからも続いて行くからである。

イギリスの映像作家たちは、小さき弱きものたちの眼に映る世界を通して、私たちに「明日も頑張ろうかな」と、少しだけ前向きな気持にさせてくれるのである。

『わたしは、ダニエル・ブレイク』

インターミッション

日本

『羅生門』と「藪の中」

〝女性とは何か〟の省察

ライアン・モリソン

●ポストモダン的寓話？

芥川龍之介「藪の中」（初出は文芸誌「新潮」一九二二年一月号）は、ポストモダン的寓話であり、現代の相対主義的認識論（遠近法主義）、真理の不可知、普遍的世界観の崩壊などを表現していると見なされることが多い。しかしこのような標準的解釈は、この作品を解明するというよりも、分かりにくくしている。事実としては、より根底的なレベルで、この作品は「女性とは何か？」という問題についての省察なのである。この問題に対して作品が示す答え、最後の証言で明らかになる答えは、あまりに恐ろしい。主要作中人物のひとり、武士の金沢武弘は、その答えを見つけたとたんに自害すると考えられるからである。

「藪の中」は、有名な説話集『今昔物語』（一一二〇年ごろ成立）の説話のひとつを下敷きにしている。そこでは、貴族と妻が山道を行くときに盗賊に襲われ、妻は凌辱されて盗賊は逃げる。そして夫婦はそのまま旅を続けていく……。芥川の短編では、この基本的な筋の一部だけが残され、そのほかのすべての要素が作者自身によって付け加えられている。

一九五〇年、黒澤明監督が、芥川の物語をもとに、映画『羅生門』を作り上げた。この映画は、国際的にセンセーションを巻き起こした。

【映画『羅生門』（一九五〇年公開、松竹）監督・黒澤明。出演・三船敏郎、京マチ子、森雅之、志村喬、千秋実、加東大介ほか。原作は芥川龍之介の短編小説「藪の中」。芥川には「羅生門」という別の短編がある。映画では京都の羅生門が舞台になるため、このタイトルを用いた。平

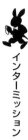

安時代のある武士の殺害事件が契機で、事件に直接関係した三人の〝証言〟が行われるというストーリー。なお映画には、芥川の「羅生門」に登場する「下人」が、一種の語り部のように登場している。映画『羅生門』は、第一二回ヴェネツィア国際映画祭で金獅子賞。第二四回アカデミー賞で名誉賞（現在の国際長編映画賞）。一躍、日本映画の存在を世界にアピールした】

公開されて以来、芥川の物語とこの映画、どちらにも多くの論評がなされている。批評の大部分は、作品が持つとされる哲学的メッセージに焦点を当てている。つまり、絶対的な現実や真実というものはなく、ばらばらの多様な主観が存在するだけである、という考え方である。映画の影響は大きく、「羅生門効果」（Rashomon effect）という用語さえ作られた。誰が真実を言っているのかわからないという、このような作中で起こる現象を指したものである。それ以来、多くの小説、映画、演劇、さらにはアメリカのＴＶドラマまでもが、「羅生門効果」に言及したり、パロディー化したりしている。

黒澤の映画と芥川の原作には、根本的な部分で大きな違いがある。ここでは主として芥川の小説を取りあげ、その作品の原点にある意図を明らかにしていきたい。

芥川の物語は、犯人当て《フーダニット》推理小説の形式を借用している。全部で七人の証人が、自分が見たとする出来事について証言する。しかし、話はことごとく食い違っている。そして物語の最後に、死んだ夫、武弘の霊が巫女の口を借りて登場する。――ここはふつう、最後に真実が明らかになるという読者への合図となるだろう。だがその証言は、混乱に新たな層を加えるばかりだった。読者はピースを組み合わせてパズルを解きたいと思うが、ピースは当てはまらない。実際に何が起こったのかを語る全知全能の語り手はおらず、真実は「藪の中」に隠れたまま、物語が終わる。

しかし、芥川がこの物語を書くにあたって、絶対的真理の捉え難さ、といった表面的な問題を表現しているだけでないのは明らかだ。私の考えでは、芥川の意図は別のところにある。それはつまり、もっと深遠で厄介な「女性とは何か?」という問題である。

●真砂、さらには女性に対する七通りの眼差し

小説の中心人物は、武士の金沢武弘（映画では森雅之が演じる）、そして武弘の未亡人で、盗賊多襄丸《たじょうまる》によるレイプ被害者である真砂（同、京マチ子）。原作で描かれる女性は、彼女とその母親だけである。しかし、真砂は最初の証言には登場せず、続く二つの証言においては、たんに周縁の人物として軽く言及されるだけであるが、真砂の存在感とその力は証言が進むにつれて大きくなり、ついには作品世界全体を支配する力となって、実質的に他の作中人物、そして物語全体を飲みこんでしまう。

他の登場人物たちによる証言（検非違使庁の白洲で行われる。映画では羅生門の下での語り）は、真砂について別のイメージ、あるいは別の様相を提示する。しかしそれは、既存の原型的な女性像に基づいているものだ。最後の証言——真砂の死んだ夫、武弘の、巫女の口を借りての証言——だけが、因襲的な男性中心の原型構造を超越し、現実の真砂に最も近い真砂像を提示する。

木樵り（杣《そま》売り・映画では志村喬）による最初の証言には、真砂への直接の言及がない。物語のこの時点では、真砂は現実には存在していない。まだ男性の欲望の対象となっていないのだ。ここでは、彼女は《不在としての女性》、つまり男性の眼差しで観られていない女性を表している。

旅法師（千秋実）による第二の証言で、真砂がその話に表れるが、簡潔かつ遠まわしである。法師が一瞥したと語るのは、萩重ね（表は紫、裏は藍）の衣をまとった姿、ヴェール越しの顔——謎や異国情緒を喚起するイメージだ。法師にとって、彼女は御簾《みす》の後ろにいるような謎の高貴な女性、ぼんやり遠くに見える女性であり、谷崎潤一郎の中期の小説に見られる原型的女性像にも似ているだろう。証言者が仏僧であるという事実が、間接的

にしか真砂に言及しない理由の説明となるかもしれない。伝統的な仏教の教えでは、女性は不浄で肉感的であり、忌避すべき存在とされることが多いからだ。簡単に言うと、ここでの真砂は、ぼんやりと遠くに見える謎を表している。

三番目の証言は、放免《ほうめん》（検非違使庁の下部《しもべ》）によるものだ。この放免は、何度も取り逃がした末に、ついに多襄丸を捕らえたところである。彼は真砂のことを、若くて魅力的な女性だと総括的な言葉で表し、それゆえ名うての女好きたる多襄丸の標的になりそうだと言う。放免は真砂を直接描写することはなく、その人物や外観について何も新しい情報を与えられない。たんに、男性の欲望の、名もない対象として提示されている。

真砂の母親による第四の証言が示す真砂は、従順な娘、貞淑な妻――つまり、家父長制儒教社会における理想の女性像である。我々はここで初めて、女の名前と年齢（十九歳）を知る。また、その外見の詳細も、いくらか知ることになる――瓜実顔、少し浅黒い顔の色、「左の眼尻に黒子」がある。さらに、勝ち気で、いくらか男勝り、夫に対して献身的と語られる。妻としての貞節、親への孝行を強調し、娘は結婚するまで純潔を守ったと母親は訴える。つまり、彼女の描く真砂像は、母親らしい思いやりのフィルターを通したものであり、家父長制儒教社会の規範に合致する従順な娘、貞淑な妻となっているのだ。

第五の証言は、名高い盗賊、女たらしの多襄丸（映画では三船敏郎）による「自白」である。多襄丸の描き出す真砂は、賢く、魅力的で、自己を主張する近代女性であり、明らかに、大正時代後期の日本に現れた《モダンガール／モガ》（現代女性）を基にしている。真砂や武弘と同様、多襄丸も、武弘の死が自分の仕業だと主張する。しかし、真砂の所在については知らないと言う。真砂を初めて目にしたときの様子について、宗教めいた言葉を使って説明している――美しく、洗練され、菩薩にさえ譬えられる姿で、一目でのぼせ上がってしまうほどだ、と。

多襄丸は続いて、事件のあらましを語る。女が気取った態度で馬に乗ったまま待っているあいだ、物欲にまみれた小市民《プチブル》そのものの夫・武弘に、自分は藪の中に「宝」を埋めたと吹き込み、そこまで連れて行ってやる。もちろん宝などなく、夫を縛りあげて、自分は狙った女のところまで戻った。真砂は最初、多襄丸からのアプローチに抵抗したものの、やがて多襄丸はうまく女を藪の中に引き入れ、夫の眼の前で凌辱した。そうこうするうちに、女が狂ったように自分のほうになびいてきた様子を、多襄丸は大いばりで話す。多襄丸は彼女に、こうなったからにはふたりで夫婦になるしかないと言い、真砂のほうは多襄丸に、武弘と決闘してほしい、自分は勝ったほうのものになると言う。武弘は決闘を受け入れるが、男たちが戦っているあいだに真砂は隙を見つけて逃げ、当局に多襄丸を訴えることになる。多襄丸の告白によれば、真砂は賢く、自主性があり、計算高い《現代女性》であり、欺瞞と自衛の才を備えた存在である。

　第六の証言では、清水寺に身を置く真砂が懺悔をする。多襄丸と、あとで証言する武弘と同じく、真砂もまた武弘の死は自分の仕業だと主張する。ただし彼女の告白は、自分の意図を隠し、法的責任から免れるようになされた、抜け目のないものである。彼女は同時に、儒教の伝統、仏教の理想を具現化したもの——忠実で従順でおとなしい女性、献身的な妻であり、孝行娘——として自分の姿を描き出す。そして、三つの意味で自分は犠牲となったと主張する。まず凌辱者である多襄丸の、次に夫による蔑みの犠牲となり、そして夫の後を追って死ぬのを運命によって妨げられたのだから、運命の犠牲ともなったのだと。

　彼女の言い分によると、出来事は以下の通りである。恥辱を受けたあと、手足を縛られて口に詰め物をされた夫のもとへと自分は駆け寄り、夫に思いやりと慰めを求めた。しかし、夫は助けるどころか、妻が穢れたのを目にしたあとの蔑みの目で彼女を見つめるだけ。多襄丸が現場から逃げたのちも、武弘は嫌悪感もあらわに彼女を睨みつづけた。

ここで、われわれ読者は疑問に思うかもしれない。こちらは知らないけれど、武弘は知っている情報があるのではないか？　もしかして妻が、多襄丸との性的経験を楽しんでいるのを目撃したのだろうか？　しかし、気の強い真砂は武弘に、堕落した淫乱な女とは自分を呼ばせない。彼女は告げる。《辱め》を受けたいま、もはや死しか選ぶ道はない、ただし条件がある。《辱め》を眼の前で見た夫、武弘が先に死ぬべきであると。武弘はこれを受け入れ、枯れ葉を口に詰めたまま自分を殺すよう真砂に頼み、そのとおりになった。これが真砂の申し立てである。

　真砂は武弘を殺すことには成功したのだが、自らの命を絶って自分の約束を果たすことには――もしかして当初からの計画通りに――失敗した。真砂は証言の最後に、自分がどれだけ恥辱を覚えているかを訴え、涙のあいだに微かな笑みを浮かべる。要するに、真砂がここで自分の姿として懸命に描き出そうとしているのは、誠実で、高潔で、自己犠牲的な女性像である。いつも男性支配的社会秩序の規則に従っていたが、致命的な瑕疵《きず》――女性としての生まれつきの弱さと、主体性の欠如――のせいで、ついには三重《さんじゅう》に犠牲となったと言うのだ。

●悪女、毒婦、ファム・ファタール

　最後の第七の証言では、武弘が――正確には武弘の死霊が――巫女の口を通して、自分で事件の顛末を説明する。真砂や多襄丸と同様、武弘もまた、自らの死は自分自身でもたらしたものだと主張する。しかし彼の供述は、真砂の人物描写において、他の六つの証言とまったく異なっている。武弘の話の中の真砂は、純然たる抑制のきかない欲望、あるいは意志として描かれている。悪女、毒婦、魔性の女《ファム・ファタール》という、大正時代の日本でもよく知られていた三つの女性像を合わせたようなものである。

　武弘は語る。妻が襲われるのを目撃したあと、多襄丸が妻を慰める様子を嫉妬しながら見ていたと。どうやら妻は多襄丸の魅力に惹かれた様子で、やがて彼に自分を連れていくよう頼んだ。欲望はつねに三角形をなす、というルネ・ジラールの説を裏付けるかのように、ちょうどこの瞬間、武弘は「おれはあの時ほど美しい妻はまだ見たことがない」と感じる。そして、真砂は驚くべき要求をする。自分の名誉を守るという理由で、多襄丸に夫を殺せと命じるのである。多襄丸はこの冷酷な要求に従うのを拒み、そのあとに続く混乱のなかで真砂は逃亡する。武弘は、人生ではじめて妻の本当の姿、すなわち抑制できない女の欲望、女の意志を見る。そして彼は、自分が見たものに強烈な恐怖を覚え、短刀を胸に刺して自害する。

　私の見解では、武弘の証言は、他の誰の証言よりも信用できる——私の授業でも、毎年ほとんどの学生が同じように考える。武弘による真砂像は、「現実の真砂」ひいては芥川の見る「女性の真実」を表している。この最後の証言で、真砂は美しく力強く、意固地で、虚栄心をもち、無慈悲な魔性の女《ファム・ファタール》、目的のためには手段を選ばず、夫殺しさえも厭わない女であると暴かれるのだ。

　私の小論では、芥川の「藪の中」が——現代の相対主義的認識論、真理の不可知、普遍的世界観の崩壊といったものについての〝ポストモダン的寓話〟である、という評価があるにもかかわらず——実際のところは、女性性についての省察、そして女性のさまざまな原型の表象であると結論付けた。芥川にとって、最後の証言で明らかになる女性の本性は、他の証言で提示される、標準的な男性中心世界での女性像とは正反対である。

　改めて芥川龍之介の原作「藪の中」を、このような真砂の七つの表象に焦点を当てて考察することによって、第六の証言までは偽りの、あるいは不十分な真砂像を提示しており、最後の証言が最も真実に近いことが示されたと私は考えている。

　以上述べたような視点から黒澤の映画『羅生門』を見れば、原典である芥川の作品との大きな違いが浮き彫りになってくる。映画では、黒澤明と橋本忍（黒澤と共同で脚本執筆）が、最後に羅生門の下での杣売りの視点を付け加える（原作では杣売り、つまり木樵りの証言は最初に登場、しかもごく短くそっけない）。要するに黒澤の映画では、杣売りの見たものが真実であった、という結論を与えたことになる……。ぜひ原作とともに、映画も参照してほしい。文学と映画の間にあるストレートな、あるいはねじれた関係について、理解が進むはずだからである。

【参考文献】

Akutagawa, Ryūnosuke. "In a Grove" ("Yabu no naka," 1922). In *Rashōmon and Seventeen Other Stories*. Trans. Jay Rubin. Penguin, 2006.

"Konjaku Monogatari shu [Collection of Tales Now Past, eleventh century]." Trans. Naoshi Koriyama and Bruce Allen. *Japanese Tales from Times Past: Stories of Fantasy and Folklore from the Konjaku Monogatari Shu*. Viking, 2015.

『羅生門』ポスター

インターミッション

イスラム圏

『東京ノ回教徒』

——知られざるイスラムの人々と出会う

松山洋平

二〇一五年に始動した「イスラーム映画祭」（藤本高之氏主催）は、二〇二二年、コロナ禍の中、第六回目の開催を迎えた。宗教、政治、性、貧困、家族。映画のテーマは多様だ。欧米で作られた作品も多く、「イスラム世界」がけっして一枚岩ではないことを教えてくれる。えりすぐりの「イスラム映画」を上映する試みは、年々ファンを増やし続けている。

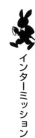

二〇一八年には、映画祭関係者によって書かれたガイドブック『映画で旅するイスラーム：知られざる世界へ』（藤本高之・金子遊［編］、論創社）も出版されている。このガイドブックの副題の通り、知られざるイスラムの世界を知ろうとする人が日本でも増えてきているのかもしれない。だとすれば、多少なりともイスラム圏に関わる筆者にとっても喜ばしいことだ。

ところで、イスラーム映画祭ではこれまで、日本で作られた作品は一つも上映されていない。「それはそうだろう」と思われる読者もいるかもしれないが、日本でもかつて、「イスラム」を特にテーマにした映画が作られたことがある。『東京ノ回教徒』（森井輝雄監督、一九四四）がそれだ。

この映画は、日本統治下のイスラム圏（主に東南アジア）で上映する目的で制作された宣撫映画である[1]。今日日、あまり言及されることはないが、この映画が撮影された時代、日本の占領下には多数のイスラム教徒が暮らしており、日本政府は彼らを懐柔・動員する政策を採っていた。宣撫映画は、彼らの人心操縦のために制作されたのである。なお、残念なことに戦後この映画のフィルムは散逸し、現在まで発見されていない。残された資料によれば、映画には、日本で安寧な生活を享受するイスラム教徒の姿が収められていたようだ[2]。

戦中、多くのイスラム教徒が、様々なかたちで日本と関わりを持った。ある者たちは、日本に支配され、その信仰に反し、皇居への遥拝を強制された。またある者たちは、積極的に日本に協力し、「天皇陛下万歳」と叫んだ。またある者たちは、抗日戦線に身を投じた。

『東京ノ回教徒』を通して見えてくるであろう人々は、けっして、知られざるイスラムの人々ではない。敵として、あるいは味方として、あるいは被支配者として、日本人と共に戦時下を生きた、私たちのよく知っていたイスラムの人々である。

いつか、日本とイスラム圏の距離が縮まり、私たちが、映画の向こう側の人々と新たな出会いを経験するときがくるかもしれない。そのとき、かつてすでに出会っていた彼らに、まるで初対面かのような態度をとってしまえば、日本人は彼らと（再び）出会い損ねてしまうだろう。イスラム圏の人々とより良いかたちで出会い直すためには、どうすればよいのか。失われた『東京ノ回教徒』のフィルムには、それを考えるヒントになるであろう、かつての出会いの記憶が記録されている。

イスラーム映画祭ポスター

1　ただし、映画の製作は政府の立案によるものではなく、脚本を書いた青山光二個人が企画し、軍や情報局の許可・協力を得て進められた。青山光二「今だから語れるわが青春喜劇」『新潮45』第五巻第一一号、一九八六年、一〇〇―一一四頁。

2　青山光二「今だから語れるわが青春喜劇」、三沢伸生「アブデュルレシト・イブラヒム関係の新出史料」『アジア文化研究所研究年報』第五二巻、二〇一七年、二八三―二九〇頁、青山光二『わが文学放浪』実業之日本社、一九八八年、六六―六七頁。

インターミッション

インド

多言語とボリウッド・スタイル

カンデル・ビシュワ・ラズ

二〇三〇年、インドは世界でもっとも人口の多い国になるといわれている。その大国の娯楽として知られているのが「映画」である。ここでは、インドの映画産業の中心として知られているムンバイの「ボリウッド　Bollywood」について、簡単な概要を述べよう。なおボリウッドとは通称であり、アメリカのハリウッドと、ムンバイの旧名ボンベイからの「合成語」である。

●インド映画の中心、ボリウッド

インドは多言語国家であり、およそ二〇の言語で、毎年平均二〇〇〇本以上の映画を製作する、世界最大の映画プロデュース国である。

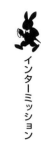

一般的に、インドの映画は、その地域と文化によってさまざまな分野が存在する。なかでもボリウッド映画は、ヒンディー語を中心に映画を製作するため、世界から注目されている。ヒンディー語以外では、おもにマラーティー語、ボージュプリー語、ベンガル語、タミル語、テルグ語などを含む多くの言語が使用されている。（図1）

二〇一六年、ボリウッドの総収益は二一億ドルに達し、過去四年間のCAGR（年平均成長率）で一一%を記録、インド映画の年間興行収入の四〇%以上を占めた。

また、調査とデータを扱うウェブサイトであるStatistaによると、二〇一八年にインドでは、一八〇〇本以上の映画が製作された。二〇一五年の北米を除く興行収入ランキングで、中国、英国、日本に次ぐ第四位（一六億ドル）に位置付けられるという。インドの映画産業全体のCAGRは、前年比一一・五%で、二〇二〇年には三七億ドルに達すると予測されている。コンサルティング会社Ormax Mediaが発表した年次報告書によれば、インドの興行収入は、二〇一九年に一四億ドルに達し、前年比から一二%近く増加したと推定される。海外へ移住しているインドNRI（Non Resident Indian　海外在住インド人）によるインド映画の鑑賞が、映画産業における収益入増加の理由として挙げられる。

図1

●サイレント時代から現代映画まで

つぎに、こうしたインド映画産業の歴史について説明しよう。

一九一三年にサイレント映画『ハリスチャンドラ王』が、インド初の純国産映画として公開された。監督はダーダーサーハブ・パールケー（一八七〇―一九四四）であった。一九二〇年代からは、アメリカのハリウッドと同様に、スタジオを頂点とする生産・流通システム（スタジオ・システム）が構築された[1]。加えて、一九三〇年代から映画関係者の同業組合が大都市を中心に組織されて、年間二〇七本の映画が生産されるように

1　和田崇「インド映画産業の生産・流通システムと空間構造―ムンバイーを中心に」(https://www.jstage.jst.go.jp/article/ajg/2013a/0/2013a_100079/_pdf/-char/ja)

なった。映画学校も創設されている。さらに監督・製作者のアル・ナタラジャ・ムダリアール（R Nataraja Mudaliar, 1885-1972）が、南インドのマドラスに初の映画スタジオを設立するなど、製作のための体制が整備されていき、インド映画産業は大発展を遂げた。

　しかし一九四七年のインド独立後に、このスタジオ・システムは崩壊。その後、映画スターを中心に、プロジェクトごとに小規模事業者が協同で映画を製作・流通させるシステム（スター・システム）が確立された[2]。インドの映画製作は、一九六〇年には日本に続く世界第二位になり、一九七一年、日本を抜いて第一位となった[3]。

　二〇一八年、国別に映画制作本数をみると、世界第一位のインド（一八一三本）、第二位の中国（一〇八二本）や第三位の日本（六一三本）、第四位のアメリカ合衆国（五七六本）になっている[4]。

●インド映画、その傾向と内容

　映画の実例をいくつか挙げてみる。かつて日本でも大きな評判を呼んだのが、サタジット・レイ監督の『大地のうた』（*Pather Panchali* 一九五五）である。この作品は一九五六年の第九回カンヌ映画祭に出品され、特別賞を受賞した。ベンガル地方の貧しい村で暮らす、ある一家の軌跡の物語である。

　比較的最近のインド映画のイメージには、上映時間が長いこと（三時間以上が普通）、アクションやコメディ、歌、ダンスなどの娯楽作品も多いが、最近ではストーリー性の明確な映画も数多く作られている。

　二〇二〇年夏、日本などでも公開された『きっと、またあえる』（*Chhichhore* ヒンディー語、ティワーリー監督、二〇一九）は、一九九〇年代のある工科大学の学生寮を舞台にした、若者たちの友情の物語である。コメディタッチの起伏に富むストーリーで、最近のインド映画の実力を示す作品のひとつとされる。

主役の一人、有名な美男子俳優スシャント・シン・ラージプートが出演していた。そのスシャント氏がとつぜん自殺し、インド映画界に衝撃を与えたのである。

映画の内容を紹介しよう。インド工科大学出身のエリートで学生時代の親友だった、アニルッダ（スシャント）とマヤ（実名 Shraddha Kapoor）の夫婦は社会人として成功したが、しだいにお互いのことを理解せず、許すことができなくなり、離婚した。彼らに大学受験生のラーガヴという息子がいた。ラーガヴは、エリートの道へ進んだ両親のことを、合格に対するプレッシャーだと考えていた。彼は、友人と合格発表を見ていたが自分が不合格だと分かり、自宅マンションから飛び降り、自殺を図って病院に運ばれる。手術を受け、一命を取りとめるが、医師からは「生きる気力」が欠けていることを告げられる。

アニルッダは大学時代の友人に電話し、息子の生きる気力を取り戻すため助けてほしいと相談する。そこから情報が広まり、アニルッダの友人が七人病院へ集まった。そこで親友たちが大学時代、「負け犬」と呼ばれていたエピソードを語りはじめ、自殺を図った息子の励ますよう試みた。

九〇年代に大学生活を送った時代と、親世代になった現代の話との同時進行で、映画は進む。

『きっと、またあえる』ポスター

2 同上
3 同上
4 statista のホームページに基づいて筆者作成。（https://www.statista.com/statistics/252727/leading-film-markets-worldwide-by-number-of-films-produced/）アクセス日2020年11月20日。

インド工科大学の学生寮が舞台で、彼らの寮は大学最古の四号棟という場所であった。寮にいるのは、勉強はもちろん大学の競技会で長年最下位、「負け犬」と呼ばれている集団の集まりであった。

大学の競技会で優勝し、底辺から脱却したいが、四号寮には実力のある選手がいない。そこで寮の全員が、勝ち抜く戦略として団結して努力することを約束する。ついにお互いの信頼と高いモチーベションを維持し「負け犬」から脱却することに成功した……。話を聞き終えた息子も「負け犬」から脱却し回復、ふたたび大学受験でみごと合格、勝敗にこだわらない人生を選択することとした。

このように、笑い・涙・永遠の友情・感動を織り交ぜた一般的な映画がボリウッドでは多数製作されており、その有名な作品の一つがこの『きっと、またあえる』である。

●「縁故主義」と映画界について

コラムの最後に、スシャント氏の自殺の背景にあるとささやかれる「縁故主義」について述べてみよう。

縁故主義とは、組織に適切かつ有能な人材が存在するにもかかわらず、親族、地縁、血縁など、縁故者を優先的に重要なポスト、または後継者として任命することである。以前から論争はあったが、スシャント氏の死後、ボリウッドで再び縁故論争が起こり、大きな問題に発展した。

警察当局は、自殺に関係する公式な理由を何も提示していないが、多くのボリウッド俳優や一般人がツイッターなどで、縁故主義問題がそこに関連していると噂をしている（しかし明確な根拠は示されていない）。

縁故主義と疑われている次世代の多くが、ボリウッド業界で成功を遂げている。たとえば四世代つづいて、ボリウッドで九〇年間にわたり活動しているカプール家は、この業界で多くの重要な地位を占めている。監督・俳優にも、その縁故者はたくさんいる。

新聞・メディアで長年、縁故者が集団的に「持ちつ持たれつ」という考え方で協力しあい、縁故主義集団を構成し、インドの映画界を支配しているということが論じられている。しかし、この縁故主義集団が映画界を閉鎖しているとは言え、外部からの参入ができない環境を整備しているとはかならずしも言い難いのも事実だ。なぜなら、縁故主義ではない人も外部からインド映画界へ参入し、大成功を収めている例もあるからだ。

縁故主義問題は、ボリウッドの映画界のみならず、インドの政治・経済界を含む多くの分野で存在する。特定の家族（同族）の支配下で、大規模な多角的事業経営を展開する家族企業が、インドや他のアジア諸国でも存在しているのである。

インドでは、どの分野の業界を検討しても、影響力のある家族が大きな力を及ぼしていることを否定できない。とはいえ、俳優スシャント氏の自殺についてのその影響をうんぬんするのは早計だが、いずれにせよ今後、インドで縁故主論争がより大きな課題になっていくということは、容易に想像がつく。

インターミッション

北欧

イングマール・ベルイマンの神

亀山郁夫

スウェーデン生まれの世界的な映像作家イングマール・ベルイマン（一九一八―二〇〇七）が、終生、「神の沈黙」というテーマにこだわり続けた理由とは何だったのか。ジャンルを問わず「神の沈黙」に関心を持ち続けた作家・芸術家は、古今東西、枚挙にいとまがないが、ベルイマンほど徹底してこのテーマにこだわりを見せた芸術家を他に見いだすことは、少なくとも映画のジャンルに見るかぎり、困難である。

私見によれば、「神の沈黙」のテーマにたいする偏愛には、深くエディプス的なものが脈うっている。ここでいうエディプス的とは、母なるものへの永遠に満たされることのない欲求を、あるいは見捨てられる不安を、いや、端的には孤児となる恐怖を意味する。〝見捨て〟から逃れようとする試みは、しばしばすべての倫理的規範を覆し、暴力的な世界を現出させるかもしれない。そのような文脈において、ベルイマンの芸術はつねに深く自伝的であるといえる。なぜなら、彼はまさに〝見捨て〟のはらむ暴力性に、並々ならぬ関心を寄せてきたからである。しかも彼が、そうした関心のありようを、懐深く隠しこんでいたこともまた疑いようのない事実である。

では、「神の沈黙」のテーマが、ベルイマンにおいて深く自伝的な意味を帯びるにいたった理由とは何なのだろうか。その秘密を解く鍵は、たんに彼の伝記上の事実のみならず、時代状況そのものにも見てとることができる。

ベルイマンが、後に「神の沈黙」三部作として知られる『鏡の中にある如く』（一九六一）『冬の光』（一九六二）『沈黙』（一九六三）を立て続けに発表する一九六〇年代初頭は、第二次大戦後の欧米の歴史において節目となった時期でもある。

大戦終結からすでに十五年を経て、ヨーロッパ社会は非ナチ化のプロセスから、東西冷戦の時代になだれ込もうとしていた。一九六二年には、大戦の悲惨を忘れ去ったかのようにキューバ危機が起こり、世界を恐怖に陥れた。

他方、ヨーロッパ人の意識において、「神の沈黙」は改めてリアルな意味を持ちはじめていた。一九六一年にアイヒマン裁判が開始されたのが大きなきっかけだが、周辺的には、一九六三年に劇作家R・ホーホフートによる戯曲『神の代理人』が話題を呼んだことも挙げられる。今ではもはや知る人も少ないだろうが、ホーホフートのこの戯曲は、ナチズムによるホロコーストの現実を黙過した、ローマ教皇の責任を問う物語だった。

このように、ベルイマンが「神の沈黙」へと問題意識を研ぎ澄ませていく背景には、ナチズムをめぐる戦争責任のみならず、同時代に生きた知識人の在り方をめぐる議論の高まりがあったことを忘れてはならない。

ところがベルイマンは、当初、そうした同時代人の議論に完全に背を向けるかたちで、テーマへのアプローチを試みつづけていた。一九五〇年代末の作品である『第七の封印』（一九五七）にしろ『処女の泉』（一九六〇）にしろ、彼は現代からはるか遠く隔たった、二重信仰時代の北欧に舞台を置き、しかもその美的ヴィジョンの構築に熱中していたのだ。そして一九六〇年代に入ると、にわかに覚醒させられたかのように、同時代人の内面世界に触手を伸ばしはじめた。ただしここでも、政治的なモチーフをできるだけ遠ざけ、極私的な世界でのテーマ構築をめざすことになった。新たに彼の関心を占めたのは、性である。べつの言い方をすれば、倫理的規範を暴力的に侵犯する生命のシンボルとしての性である。

多少深読みすれば、ベルイマンのこうした極私的な世界へのこだわりには、それなりの理由があったと見ることができる。端的に、若い時代の彼が経験したナチズムへの傾倒である。周知のとおり、最晩年、彼はナチスの蛮行が世に知れ渡ったときに受けた衝撃を、次のように回想した。

「野蛮かつ暴力的な方法で私は突然、私の無垢をはぎ取られた」（P.Ohlin, *Bergman's Nazi Past*, 2009）

多くの映画ファンにとっては衝撃的な事実であるはずだが、早くからエディプス的なものへのこだわりをもち続けたベルイマンにとって、ナチズムないしヒトラーへの傾倒はそれ自体自然な感情だったのではないか。なぜならエディプス的願望は、しばしば絶大な父的権力への羨《うらや》みに起源をもつからである。そしてその事実に鑑《かんが》みるなら、「神の沈黙」をテーマとする「三部作」は、まさにベルイマンによる隠された贖罪とみることができるのである。もはや時代設定を現在から遠ざけ、徹底して美的ヴィジョンの構築にこだわることは許されなかった。なぜなら美化は、深くニヒリズムへの共感をおびき寄せる素地をはらむからである。しかも、いまや彼の意識の中心を占めようとしていたのは、「神の沈黙」というより、むしろ「神の不在」だった。

「神の沈黙」三部作の第一作『鏡の中にある如く』の舞台は、バルト海に浮かぶ孤島。スイスから戻った作家の父（デーヴィト）とひと夏を過ごすため、娘（カーリン）とその夫（マーティン）と十七才の息子（ミーヌス）が島の別荘にやってくる。カーリンは重い統合失調症を病んでいるが、今は小康状態にある。他方、息子のミーヌスは、父に憧れ、父の後をついで作家となることを夢見る多感な少年である。

再会の喜びにあふれる夏の一日は、カーリンが、父の不在中、書机の引き出しに入った日記を盗み読みするところから暗転する。みずからが病む統合失調の病が不治であること、父は娘の病の進行を観察し、これを小説の題材にしようとしていることを知って、彼女は絶望する。そしてその苦しみを医師の夫に打ち明けるものの、もはやその慰めはうつろにしか響かない。絶望はさらなる狂気の深みへとカーリンを追い立て、彼女はついに、海辺に乗り上げた廃船の底で弟ミーヌスと関係を結ぶ。船底にうずくまるカーリンの姿を見て、病の再発を知った夫は、即座に病院送りを決意するが、迎えに来たヘリコプターの到着とほぼ時を同じくして、彼女の前に長く待ち望んできた「神」が姿を現す。しかしそれは、彼女の肉体を暴力的に征服せんとする、蜘蛛の姿をとった異形の「神」だった……。

物語は、メタファーの手法をふんだんに駆使しつつ展開する。なかでも鮮烈な印象を呼びおこすのが、右に述べた蜘蛛の姿をした「神」と、狂ったカーリンを収監するヘリコプターのダブルイメージだろう。カーリンをめぐる物語は、いわばこの「神」の出現と収監によっていちおうの幕となるが、この作品が喚起する問いの重さは、父親とともに島に残った弟ミーヌスの肩にのしかかってくる。

注意してほしいのは、姉弟による近親相姦が、父に見捨てられんとする者同士の連帯を暗示し、父なるものへの強烈なプロテストの意味を帯びていることである。そしてその恍惚をとおしてミーヌスが垣間みた世界とは、まさに神なき世界のカオスだった。ミーヌスは父に向かって次のように告白する。「姉と抱き合った瞬間、現実が崩れたんだ。崩れた世界から必死で逃げ出した。夢のようだ。何があっても不思議じゃない」

「何があっても不思議じゃない」――。思うに、ミーヌスがこのようにたどたどしく表現して見せたセリフこそ、ドストエフスキーが「神がなければ、すべてを許される」で示した、神なき、あるいはより直接的に、父なき後の世界の原初的な姿だった。

だが、救いは、若いミーヌス自身のうちなる倫理性にあったとみることができる。その倫理性の証となるのは、ほかでもない、つかのまの全能感に酔い、みずからが生きる世界から「絶対」の規範が失われたことを知った彼の絶望である（「生きていけない」）。生命は、本能の同義語と化して無限の自由をかち得たものの、無限の自由が最終的に求めるものとは、死にほかならない。

では、絶望する息子に対し、父は子らの「堕罪」の責任を感じつつ、何を語りえたのだろうか。

「生きられる。すがるものがあれば」。

父親はこうして、「すがるもの」の存在、すなわち「神」の「証」について自らの信じるところを語る。そしてこの映画を観る私たちは、すでに彼の信念の由来について知らされている。

父はスイス滞在中、「神の不在」をめぐって、啓示的というべき経験に遭遇した。自殺を決意して崖淵へと走らせた車がエンストし、奇跡的に生命が与えられたのだ。だがそこで彼が経験したのは、生を与えた神への感謝ではなく、むしろ絶対無から立ち上がった、原初的ともいえるなまなしい愛の存在だった。そしてその瞬間から、彼の愛の実践ははじまった。

しかしその実践は、どこまでも瞑想的であり、かつ観念的であるがゆえに、けっして他者を救うダイレクトな力とはなりえない。娘と息子をタブーの侵犯へと追いやったものも、じつは彼の「実践」のもつ観念性ゆえにほかならない。では、ベルイマンは、そうした父の存在にたいして、徹底して糾弾の言葉を浴びせようとしているのだろうか。

答えは否——。

カーリンの夫マーティンは、彼女の父親としての冷酷さについて厳しい批判を浴びせかけるが、それに対する切り返しの言葉に注目する。

「君だって娘の死を願望したことがあるだろう?」

人間のすべての営みを突き動かしているのは、エゴである。そのエゴの存在に目を瞑ることは、偽善である。では、偽善を避ける道はどこにあるのか。ベルイマンはあたかも、次のように語りかけるかのようである。傍観にも近い穏やかな愛は、けっして冷酷な人間の証ではなく、むしろそこに人間的な慈しみの極が示される、と。思うに、これは、「鏡の中にある如く」が典拠とする「コリント人への第一の手紙」が拠って立つ、愛の教えそのものではないか。

「愛は高ぶらない、誇らない」(十三節四)

神を外部に置き、祈りにすがるだけでは「封印」は破られない。むしろ、人間の生命力がおのずからはらむ自律的な愛と、その実践によって、はじめて沈黙は破られる。世界のどこかに愛が存在するということ、その愛を、だれに知られるでもなく「高ぶらず、誇らない」みずからがひそかに体現しつづけていくこと。それが神の存在の証だと、ベルイマンは考えるのだ。

では、この「世界のどこか」は、具体的にどこに存在するのだろうか。むろん、すべての人間の心、と答えるのが正答である。しかし、それよりもはるかに根源的な問いがここに示されている。それはほかでもない、母とは何かである。

「神の沈黙」三部作を通して多くのファンが気づかされるのは、母の不在である。すぐれてエディプス的な世界を追求してきたはずのベルイマンだが、母のステイタスはつねに空位なのだ。『鏡の中にある如く』もむろん例外ではない。その空位を埋めるものは、果たして何なのだろうか。

答えを急ごう。

ここで改めて思い起こしてほしいのは、冒頭シーンに長々と映し出される、濁った「鏡」のような粘液質の海である。次のシーンではそれが、霧が晴れるように穏やかな海へと変容し、その波間から、ボッティチェリの絵さながら四人の登場人物たちの姿が浮かび上がる。

他方、この海には、死んだ母の記憶も渦巻いている。海辺に打ち上げられた廃船は母の亡骸のメタファーであり、冥界への入り口を暗示している（近親相姦がそこで現実化する）。カーリンがなんども示すうずくまりの姿勢は、いうまでもなく胎内への回帰、すなわち「統合」への願望を暗示している。しかし原初的な無、誕生以前の世界への回帰の願望は、死の願望と大きく変わることはない。

これにたいし、おそらくは「コリント人の手紙」を拠りどころとする父（＝ベルイマン）における愛の思想は、あまりにストイックであり、かつ自己満足的に見える。一見してその内向性が、はたしてホロコーストを生んだナチズムの狂熱にどこまで対抗できるのかと問われたら、多くの観客は、心もとなく感じるにちがいない。

ベルイマンは、だが、それでも父デーヴィドの信念を否定し去ることはできなかった。なぜなら、父の信念にたしかに神は宿り、その信念そのものが、神なき世界のカオス、すなわちおぼろげなる「鏡」の世界から、確実にわが子を救う力となることを知っていたからである。

インターミッション

ポーランド

「ポーランド派」とアンジェイ・ワイダ

沼野充義

第二次世界大戦後のポーランドは、一九五〇年代半ばから一九六〇年代前半にかけて、次々に才能ある映画監督を輩出した。その中でももっとも広く知られ、二〇世紀後半の映画史に大きな足跡を残したのはアンジェイ・ワイダ[1]だが、彼以外にも『エロイカ』（一九五八）、『パサジェルカ』（一九六三）などの作品で知られるアンジェイ・ムンク、『夜行列車』（一九五九）、『尼僧ヨアンナ』（一九六一）で有名なイェジイ・カヴァレロヴィチを始めとして、ヴォイチェフ・ハス、カジミェシュ・クッツ、タデウシュ・コンヴィツキなどの映画監督がほぼ同時期に活躍を始めている。さらに、後にアメリカに渡り『ローズマリーの赤ちゃん』（一九六八）でハリウッドの寵児となったロマン・ポランスキー（ポランスキ）も、ポーランドで『水の中のナイフ』（一九六二）により鮮烈なデビューを飾った、もともとポーランド出身の映画監督である。

こういった一連の映画監督たちを総称して、「ポーランド派」と呼ぶのが一般的である。「派」とはいっても、共通の特徴やテーマで括ることは難しいが、ごく大雑把に言えば、イタリアのネオリアリズモ映画の影響を受けながら、ポーランドの歴史的悲劇や国民性を社会的な視野からとりあげる作品を多く作り出した「ニューウェイヴ」であり、一九五六年以降の東欧の非スターリン化の過程の中で、社会主義体制下における言論・芸術自由化の一翼を担うものだったと位置づけられる（とはいっても監督によってその果たした役割は様々であり、ワイダがつねに反体制的な姿勢を貫いたのに対して、もう一人の映画界の大御所カヴァレロヴィチは体制内にとどまり続け、国家の

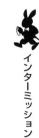

要職を歴任した）。

「ポーランド派」は、一躍ポーランド映画の名声を世界的に高めた。日本でも一九六〇年代から七〇年代にかけて外国映画に親しんだ世代は、ワイダやポランスキのポーランド映画には欧米の映画とは異なった特別な魅力を感じた。

ここでは、そのポーランド派の代表格と誰もが認めるアンジェイ・ワイダについて、少し詳しく紹介したい。九〇歳で亡くなるまでの長い歳月を通して、多彩かつ膨大な仕事を残した彼は、二〇世紀後半の映画史上に永遠に名を残す巨匠の一人であった。非西欧の映画監督で、これほど世界の映画界に巨大な影響を与えた人物としてワイダと並ぶのは、日本の黒澤明と旧ソ連のアンドレイ・タルコフスキーくらいではないだろうか。

社会主義体制下のポーランドから世界の映画界に登場した彼は、西欧の洗練された映画美学につねにゆさぶりをかけ、衝撃を与える「大きな物語」の持ち主であった。それは彼自身の個性の問題というよりは、彼の祖国ポーランドが「歴史の過剰」ともいうべき宿命を抱えた国だったことから来る。

ポーランドは、第二次世界大戦時にドイツとソ連によって国土を分割、占領されたうえ、ナチスドイツによるユダヤ人大量虐殺（ホロコースト）の舞台となった。戦後はソ連圏に組み込まれながらも、スターリン時代から自由化へと、何度にもわたる抗議とストライキの波を経て、ついには東欧圏の先陣を切って一九八九年に社会主義政権を倒すに至る——ポーランド二〇世紀のこういった激動の歴史を、ワイダ監督自身が生き、それがすべて彼の映画に刻印されてきたと言ってもいい。

彼が製作した映画は五〇本以上にのぼる。また日本ではほとんど知られていないが、彼は演劇の分野でも演出家として多くの仕事をしているため、その全貌を見渡すのは容易なことではない。

年長の世代の日本の映画ファンにとって、ワイダの名前は、何よりもまず初期の『地下水道』

1 アンジェイ・ワイダ（Andrzej Wajda 一九二六—二〇一六）

（一九五六）や『灰とダイヤモンド』（一九五八）といった作品と結びついている。『地下水道』は第二次世界大戦末期、一九四四年にワルシャワで町を占領するナチスドイツに抗して蜂起した、ポーランド国内軍の壮絶な運命を取り上げた。映画のかなりの部分が真っ暗で汚い下水道の中で展開するという、前代未聞の作品である（なお日本では伝統的に「地下水道」の邦題で呼ばれているが、じつはこれは誤訳。原題のKanałは「下水道」の意味である）。他方、『灰とダイヤモンド』は、要人の暗殺を企てる反政府派の青年の孤独と悲劇的な最期を描いている。主役を演じたツィブルスキはこの映画によって、ポーランドのジエイムズ・ディーンとも呼ばれる伝説的な俳優となった。これら二作は、テーマ的にも共産党政権を礼賛するものではなく、また映像美学の観点からも鮮烈で、ワイダの名前を世界に轟かすことになった。

その後ワイダは、戦後ポーランドの現実にもコミットし、『大理石の男』（一九七七）や『鉄の男』（一九八一）といった、社会主義体制に対して批判的な、ドキュメンタリー的要素の強い作品を撮るようになった。後者は、ワレサ率いる自主労組「連帯」の動きに呼応するものでもあった。

さらに、『カティンの森』（二〇〇七）では、一九四〇年にソ連によって行われたポーランド将校大量虐殺の真相を暴いている。じつは、ワイダの父が虐殺された一人だったのである。その一方でワイダは、ポーランドの過去の歴史や国民的遺産を映画化していくことにも強い意欲を示し、『婚礼』（一九七三）、『約束の土地』（一九七五）、『パン・タデウシュ物語』（一九九九）など、ポーランド文学の古典の映画化も少なくない。

最後に、ワイダ自身が日本文化に特別な関心を寄せ、大の日本びいきであったことを特筆しておきたい。一九八七年に京都賞を受賞した彼は、その巨額の賞金を全額寄付し、さらに日本からの多くの賛同者の篤志を集め、ポーランドの古都クラクフに、浮世絵の貴重なコレクションを所蔵する「日本美術技術センター〈マンガ館〉」を設立したのである（設計は磯崎《いそざき》新《あらた》。なお「マンガ」は、浮世絵のコレクターであったポーランド人フェリックス・ヤシェンスキが筆名としていたもので、もともとは「北斎漫画」に由来する)。

またワイダは坂東玉三郎にほれ込み、ドストエフスキーの長編『白痴』を脚色した舞台作品『ナスターシャ』の主役(一人二役)に玉三郎を起用して日本で上演、後に映画化もしている(ともに一九九四年)。

締めくくりに、個人的なささやかな思い出をそっと付け加えるならば、私はある席でワイダが女性に対して示した優しい心遣いを目撃し、そのことがいまだに忘れられない。激動の歴史を闘い抜いた映画の巨匠は、そのいっぽうでは、古風な騎士道精神を持った礼儀正しいポーランド紳士でもあった。

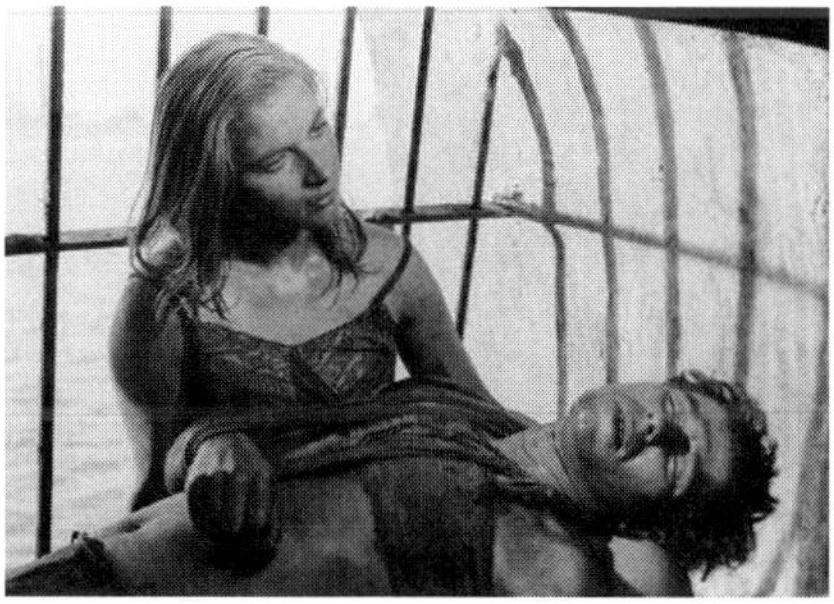
『地下水道』

テイク5　ラテンアメリカ・スペイン

野谷文昭

I　ラテンアメリカ映画の歴史と展望

❶ メキシコ、黎明期からブニュエルへ

一九世紀末にリュミエール兄弟が発明したサイレント映画は、瞬く間に全世界へと広まるともに、ラテンアメリカでも一八九六年にはメキシコシティで、『ラ・シオタ駅への列車の到着』『公園の散水』が独裁者ディアス大統領[1]らの前で上映され、人々に衝撃をもたらした。そして、一八九八年には、この都市に最初の映画館が誕生している。以後ラテンアメリカでは、二〇世紀初頭から映画産業が発展しはじめる。とはいえ、国産映画を本格的に作ることができたのは、メキシコ、アルゼンチン、ブラジルのほぼ三国にかぎられた。なぜなら黄金時代を迎えたハリウッドから大量の映画が流入し、映画産業の基盤すら欠いていた多くの諸国では、国産の映画が育たなかったからである。

メキシコシティを例に挙げると、一九三〇年代には公開された作品の約八割、一九四〇年代には約七割がアメリカ合衆国製であった。しかし、最近まで続いたこの従属的状況は、一方でラテンアメリカ映画の個性や独自性をもたらすことにもなった。すなわち、まずドキュメンタリーの手法に基づく社会参加色を帯びた作品、並びにメキシコのマリアッチ、アルゼンチンのタンゴ、ブラジルのサンバといった土着的大衆音楽とアクションに彩られた、メロドラマを中心とする娯

1　**ディアス大統領**
Porfirio Díaz（一八三〇―一九一五）、メキシコの政治家、軍人。長期の独裁体制を敷き、国の近代化を進めるが、メキシコ革命（一九一〇―一九一七）でフランスに亡命。

2　**『メキシコ万歳』**
一九三九年、ハリウッド資本に依頼されたエイゼンシュテインがメキシコで撮影したが未完。のちにグリゴーリ・アレクサンドロフが受け継ぎ、七九年に完成する。メキシコの歴史や文化などをテーマとした讃歌。

楽作品という二大ジャンルを生むのである。

一九三〇年代から四五年にかけて、メキシコ映画は活況を呈する。モンタージュ手法で知られる旧ソ連のエイゼンシュテインが、この国で後の『メキシコ万歳』[2]となる作品を撮ったこの時期に、フェルナンド・デ・フエンテス監督[3]は、メキシコ革命をテーマとするドキュメンタリー調の『パンチョ・ビーリャと進め』（一九三五）を撮る。だがこの作品は興行上の見通しが立たなかった。そこで同年、ペドロ・インファンテと人気を二分する歌手ホルヘ・ネグレーテが主役を務めるランチョもの、すなわち大農場《ランチョ》を舞台に、そこで働く人々を描くミュージカル映画『ランチョ・グランデに急げ』（一九三五）を手掛けたところ、大成功を収めた。これをきっかけに国産映画は活気づき、年間三〜四〇本が製作されるとともに、いわゆる〈黄金時代〉を謳歌することになる。

第二次世界大戦中、ペロン大統領[4]が中立政策をとったアルゼンチンとは異なり、メキシコは連合国側を支持した。そのため、映画産業がアメリカ合衆国の保護を受けたことも大きい。自陣営の宣伝という目的もあり、アメリカ合衆国はそれまで独占していたラテンアメリカ市場をメキシコに譲り渡し、そのためメキシコ映画の存在感は大いに増した。

一方、デ・フエンテスが手掛けたのは、結果的にではあるが、先に述べた二大ジャンルであり、しかも当たったのがミュージカル映画であったという事実は、メキシコおよびラテンアメリカの観客の嗜好を反映してもいる。だがデ・フエンテスはその後もランチョものにこだわり続けたため、彼の映画は新鮮味を失った。

メキシコ映画の〈黄金時代〉を代表する監督にエミリオ・フェルナンデス[5]がいる。彼はエイゼンシュテインの影響を受けた一人で、メキシコ性（mexicanidad）すなわち民族主義的スタイルを

『メキシコ万歳』

3　フェルナンド・デ・フエンテス
Fernando de Fuentes（一八九四—一九五八）

4　ペロン大統領
Juan Domingo Perón（一八九五—一九七四）アルゼンチンの政治家、軍人。大統領に三回当選。左翼ファシスト、独裁者、外国資本排除、ポピュリズム、女性参政権の確立、ナチス戦犯の庇護、ユダヤ人迫害への批判、女優エバとの結婚など多様な顔を持ち、評価は分かれるが、当時も現在も大きな人気を保つ。ペロニスト（ペロン主義者）を生んだ。

5　エミリオ・フェルナンデス
Emilio Fernández（一九〇四—一九八六）メキシコの映画監督、脚本家、映画プロデューサー、俳優。

前面に出し、人気女優ドローレス・デル・リオやマリア・フェリックス、男優ペドロ・アルメンダリス、名カメラマン、ガブリエル・フィゲロアら[6]と組んで『マリア・カンデラリア』（一九四四）、スタインベック原作の『真珠』（一九四七）、『隠された河』（一九四八）などを撮り、『マリア・カンデラリア』が一九四六年のカンヌ映画祭でグランプリを獲得したのをはじめ、海外の映画祭で受賞することによって、メキシコ映画の実力を際立たせた。この時期、映画の製作本数が、一九四〇年の二七本から一九五〇年の一二七本へと大幅に増加していることは、当時の国産映画の活況ぶりを物語っている。

一九四六年には、ハリウッドで〈赤狩り〉[7]に遭った亡命スペイン人ルイス・ブニュエルが、新たな場を求めてメキシコに逃れてくる。彼はこの国で、のちにフランスに活動の場を移すまで二一本に及ぶ作品を撮っているが、画家ダリとの共作『アンダルシアの犬』（一九二九）や、ブルジョアを批判する『黄金時代』（一九三〇）で知られる彼の、メキシコ時代の第一作が、ホルヘ・ネグレーテと、エバ・ペロン[8]にアルゼンチンを追われたリベルタ・ラマルケという人気女優・歌手の二人が出演するミュージカル映画『グラン・カジノ』（一九四六）であったという事実は、当時のメキシコ映画産業の要請がいかなるものであったかを物語っている。この映画は観客の嗜好に合わず必ずしも当たらなかったが、その三年後の『のんき大将』は、コメディタッチの家族映画という大衆的性格が受けて大ヒットした。ただし、それがブニュエルの本領でなかったことは言うまでもない。

彼は一九五〇年に、首都のスラムに生きる非行少年の群像を描く、ネオレアリズモとは異質なドキュメンタリー調の作品『忘れられた人々』を発表する。翌年カンヌ映画祭に出品されると、

6 ガブリエル・フィゲロア
Gabriel Figueroa（一九〇七―一九九七）メキシコとハリウッドで活躍。

7 赤狩り
一九四〇年代後半～五〇年代中期のアメリカ合衆国で猛威をふるったアンチ共産主義政策。政府職員やマスコミ、映画関連者などから「共産党関係者やシンパ」をあぶりだすことが目的。赤狩りのため、下院非米活動委員会（HUAC）が、ハリウッドの監督や俳優を査問委員会にかけた。

8 エバ・ペロン
María Eva Duarte de Perón（一九一九―一九五二）アルゼンチンの女優、政治家。ファン・ペロン大統領と結婚、のちに政治にも介入する。親しみをこめてエビータ（Evita）と呼ばれる。

監督賞を受賞し世界を驚かせた。彼はかつてスペイン共和政府の依頼で、風土病がはびこる地方の過酷な超現実的状況を描くドキュメンタリー『糧なき土地』（一九三三）を撮ったが、その監督にふさわしい、シュールリアリスティックなイメージが横溢する『忘れられた人々』に対し、ブニュエルが甦ったとの賛辞が浴びせられたのだった。右派からは国辱映画として非難されながらも評価の高いこの映画は、テーマはもとより、手法に関してものちに見る〈ラテンアメリカの新しい映画〉の一つの範となっている。

ブニュエルはその後、嫉妬に狂う偏執狂の男を描く『エル』（一九五三）、キリスト教的理想主義を実践しては失敗を繰り返す、悩める若き神父の遍歴を描く『ナサリン』（一九五九）、ブルジョアの男女のグループがなぜか屋敷から出られなくなるという『皆殺しの天使』（一九六二）、敬虔な柱行者《はしらぎょうじゃ》の修行の顛末をブラックユーモアを交えて描く『砂漠のシモン』[9]（一九六五）など、低予算という制約がある中で、シュールリアリストならではの奇抜な作品を撮りつづけた。

❷ メキシコの〈新しい映画〉と「実験映画コンクール」

メキシコは第二次大戦中に〈黄金時代〉を迎えながらも、さまざまな問題をかかえ続けた。因習的な国産映画を、ただ国産であるという理由で擁護する批評の存在、戦後の一九四五年に生じた労働組合の分裂事件と、カマチョ大統領[10]による裁定、アメリカ合衆国人のウィリアム・ジェンキンスのグループによる映画館の独占や、それを抑制する目的で一九四九年に作られた映画産業法が、映画による「道徳の攻撃」を禁じるなど事実上の検閲を可能にしたこと、一九五三年に導

9　『砂漠のシモン』
一本の柱の上で生活しながら苦行した、実在の柱行者（修行者）「聖人シメオン」の伝説がモチーフ。砂漠の真ん中に立つ柱の上で展開するシュールな物語。

10　カマチョ大統領
Manuel Ávila Camacho（一八九七―一九五五）メキシコの軍人、政治家、第四五代メキシコ大統領。

入されたいわゆるガルドゥーニョ法が、目的に反し、映画産業の独占化傾向を再び強めたことなどがあり、こうした推移からメキシコ映画はしだいに活力を失っていく。やがて五十年代末には映画は疲弊し、創造性も想像力も欠いたものとなってしまった。

このような状況に反旗を翻したのが、一九六一年に結成された〈ヌエボ・シネ〉（新しい映画）のグループだった。彼らは、既成のものとは異なる批評を書き、「カイエ・デュ・シネマ」[11]の影響もあって、監督の重要性を訴える一種の作家主義を唱え、同じ年にグループと同名の雑誌「ヌエボ・シネ」を創刊する。メンバーには、作家・批評家の他、『この町に泥棒はいない』を撮るアルベルト・イサーク[12]や、監督志望だったポール・レデュク[13]もいた。レデュクは後にアメリカ合衆国の進歩的ジャーナリスト、ジョン・リード[14]を扱った『リード・反乱するメキシコ』（一九七一）、オフェリア・メディーナ主演のフリーダ・カーロ[15]の伝記映画『フリーダ』（一九八三）を撮ることになる。五十年代にデビューし、当時映画評も手掛けていた作家のカルロス・フエンテス[16]やプロデューサーのマヌエル・バルバチャノ＝ポンセ[17]、監督のブニュエル、ルイス・アルコリサ[18]、さらに何人かの画家たちも、程度の差こそあれ同雑誌の協力者だった。

このころ、検閲の廃止されたアメリカ合衆国、若い批評家たちの出現によりヌーヴェルヴァーグが訪れようとしていたフランス、ネオレアリスモが勢いを得ていたイタリアなど、世界の映画界は大きな変化を遂げつつあった。「ヌエボ・シネ」の創刊は、こうした世界の動きに対する若い感性の反応だった。一九五八年からメキシコシティかアカプルコ、もしくはその両方で催されていた映画祭で、ヴィスコンティ、アントニオーニ、ベルイマン、レネ、ゴダール、トリュフォーらの作品が上映されたことも、大きな刺激となった。一九六〇年代にはメキシコ国立自治大学で

11 「カイエ・デュ・シネマ」 Les Cahiers du cinéma　フランスの映画雑誌。初代編集長アンドレ・バザンの「作家主義」が知られる。執筆者からヌーヴェルヴァーグの監督たちを生んだ。テイク1参照。

12 アルベルト・イサーク Alberto Isaac（一九四三—一九九八）五輪出場の水泳選手から監督に転じる。

13 ポール・レデュク Paul Leduc（一九四二—二〇二〇）

14 ジョン・リード John "Jack" Silas Reed（一八八七—一九二〇）ジャーナリスト。アメリカ合衆国出身。労働者ストライキへの同情的な報道、およびメキシコ革命のルポルタージュで有名になった。一九一七年ロシアに入り、レーニンへのインタビューなどをロシア革命の記録としてまとめた（『世界を揺るがした一〇日間』）。

15 フリーダ・カーロ Frida Kahlo（一九〇七—一九五四）メキシコの現代絵画を代表する画家。作品はMOMAなどに収蔵、名古屋市美術館にも展示。

16 カルロス・フエンテス Carlos Fuentes（一九二八—二〇一二）パナマ市生まれのメキシコの小説家、ジャーナリスト。小説に『アルテミオ＝クルスの死』『我らの大地』など。

シネクラブの運動が盛んになり、フィルム・ライブラリーが創設され、一九六三年には最初の映画学校が誕生している。

このような雰囲気の中で、一九六五年、第一回実験映画コンクールが開かれる。このコンクールを主催したのは、映画産業労働組合（STPC）の技術労働者部門で、この部門に属する労働者たちは、製作本数の減少やカマチョ大統領の裁定にともなって誕生した第二組合（STIC）の領域侵犯という問題を抱えたために、新たな道を模索していた。そのためこのコンクールに参加したのは、作家、知識人など、惰性的に作られる国産映画を批判する人々だった。

十二本の出品作のうち、一位を獲得したのはルベン・ガメス[19]監督の『秘められた形』だった。長編というのが条件だったが、この作品は四五分の中編で、小説『ペドロ・パラモ』の作者ファン・ルルフォ[20]が書いたテキストに基づき、ガメス自身が撮影を担当している。注目されるのは二位となった作品で、革命キューバの通信社プレンサ・ラティーナの特派員の職を辞してメキシコにやってきた、コロンビア出身の作家ガルシア＝マルケスの短編『この町に泥棒はいない』を原作としていた。

映画化された『この町に泥棒はいない』は、気どらず控えめで、いくぶんユーモラスなタッチを特徴としているが、目を奪われるのは脇役の顔ぶれだ。ガルシア＝マルケス自身が映画館のモギリ役を演じているのをはじめ、ブニュエル、ルルフォ、画家のホセ・ルイス・クエバス[21]、レオノーラ・カリントン[22]、批評家のカルロス・モンシバイス、漫画家アベル・ケサーダ、コロンビアの映画の刷新者ルイス・ビセンスら、当時の重要な文化人が数多くカメオ出演[23]している。

第三位となったのは、一九五八年にブニュエルの『ナサリン』を手掛けたプロデューサー、マ

17　マヌエル・バルバチャノ＝ポンセ
Manuel Barbachano Ponce（一九二五—一九九四）メキシコの映画プロデューサー、俳優、監督、脚本家。

18　ルイス・アルコリサ
Luis Alcoriza（一九一八—一九九二）スペイン生まれのメキシコの脚本家、監督、俳優。

19　ルベン・ガメス
Rubén Gámez（一九二八—二〇〇二）メキシコの映画監督。

20　ファン・ルルフォ
Juan Rulfo（一九一七—一九八六）メキシコの小説家、写真家。

21　ホセ・ルイス・クエバス
José Luis Cuevas（一九三四—二〇一七）メキシコの画家。

22　レオノーラ・カリントン
Leonora Carrington（一九一七—二〇一一）イングランド生まれ。主にフランス、メキシコで活躍した画家、彫刻家、小説家。マックス・エルンストとの出会いを機に、生涯にわたってシュルレアリスムの絵画を制作。

23　カメオ出演
俳優や歌手、監督、漫画や小説などの原作者、時には政治家やスポーツ選手などがゲストとして短時間、映画やドラマ、アニメ、舞台に出演すること。

ヌエル・バルバチャノ＝ポンセが製作した五本の中・短編からなるオムニバス、『アモール、アモール、アモール』だった。五つの挿話には、詩人で作家のファン・ガルシア＝ポンセの短編を下敷きにした『タヒマラ』や、フエンテスの二つの短編が原作の『純な魂』と『二人のエレーナ』が含まれ、そのうち中編の『タヒマラ』と『純な魂』の二つは、その後『愛する人々』というタイトルを持つ一本の映画として一般公開されている。

第四位は、詩人で作家のホセ・エミリオ・パチェコ[24]の二つの短編と、セルヒオ・マガニャの短編を原作とする『遠い風』だった。実験映画コンクールは一九六七年、不成功に終わった第二回、そして一九八五年には第三回が催され、その幕を閉じている。

実験映画コンクールに先立つ一九六一年、亡命スペイン人で批評家のホミ・ガルシア＝アスコーが撮った作品も重要だ。その『空っぽのバルコニーで』は、彼の妻マリア・ルイサ・エリオの少女時代のスペイン内戦体験と、メキシコに移住してからの成人としての体験に基づいて書いたテキストによっている。一六ミリフィルムの一時間の中編で自主上映のみだったが、ヨーロッパの二つの映画祭で受賞するなどの高い評価を得た。

映画研究者のエミリオ・ガルシア＝リエラ[25]は、この映画、そして前述のコンクールの入賞作、ブニュエル、アルコリサの作品に加え、アルトゥーロ・リプステイン監督[26]の第一作でガルシア＝マルケスが脚本を手掛けた『死の時』（一九六五）によって、当時の映画刷新の要求に応える作品のリストは完成したとしている。

『死の時』は、一九八八年に日本で開催されたラテンメリカ映画祭で、コロンビアのホルヘ・アリ・トリアナ監督によるそのリメイク版（一九八五）が上映されている。決闘で相手を殺した

24　**ホセ・エミリオ・パチェコ**
José Emilio Pacheco（一九三九―二〇一四）メキシコの随筆家、小説家、詩人。

25　**エミリオ・ガルシア＝リエラ**
Emilio García Riera（一九三一―二〇〇二）スペイン生まれ。メキシコで活躍。メキシコ映画史アンソロジー（全一八冊）などを残す。

26　**アルトゥーロ・リプステイン**
Arturo Ripstein（一九四三―）メキシコの映画監督。ブニュエルのもとで助監督を務めた。

男が、獄中生活を終えて故郷の田舎町に戻ってくる。それを殺された男の息子がつけ狙うという復讐劇で、テーマや構造はのちのガルシア＝マルケスの小説『予告された殺人の記録』と共通する。当時、メキシコの因習的映画は、映画の危機をよそに、文学に接近することなどおよそなく、陳腐な素材を扱い、シナリオと言えばアルゼンチン人のホセ・マリア・フェルナンデス・ウンサインとアルフレド・ルアノバの手にもっぱら委ねられ、五年間で前者が手掛けた脚本は六十本、後者は五五本という具合だった。

文学が素材ということでは、フアン・ルルフォの原案をガルシア＝マルケスが脚本化し、フエンテスが手を入れて、コロンビア的会話をメキシコ的会話にしたという例もある。一九六四年製作の『黄金の鶏』がそれだが、名カメラマン、ガブリエル・フィゲロアを用いながら、「若い監督が作れば成功するだろう」というガルシア＝マルケスの期待に反し、バルバチャノ＝ポンセが選んだのは年配の商業映画監督ロベルト・ガバルドンだったため、「きわめて野心的な映画」という評価にもかかわらず、映画批評家のホルヘ・アヤラ・ブランコは、オリジナルからはかけ離れた作品になってしまったと評している。

いっぽう、「若い監督」を望んでいたというガルシア＝マルケスの言葉に、メキシコ映画を刷新しようとする意欲を読み取ることは難しくない。ローマでネオレアリスモに直接触れてきた彼にとっては、その体験を生かさなければ意味がなかった。そしてメキシコでも、ネオレアリズモ的な作品が現れる。一九五三年製作の『根』がそれで、スターを起用せず低予算で撮られたこの作品は、二年後のカンヌ映画祭で国際映画記者会賞を受賞している。またこの映画の製作には知識人やシネアストも参加し、その中にはあのガルシア＝アスコーもいた。以上のような理由から、

『根』はのちに独立映画として知られるようになる作品の先駆となった。

さらに興味深いのは、一九五五年に、バルバチャノ＝ポンセとの契約によって、イタリアの脚本家ザヴァッティーニ[27]が、メキシコを題材にした作品を作るためこの国を訪れていることである。しかし、理由は不明だが、けっきょく脚本は書かれずじまいだった。仮に実現していれば、ネオレアリズモを好まないというブニュエルが活躍していたときだけにどのような事態が生じたか、大いに想像力を掻き立てられる。だが、ネオレアリズモが直接メキシコにもたらされることはなかった。

第二次大戦後のメキシコでは、実験劇のグループの活動が盛んになり、演劇界はルネッサンスを迎える。この実験劇と実験映画を結びつけたのが、チリ出身で、パリから前衛演劇を運んできたアレハンドロ・ホドロフスキー[28]である。彼は一九六七年に、映画第一作となる『ファンドとリス』を撮る。翌年公開されたこのアングラ的映画は大きなスキャンダルを惹き起こした。さらに一九七〇年、アヤラ＝ブランコが〈仏教ウェウスタン〉と評した映画『エル・トポ』によって、彼はその後数年間にわたり、メキシコの「カルトと思想シーン」の中心的存在となる。

❸ アルゼンチンのサイレント期からトーキー時代

アルゼンチンでは、一八九四年にブエノスアイレスにエジソンのキネトスコープがもたらされたが、リュミエールの一連のサイレント映画が初めて上映され、人々を驚愕させたのは一八九六年のことである。翌年、五月広場[29]にはためく国旗が撮影され、これが最初の映画とされるが、プロッ

27 **チェーザレ・ザヴァッティーニ** Cesare Zavattini（一九〇二—一九八九）イタリアの脚本家。「ネオレアリズモ」に深くかかわる。デ・シーカやヴィスコンティ、フェリーニの作品の脚本も担当。テイク2参照。

28 **アレハンドロ・ホドロフスキー** Alejandro Jodorowsky（一九二九—）チリの映画監督、演出家、詩人、俳優、作家、タロット占術師。

29 **五月広場** ブエノスアイレス市にある広場。一九七六年に樹立した軍事政権下で行方不明になった人々の母親たちが集まったことで知られる。

トを備えた映画としては、一九〇八年に公開されたマリオ・ガッロ監督[30]の『ドレゴの銃殺』が最初となる。

翌年、フリオ・R・アルシーナが現像所と撮影所を創設し、土着的テーマであるガウチョ[31]を描く『ファクンド・キロガ』を撮っている。一九一五年の『ガウチョの気高さ』も同様のテーマに基づく作品である。一九二〇年代には、年間一〇本以上のサイレント映画が製作され、その中には『場末の娘』（一九二三）に始まる、ホセ・A・フェレイラによる脚本なしのアドリブ映画が多数含まれている。舞台は、貧困層が暮らす地区で、タンゴの歌詞に歌われる庶民的な場所と共通している。

トーキーの登場にともない、彼がミュージカル映画『ブエノスアイレスの子供たち』（一九三一）を撮ると大ヒットを収め、首都に二つの撮影所が建設されたことにより、一九三九年には五〇本の映画が製作された。この時期、アルゼンチンはメキシコを上回る本数の映画大国となった。もっとも、大半はコメディ、メロドラマ、タンゴ映画などのミュージカルだった。しかも、実際に上映される作品の九割は、ハリウッド製の映画に占められていた。

それでも、作家のオラシオ・キロガ[32]の原作をマリオ・ソフィーシ[33]が撮った『大地の囚人たち』（一九三九）のような社会参加型の作品や、ルイス・サスラフスキー監督[34]の、洗練度の高い『ある夜の物語』（一九四一）も生まれている。

第二次大戦中の中立政策に対する制裁で、アメリカ合衆国からの生フィルム輸入が途絶え、アルゼンチンの映画産業は実質的に活動休止に追い込まれる。この時期の作品としてはサスラフスキー監督がスペインのロペ・デ＝ベガ[35]の古典を下敷きに撮った『幽霊貴婦人』（一九四四）や、エバ・

30　**マリオ・ガッロ**
Mario Gallo（一九二三―一九八四）アメリカ、ニューヨークで生まれる。監督、プロデューサー、俳優。

31　**ガウチョ**
Gaucho アルゼンチン、ウルグアイ、ブラジル南部、アンデス山脈東部に居住した、スペイン人と先住民などとの混血の民。主として牛馬を扱う「カウボーイ的」な存在とされていた。実質的に消滅したとも言うが、現在も誇りをもってガウチョを自称する人々がいる。

32　**オラシオ・キロガ**
Horacio Quiroga（一八七八―一九三七）ウルグアイの小説家、劇作家、詩人。短編小説の名手。

33　**マリオ・ソフィーシ**
Mario Soffici（一九〇〇―一九七七）アルゼンチンの映画監督、俳優、脚本家。

34　**ルイス・サスラフスキー**
Luis Saslavsky（一九〇三―一九九五）

35　**ロペ・デ＝ベガ**
Lope de Vega（一五六二―一六三五）スペインの劇作家、詩人。大量の作品を書いた。

ペロンが端役で出演したソフィーシ監督の『サーカスの騎馬行進』（一九四五）などが挙げられる。

❹ラテンアメリカの新しい映画、ブラジル、アルゼンチン

二十世紀後半のラテンアメリカ映画は、〈新しい映画《ヌエボ・シネ》〉の興亡を抜きに語ることはできない。大衆娯楽映画が盛んだった一九五〇年代に、伝統的ジャンルに飽き足らない知識人や中産階級の間で、映画に美学的価値を求める動きが生じ、主要都市にフィルモテークが作られ、シネクラブが結成される。メキシコの例はすでに見たが、その特徴は、過剰な文化的ナショナリズムの拒否だった。その姿勢は、新たな自己イメージを求める都市中産階級の若者たちの姿勢とも一致していた。

各国の内戦、ナショナリズムの高揚、アイデンティティの主張といった共通テーマ群を抱えるこのラテンアメリカで、新しい映画作りを目指す人々は、〈現実を映し出す道具〉〈社会参加の武器〉という役割を映画に担わせようとし、イタリアのネオレアリズモにモデルを見出した。ネオレアリズモは、街頭で素人を使うこと、ハンディカムの使用など、不完全な技術でもって民衆文化を表現する可能性を彼らに示したからである。

ブラジルでは、ネルソン・ペレイラ・ドス・サントス[36]がこの方法でスラムの住民を描く『リオ、セ氏40度』（一九五五）を撮り、〈カメラとアイデアさえあれば映画は作れる〉というシネマ・ノーヴォの理論を先駆的に実践して見せた。一九六二年には同じくドス・サントスによるグラシリアーノ・ラモスの小説に基づく『乾いた生活』、さらにルイ・ゲーラ[37]『鏡』、〈飢餓の美学〉を提唱したグラ

36 **ネルソン・ペレイラ・ドス・サントス** Nelson Pereira dos Santos（一九二八—二〇一八）ブラジルの映画監督。ローシャと並び、シネマ・ノーヴォの代表格。

37 **ルイ・ゲーラ** Ruy Guerra（一九三一—）モザンビーク生まれ、ブラジルの俳優、監督、脚本家。

38 **グラウベル・ローシャ** Glauber Rocha（一九三八—一九八一）監督。シネマ・ノーヴォの代表格。

39 **カルロス・ディエゲス** Carlos Diegues（一九四〇—）ブラジルの監督、評論家、俳優。フランス芸術文化勲章を受賞（一九九八）。

40 **レオポルド・トーレ・ニルソン** Leopoldo Torre Nisson（一九二四—一九七八）アルゼンチンの映画監督、プロデューサー。

41 **マヌエル・プイグ** Manuel Puig（一九三二年—一九九〇）アルゼンチンの作家。主な作品に『リタ・ヘイワースの背信』『赤い唇』など。『蜘蛛女のキス』は映画にまつわる「獄中小説」の傑作。

ウベル・ローシャ[38]の『黒い神と白い悪魔』が相次いで撮られる。いずれも不毛で貧しい北東部を舞台とし、新植民地主義批判を行なっているのに対し、カルロス・ディエゲス[39]は時代をずらし、『ガンガ・ズンバ』で一七世紀の逃亡奴隷の共同体を描いた。またローシャは、地主の用心棒を主人公にした『アントニオ・ダス・モルテス』（一九六八）で、土着的モチーフをベースに前衛芸術と政治を融合させ、キューバ革命の要請に応えた。

アルゼンチンでは、レオポルド・トーレ・ニルソン[40]が、上流階級の矛盾と没落を描き、中でも『天使の家』（一九五七）は、受賞はしなかったがフランスのヌーヴェルヴァーグの批評家たちの称賛を浴びた。なおニルソンは、マヌエル・プイグ[41]の小説が原作の、一九七四年に撮った『赤い唇』で、同年のサン・セバスティアン映画祭[42]の銀の貝殻賞と審査員特別賞を受賞している。若い映画作家たちは最初、彼の例にならい、中産階級の無力感や疎外をテーマにしたり、ボルヘス[43]やコルタサル[44]の小説の映画化を試みたりした。

これに対し、ローマでネオレアリズモを学んだフェルナンド・ビリ[45]は、サンタ・フェに映画学校を開設し、一九六〇年に貧しい子供たちが列車から投げられる小銭を拾う様子を描いた中編『コインを投げろ！』を生徒とともに製作した。このドキュメンタリーを通じて彼は、商業映画のシステムとは絶縁すること、労働者・農民を民主的文化に組み入れることを主張した。彼はのちにキューバで、ガルシア＝マルケスの短編に基づく『大きな翼の老人』（一九八八）を監督し、主役を演じている。

ビリの過激なポピュリズム（民衆主義）は、フェルナンド・E・ソラナス[46]とオクタビオ・ヘティーノ[47]によって受け継がれる。急進的ペロン主義者である彼らは、四時間を越える大作『溶鉱炉の時』

42　**サン・セバスティアン映画祭**　スペイン、バスクのサン・セバスティアンで毎年九月に開催される国際映画祭。

43　**ホルヘ・ルイス・ボルヘス**　Jorge Luis Borges（一八九九—一九八六）アルゼンチンの詩人、作家、批評家。代表作に『伝奇集』『エル・アレフ』『バベルの図書館』など。幻想味あふれる作風で世界のポストモダン文学に大きな影響を与えた。

44　**フリオ・コルタサル**　Julio Cortázar（一九一四—一九八四）アルゼンチンの作家。代表作『石蹴り遊び』『遊戯の終り』など。『悪魔の涎』（一九五八）は、アントニオーニ監督が映画化（『欲望』Blow-up 一九六六）

45　**フェルナンド・ビリ**　Fernando Birri（一九二五—二〇一七）アルゼンチンの監督、俳優

46　**フェルナンド・E・ソラナス**　Fernando E. Solanas（一九三六—二〇二〇）アルゼンチンの映画監督、脚本家、政治家。

47　**オクタビオ・ヘティーノ**　Getino Octavio（一九三五—二〇一二）アルゼンチンの映画監督、脚本家。

（一九六六—六八）を撮り、アルゼンチンの従属的状況を告発、ブルジョア文化を批判する。彼らはさらに、ペロン主義から派生した理論を『第三世界に向けて』というエッセーにまとめ、ハリウッドから生まれる〈第一映画〉、非政治的作家主義による〈第二映画〉に取って替わるべき〈第三映画〉を主張したのだった。

❺ キューバ、チリ、ボリビア、「ウカマウ集団」など

キューバでは、ローマに留学したフリオ・ガルシア・エスピノサ[48]やトマス・グティエレス・アレア[49]が、一九五五年に、沼底の石炭を拾う人々を描くドキュメンタリー『エル・メガノ』を撮っている。一九五九年の革命後、映画芸術産業研究所（ICAIC）が創設され、製作・配給・上映を担当するようになるが、あらゆる物資が不足したため、ニュースやドキュメンタリーの製作が優先された。

それでも、一九六〇年代後半になるとフィクションの製作が始まり、痛烈な批判に満ちたグティエレス・アレア『ある官僚の死』（一九六六）、エドムンド・デスノエス[50]原作の小説を下敷きにした『低開発の記憶』（一九六八）、植民地時代、革命前、革命後の三つの時代をそれぞれ同名の女性を主人公に描いたウンベルト・ソラスのオムニバス『ルシア』（一九六八）が撮られ、またガルシア・エスピノサによるコメディでピカレスク[51]のパロディ『ファン・キン・キンの冒険』（一九六七）は興行的にも成功を収めた。

チリでは、一九六七年に第一回ビニャデルマル映画祭[52]が開かれ、ビリ、ソラナス、ローシャ、〈不

48 **フリオ・ガルシア・エスピノサ** Julio García Espinosa（一九二六—二〇一六）キューバの監督、脚本家。

49 **トマス・グティエレス・アレア** Tomás Gutiérrez Alea（一九二八—一九九六）キューバの監督。

50 **エドムンド・デスノエス** Edmundo Desnoes（一九三〇—）キューバの作家。『低開発の記憶』は同名の映画の原作。

51 **ピカレスク** Picaresque「悪漢」「悪者」のこと。悪漢が主役のドラマ、小説、映画など。

52 **ビニャデルマル映画祭** Viña del Mar チリ中部・バルパライソ州の都市で行われる映画祭。

53 **ホルヘ・サンヒネス** Jorge Sanjinés Aramayo（一九三六—）ボリビアの映画監督、脚本家。先住民族を多く起用。

完全な映画〉という理論を提唱したガルシア・エスピノサ、ボリビアのホルヘ・サンヒネスとウカマウ集団[54]らが参加するとともに交流した。

その成果は一九六九年の第二回映画祭に現われ、アレハンドロ・シーベキングの戯曲に基づくラウル・ルイス[55]『三匹の淋しい虎』（一九六八）、残忍な殺人を犯した農民の獄中での回想を映画化したミゲル・リティン[56]『ナウエルトロのジャッカル』（一九六九）など、ビリの理論を学んだ若い監督の作品が出品された。チリの新しい映画の誕生である。彼らは政治・社会的テーマをもつドキュメンタリーをすでに手掛けていたが、一九六〇年代の人民連合運動[57]と歩調を合わせ、テーマは政治性を強めていた。

ボリビアでは、サンヒネスとウカマウ集団が、貧しい農村を舞台に、先住民が搾取される苛酷な状況を告発しながらも、彼らの世界を生き生きと描く『コンドルの血』（一九六九）や『人民の勇気』（一九七一）などの作品を撮った。ウカマウはその後意見の対立から分裂するが、サンヒネスは一九九五年に映画撮影班の活動を自己批判する『鳥の歌』を制作している。またペルーでは、作家主義の姿勢を示すアルマンド・ロブレス・ゴドイ[58]が、都市から密林地帯に移り住んだ一家の生活を描く『緑の壁』（一九六九）や海岸地帯の砂漠を舞台に撮った『砂のミラージュ』（一九七四）で、映画の刷新を試みている。

〈新しい映画〉の興隆は、一九五〇年代から一九六〇年代初期にかけて、キューバ革命やブラジル、アルゼンチンの発展主義がもたらした政治的オプティミズムを背景としていた。だが、一九七〇年代に入り、一九七三年にウルグアイとチリ、一九七六年にはアルゼンチンで軍事政権が生まれると[59]、検閲制度の強化や上映禁止措置など、〈新しい映画〉はさまざまな困難に直面する

54 ウカマウ集団
ボリビアの映画制作集団。「ウカマウ」はボリビアの先住民族アイマラ人の言葉。「そんなふうなことだ」の意味。一九六六年の長編デビュー作「ウカマウ ucamau」では、キャストに先住民族の素人俳優を起用、カンヌ映画祭青年監督賞を受賞。

55 ラウル・ルイス
Raúl Ruiz（一九四一―二〇一一）チリの映画監督、作家。

56 ミゲル・リティン
Miguel Littín（一九四二―）チリの監督、脚本家。

57 人民連合運動
Unidad Popular　チリ、一九六〇年代末から七〇年代の左翼 政党連合の名称。アジェンデ政権の与党で、七三年のクーデターで崩壊。

58 アルマンド・ロブレス・ゴドイ
Armando Robles Godoy（一九二三―二〇一〇）ペルーの脚本家、映画監督。

59 軍事政権が生まれる
アルゼンチンでは、一九七六年に軍部のクーデターで大統領に就いたビデラ政権が激しく市民を弾圧。極左組織や労働組合の活動家、関係者に拷問を含む取り調べを行い、行方不明者が続出した。

とともに、多くの映画人が国外に流出した。その結果、運動は衰退することになる。

しかし、逆説的にではあるが、この状況は映画人に視野を広げさせ、映画を鍛えることにもなった。こうして、いわゆる〈亡命映画〉が誕生する。母国のクーデタを描いたチリのエルビオ・ソト『サンチャゴに雨が降る』(一九七五)や、ガルシア＝マルケスの作品に基づくリティンの『モンティエルの未亡人』(一九七九)、ニカラグアを舞台に少年の政治的覚醒を描いた『アルシノとコンドル』(一九八二)がその例であり、それらはナショナリズムあるいはラテンアメリカ主義を特徴としている。

それに対し、よりコスモポリタンな姿勢を示したのが、チリのラウル・ルイスやアルゼンチンのエドガルド・コザリンスキー[60]、ウーゴ・サンティアゴ[61]である。ルイスは『亡命者の対話』(一九七四)を同国人に批判されたため二重の亡命者となるが、ヨーロッパで高く評価され、のちにフランスでプルーストの『失われた時』の最終章『見出された時』(一九九九)を映画化することになる。いっぽう、同じアルゼンチン出身のソラナスは、パリで『マルティン・フィエロの子供たち』(一九七八)を撮ったが、彼の過激なペロン主義は同国人に受け入れられず、作品がヨーロッパで認められることもなかった。そのため、パリに亡命したミュージシャンたちとその子供の二世代を描く『タンゴ――ガルデルの亡命』(一九八六)は、民政復帰後に母国の援助を受けてようやく完成している。

一九八〇年代に入ると、各国の軍事政権にようやく変化が生じ、民政復帰にともない亡命者の帰還が始まる。映画人が帰還したアルゼンチンでは、ソラナスの、『タンゴ――ガルデルの亡命』、刑務所から五年ぶりにブエノスアイレスに戻ってきた活動家の物語『スール――その先は愛』(一九八八年)、ルイス・プエンソ[62]による軍事政権下で起きた養子縁組をめぐる悲劇『オフィシャル・

60 **エドガルド・コザリンスキー** Edgardo Cozarinsky(一九三九―)アルゼンチンの作家、映画も手がける。パリなどでも活躍。

61 **ウーゴ・サンティアゴ** Hugo Santiago(一九三九―)アルゼンチンの監督。最初はフランスでロベール・ブレッソン監督「ジャンヌ・ダルク裁判」の助手を務めた。

62 **ルイス・プエンソ** Luis Puenzo(一九四六―)アルゼンチンの監督、脚本家。『オフィシャル・ストーリー』(一九八五)でアカデミー賞外国語映画賞。

ストーリー』(一九八五)が、それぞれ国際映画祭で賞を獲得する。

軍事政権を批判する映画が相次いで撮られた背景には、アルフォンシン政権が検閲を廃止したことがある。だが、経済危機が映画産業に大打撃を与え、メネム政権[63]による新自由主義に基づく改革もさほど好影響をもたらさず、ソラナス、プエンソや、富豪の娘と青年神父の恋愛悲劇『カミラ』(一九八四)、ブルジョア一家の没落をイギリス人家庭教師の目を通して描いた『ミス・メリー』(一九八六)、『それは禁句』(一九九三)を撮ったマリア・ルイサ・ベンベルグ[64]などを例外とすれば、パタゴニアで撮影を行うクルーを撮った『王様の映画』(一九八六)、犬と飼主をめぐるコメディ『ボンボン』(二〇〇四)のカルロス・ソリン[65]のような優れた才能の持ち主が輩出していながら、活躍の場が必ずしも十分には与えられてこなかった。

それでも、アカデミー賞外国語映画賞を受賞したファン・ホセ・カンパネラ[66]のミステリー『瞳の奥の秘密』(二〇〇九)やスペインのアルモドバル(Ⅱ参照)がプロデュースしたダミアン・ジフロン[67]によるオムニバスのブラックコメディ『人生スイッチ』(二〇一四)、ガストン・ドゥプラット/マリアノ・コーン[68]の、ノーベル賞作家を皮肉るコメディ『笑う故郷』(二〇一六)といった新世代の映画が生まれてもいる。また隣国のウルグアイでも、東京国際映画祭でグランプリを受賞した、ファン・パブロ・レベージャ/パブロ・ストール[69]による、しがない靴下工場が舞台の人情劇『ウイスキー』(二〇〇四)のような佳作が撮られている。

63 **メネム政権**
アルゼンチンの政権(ペロン党)、一九八九年〜一九九九年。自由開放経済政策を推進、末期には低迷。

64 **マリア・ルイサ・ベンベルグ**
Maria Luisa Bemberg(一九二二—一九九五)アルゼンチンの監督。

65 **カルロス・ソリン**
Carles Solin(一九四四—)アルゼンチンの監督。『王様の映画』(一九八六)でヴェネチア国際映画祭新人賞。

66 **ファン・ホセ・カンパネラ**
Juan José Campanella(一九五九—)アルゼンチンのテレビ、映画監督、脚本家、プロデューサー。

67 **ダミアン・ジフロン**
Damián Szifron　アルゼンチンの映画、テレビの監督、脚本家。

68 **ガストン・ドゥプラット/マリアノ・コーン**
Gastón Duprat(一九六九—)/Mariano Cohn(一九七五—)アルゼンチン、テレビと映画の監督、プロデューサー、二人は共同制作者。

69 **ファン・パブロ・レベージャ/パブロ・ストール**
Juan Pablo Rebella(一九七四—)/Pablo Stoll(一九七四—)ウルグアイの映画監督、脚本家。二人は共同制作者。

❻ メキシコ、ブラジル、キューバの新潮流と女性監督

メキシコやブラジル、そして政治体制が異なるためニュアンスは異なるが、キューバでは、経済状況とともに映画産業の行方が大きく左右された。メキシコでは、一九七〇年代にエチェベリア政権が映画産業の近代化を試みたことにより新世代に活動の場が与えられ、リプステイン『汚れなき城』（一九七二）、ハイメ・ウンベルト・エルモシーヨ『ベレニセの情熱』（一九七五）、『遭難者』（一九七七）、前述のルデュク『リード——反乱するメキシコ』（一九七〇）など、優れた作品が生まれた。続く二つの政権下では、映画はまったくの不毛だったが、サリナス政権[70]になると開放政策により若手や女性が台頭し、マリア・ノバロ[71]が『ダンソン』（一九九一）、『エデンの園』（一九九四）、『グッド・ハーブ』（二〇一〇）を撮るいっぽう、ラウラ・エスキベルの料理小説を下敷とするアルフォンソ・アラウ[72]『赤い薔薇ソースの伝説』（一九九二）が大ヒットした。また、新大陸五百周年を機に、メキシコの先住民と生活したスペイン人が主人公の、ニコラス・エチェバリア『カベサ・デ・バカ』（一九九〇）など、一連の歴史物が製作されている。

ブラジルでは、一九七〇年代初めにローシャとゲーラが短期間亡命するが、彼らが帰還したとき、シネマ・ノーヴォから社会変革運動という性格は失われていた。監督たちは、助成を受けるために抑圧的政権との妥協を余儀なくされ、ジョルジ・アマード[73]原作、ブルーノ・バレット監督[74]『ドナ・フロールと二人の夫』（一九七六）、『ガブリエラ』（一九八三）など、エロティックな文学作品の映画化が試みられている。このころ女性監督が台頭してくるが、その一人が一九八〇年に『ガイジン』を撮る、チズカ・ヤマザキ[75]である。彼女はさらに二つの作品を発表し、またスサ

70 **サリナス政権**
メキシコの政権（一九八八—一九九四）中道的な制度的革命党（PRI）による。

71 **マリア・ノバロ**
María Novaro（一九五一—）メキシコの監督。

72 **アルフォンソ・アラウ**
Alfonso Arau Incháustegui（一九三二—）メキシコの俳優、監督。『赤い薔薇ソースの伝説』（一九九二）主役のティタを演じたルミ・カバソスが東京国際映画祭で主演女優賞を受賞した。

73 **ジョルジ・アマード**
Jorge Amado（一九一二—二〇〇一）ブラジル二十世紀文学の代表的な作家。『ツバメとトラネコ　ある愛の物語』『果てなき大地』など。

74 **ブルーノ・バレット**
Bruno Barreto（一九五五—）ブラジルの監督。文学の映画化も多い。

75 **チズカ・ヤマザキ**
山崎チズカ（一九四九—）ブラジルの監督。日系三世一九八〇年の長編デビュー作『Gaijin - Caminhos da Liberdade（ガイジン—自由への道）』はカンヌ国際映画祭特別賞。

ナ・アマラルはクラリッセ・リスペクトル[76]の庶民の恋愛を描く晩年の小説を下敷きに『星の時間』（一九八五）を撮った。シネマ・ノーヴォの監督の中では、ゲーラがガルシア＝マルケスの短編を基に『エレンディラ』（一九八二）、ブレヒトの『三文オペラ』の翻案『オペラ・ド・マランドロ』（一九八六）、ディエゲスが旅芸人一家のロードムービー『バイ・バイ・ブラジル』（一九八〇）を手掛けているほか、ストリートチルドレンを描く『ピショット』（一九八一）を撮ったヘクトール・バベンコ[77]が、プイグ原作の『蜘蛛女のキス』（米・ブラジル合作、一九八五）を手掛け、主役のモリーナを演じたウィリアム・ハートはアカデミー賞主演男優賞を受賞した。

一九九〇年代に入り、コロール政権が助成を打ち切ったことでブラジル映画は低迷期に入るが、一九九八年、新鋭ヴァルテル・サレス[78]のロードムービー『セントラル・ステーション』がベルリン国際映画祭でグランプリを受賞し、久々に明るい話題を提供した。また彼は二〇〇四年に、若きゲバラの南米旅行を描く『モーターサイクル・ダイアリーズ』を、アルゼンチン、米国など七カ国合作で撮っている。主役のゲバラを、メキシコの人気俳優ガエル・ガルシア・ベルナル[79]が演じ、製作総指揮はロバート・レッドフォード[80]というように、文字通り南北アメリカ大陸規模の映画である。このレッドフォードが主催するサンダンス映画祭は、ラティーノ／ヒスパニックの作品を世に出す場ともなっている。

キューバ革命の成功は、芸術的前衛と政治的前衛の結合を促し、ラテンアメリカの〈新しい映画〉の興隆に寄与したが、当のキューバでは、一九六〇年代に革命と芸術をめぐる考え方の相違から、名カメラマン、ネストル・アルメンドロス[81]のように亡命の道を選ぶ者もいた。

反革命的作品を書いたという理由で詩人が自己批判させられた、いわゆるパディージャ事件[82]の

76　**クラリッセ・リスペクトル**
Clarice Lispector（一九二〇―一九七七）ブラジルの小説家。

77　**ヘクトール・バベンコ**
Héctor Babenco（一九四六―二〇一六）アルゼンチン生まれ、ブラジルの監督、脚本家。

78　**ヴァルテル・サレス**（ウォルター・サレス）
Walter Salles（一九五六―）ブラジルの映画監督、脚本家、映画プロデューサー。『セントラル・ステーション』がベルリン国際映画祭（一九九八）で金熊賞などを受賞。アメリカ第五六回ゴールデングローブ賞最優秀外国語映画賞。

79　**ガエル・ガルシア・ベルナル**
Gael García Bernal（一九七八―）メキシコの俳優、映画監督。

80　**ロバート・レッドフォード**
Robert Redford Jr.（一九三六―）は、カリフォルニア州出身。アメリカ合衆国の俳優、映画監督、映画プロデューサー。

81　**ネストル・アルメンドロス**
Néstor Almendros（一九三〇―一九九二）バルセロナ生まれ。映画カメラマン、撮影監督。

82　**パディージャ事件**
一九六八年。キューバ革命を支持していた詩人エベルト・パディージャがカストロ政権批判に転じ、反体制派だと糾弾された事件。

あとも、ICAICの独立性は比較的保たれ、そこから前述のような秀作が生まれたのだったが、一九七五年にICAICが文化庁に吸収されると変化が生じる。黒人や歴史を素材とする作品が増加し、善人は革命的で悪人は反革命的である、といったマニ教的（二元論的）図式が目立つようになる。その手の単純さを免れた数少ない作品の一つが、グティエレス・アレアの『最後の晩餐』（一九七六）で、黒人奴隷の反乱を素材にしながらも、テーマは重層的である。

一九八六年にガルシア・エスピノサが映画担当相に就任すると、再び政策が変わり、新人に活動の場が与えられるとともに、コメディタッチや学園ものの映画は、検閲を免れるようになる。そこからオルランド・ロハス[83]『ダビドの花嫁』（一九八七）、ロランド・ディアス『主格転倒』（一九八四）、フアン・カルロス・タビオ[84]『家の交換』（一九八四）、『プラッフ』（一九八八）、そして病床にあったグティエレス・アレアとの共作で、学生と同性愛者の男性の友情を描いたセネル・パスの短編に基づく『苺とチョコレート』（一九九三）、物資不足をユーモラスに描く『バスを待ちながら』（二〇〇〇）のような、キューバの今日的問題を鋭く突いた作品が生まれている。あるいは、フェルナンド・ペレスは『人生は口笛で』（一九九八）やドキュメンタリー『永遠のハバナ』（二〇〇三）で、革命社会の日常の息苦しさや虚しさを間接的に伝えている。

そのいっぽうで、ダニエル・ディアス・トーレス[85]『不思議の村のアリス』（一九九一）、やグティエレス・アレア／タビオの、トラックで遺体を運ぶブラックコメディ調のロードムービー『グアンタナメラ』（一九九五）が、官僚主義を揶揄しているところから、反革命的であると批判されるような揺り戻しもあるにせよ、革命を知らない世代の登場とともに、キューバ映画は明らかに変化しつつある。

83　**オルランド・ロハス**
Orlando Rojas（一九五〇―）キューバ出身。ドキュメンタリー映画の監督、脚本家。マイアミが活躍の舞台。

84　**フアン・カルロス・タビオ**
Juan Carlos Tabío（一九四三―二〇二一）キューバの監督、脚本家。『苺とチョコレート』でベルリン国際映画祭、銀熊賞。

85　**ダニエル・ディアス・トーレス**
Daniel Díaz Torres（一九四八―二〇一三）キューバの監督、脚本家。

❼……そして新しい映画世界へ

ビニャデルマル映画祭で形を与えられた〈新しい映画〉の運動は、一九七〇年代にいったん衰える。それを復活させようとしたのが、一九七九年にハバナで第一回が開かれた〈新ラテンアメリカ国際映画祭〉であり、一九八五年に誕生する〈新ラテンアメリカ映画基金〉である。さらに翌年にはハバナに、フェルナンド・ビリが校長を務め、ガルシア＝マルケスがシナリオ講座を担当する〈映画・テレビ国際学校〉が開校している。

しかし、一九六〇年代とは政治状況も経済状況も異なる中で、〈新しい映画〉の運動を持続させることは決して容易ではない。その中でもペルーのフランシスコ・ロンバルディ[86]の、バルガス・リョサ[87]の小説を原作にした『都会と犬ども』（一九八五）や『虎穴に入らずんば』（一九八八）、『豚と天国』（一九八九）、これもバルガス・リョサの小説に基づく『パンタレオンと女たち』（一九九五）などが生まれている。

また、セルヒオ・カブレラ、リサンドロ・ドゥーケ[88]や、メキシコのホルヘ・フォンス[89]が撮った一九六八年の学生大虐殺事件を間接的に描く『赤い夜明け』（一九八九）、カルロス・カレラ[90]『ベンハミンの女』（一九九一）、ポルトガルの作家エッサ・ケイロスの小説が原作の『アマロ神父の罪』（二〇〇二）、アルゼンチンのエリセオ・スビエラ[91]『南東から来た男』（一九八六）、チリのリカルド・ララインの『辺境』（一九九三）などが撮られている。これら若手の監督たちは、国際的知名度の高いアルトゥーロ・リプステイン（『夜の女王』一九九三、『真紅』一九九六）に続く世代として台頭してきた。

86　**フランシスコ・ロンバルディ**　Francisco Lombardi（一九四九—）ペルーの監督。

87　**バルガス＝リョサ**　Mario Vargas Llosa（一九三六—）ペルーの小説家。ラテンアメリカ文学の代表的な作家、ジャーナリスト、エッセイスト。代表作に『都会と犬ども』『緑の家』『世界終末戦争』など。

88　**リサンドロ・ドゥーケ**　Lisandro Duque（一九四三—）コロンビアの映画監督、脚本家。

89　**ホルヘ・フォンス**　Jorge Fons（一九三九—）メキシコの監督。

90　**カルロス・カレラ**　Carlos Carrera（一九六二—）メキシコの監督。

91　**エリセオ・スビエラ**　Eliseo Alberto Subiela（一九四四—二〇一六）アルゼンチンの監督、脚本家。マジックリアリズムの作風とされる。『南東から来た男』（一九八六）。

とくに活躍の目覚ましいのが、チリのラライン（『ネルーダ――大いなる愛の逃亡者』二〇一六、『エマ――愛の罠』二〇二〇）、アカデミー賞外国語映画賞を受賞したセバスティアン・レリオ[92]（『ナチュラル・ウーマン』二〇一七）である。

さらに特筆されるのが、〈スリー・アミーゴス〉として知られる、メキシコ出身の監督三人の存在である。アレハンドロ・ゴンサレス・イニャリトゥ[93]（『アモーレス・ペロス』二〇〇〇）、アルフォンソ・キュアロン[94]（『天国の口、終りの楽園。』二〇〇一、『Roma／ローマ』二〇一八、米墨合作）、ギレルモ・デル・トロ[95]（『パンズ・ラビリンス』二〇〇七、『シェイプ・オブ・ウォーター』二〇一七）の作品は、内外の映画祭で次々と受賞しているが、彼らは互いに協力し合う関係にあり、そのことは三人にとって大きな強みとなっている。

このようなラテンアメリカの監督や映画人は、自国の慢性的経済危機のなかで、ハリウッドに進出したり、多国籍合作に活路を求め、インフラの整った欧米に在住したりしながらしたたかに活動している。たとえば『Roma／ローマ』は、配給がNetflixであることでも話題になった。さらに、政治や暴力、麻薬関連の作品に加え、密入国者や女性、ＬＧＢＴなどマイノリティを扱う作品が増えていることも、最近の目立った傾向だろう。この傾向は今後も続くと思われる。

92 **セバスティアン・レリオ** Sebastián Lelio（一九七四―）チリの映画監督、脚本家、映画プロデューサー、編集技師。

93 **アレハンドロ・ゴンサレス・イニャリトゥ** Alejandro González Iñárritu（一九六三―）メキシコの映画監督、脚本家、映画プロデューサー。『アモーレス・ペロス』（二〇〇〇）『バベル』（二〇〇六）『バードマンあるいは（無知がもたらす予期せぬ奇跡）』（二〇一四）はアカデミー賞作品賞を受賞。

94 **アルフォンソ・キュアロン** Alfonso Cuarón（一九六一―）メキシコの映画監督。

95 **ギレルモ・デル・トロ** Guillermo del Toro（一九六四―）メキシコの映画監督・脚本家・小説家。『シェイプ・オブ・ウォーター』（二〇一七）はアカデミー賞作品賞、アカデミー賞監督賞を受賞。

【ラテンアメリカ映画参考文献】

Ayala Blanco, Jorge, *La búsqueda del cine mexicano* (1968-1972), Editorial Posada, 1986.

Bedoya, Ricardo, *Un cine reencontrado -diccionario ilustrado de las películas peruanas*, Universidad de Lima, 1997.

Berg, Charles Ramírez, *Cinema of Solitude -A Critical Study of Mexican Film, 1967-1983*, University of Texas Press, Austin, 1992.

Birri, Fernando, *Fernando Birri por un nuevo cine latinoamericano 1956-1991*, Cátedra/Filmoteca Española, 1996.

Birri, Fernando, *Il nuovo cinema latinamericano* -a cura di Doriano Fasoli-, Edizioni Associate, 1988.

Blanco Pazos, Roberto y Raúl Clemente, *Diccionario de Actrices del Cine Argentino 1933-1997*, Corregidor, 1997.

Carrión, Luiz Carlos, *Festival do cinema Brasileiro de gramado -Levantamento doe seus 14 primeiros anos, Tché!* Artes Gráficas Ltda., 1987.

Évora, José Antonio, *Tomás Gutiérrez Alea*, Cátedra/Filmoteca Española, 1996.

García Riera, Emilio, *Historia del cine mexicano*, Secretaría de Educación Pública, 1986.

M. Pick, Zuzana, *The New Latin American Cinema -A Continental Project-*, University of Texas Press, Austin, 1993.

Ubieta Gómez, Enrique, *El valor de las pequeñas cosas*, Ediciones ICAIC, 2003.

VII Festival internacional del Nuevo Cine Latinoamericano, Universidad Nacional Autónoma de México, 1986.

『ラテン・アメリカ事典　一九八九年』ラテン・アメリカ協会、一九八九年。

『ラテン・アメリカ事典　一九九三年』ラテン・アメリカ協会、一九九三年。

『ラテン・アメリカ事典　一九九六年』ラテン・アメリカ協会、一九九六年。

ルイス・ブニュエル（矢島翠訳）『映画、わが自由の幻想』早川書房、一九八四年。

トマス・ペレス・レント／ホセ・デ・ラ・コリーナ（岩崎清訳）『interview ルイス・ブニュエル公開禁止令』フィルムアート社、一九九〇年。

『Cine Lesson 1　現代映画作家を知る十七の方法』フィルムアート社、一九九七年。

『Historia del Cine Mexicano』メキシコ映画祭実行委員会、一九九七年。

アグスティン・サンチェス・ビダル（野谷文昭・網野真木子訳）『ブニュエル、ロルカ、ダリ　果てしなき謎』

白水社、一九九八年。

『Cine Lesson 4 ワールド・シネマ!』フィルムアート社、一九九九年。

『ユリイカ　九月号　ブニュエル生誕一〇〇年記念特集』青土社、二〇〇〇年。

『キューバ映画祭二〇〇九』Action Inc.、二〇〇九年。

野谷文昭編著『メキシコの美の巨星たち――その多彩でユニークな世界』東京堂出版、二〇一一年。

四方田犬彦『ルイス・ブニュエル』作品社、二〇一三年。

II　スペイン映画の光と影

❶ 内戦と検閲を越えて

一九八四年に東京で「第一回スペイン映画祭」が開催された。その折に、スペインの代表的女性監督のピラール・ミローを団長とする監督七人が来日し、一九七六年から八四年にかけて製作された作品一〇本が一挙に上映されるとともに、「スペイン映画の史的展望　一九五一―一九七七」と銘打つ回顧展も別に開かれた。

この画期的な出来事が可能となったのは、一九七五年にフランコ総統[1]が死去したことにより、一九三六年から三九年にかけての内戦[2]の終了後、四〇年にわたって続いてきた独裁制が終止符をうったことが大きい。それにともなう民主化の結果、翌一九七六年、自由な映画製作の障害となってきた悪名高い検閲が廃止される。そして国王を君主とする議会君主制が始まるとともに、まず民主中道連合が政権を担うが、その後の一九八二年に総選挙が行われると、第一党となったのは社会労働党だった。若き首相フェリペ・ゴンサレスは、同じ年に創設された文化省映画総局のトップにピラール・ミロー[3]を抜擢する。制作の現場を知る彼女は、スペインの映画配給市場がハリウッド映画によって圧倒的に支配されている状況を改善すべく、スペイン映画を助成した。すると映画界は活気づき、ルネッサンスを迎えるのだ。

ミロー自身の撮った作品のうち、東京の映画祭で上映されたのは『クエンカ事件』[4]だった。こ

「第一回スペイン映画祭」ポスター

1　フランコ総統
Francisco Franco（一八九二―一九七五）スペインの軍人、政治家。一九三六年のスペイン人民戦線内閣（共和国）成立後、反乱軍の総帥として共和国派と戦い三八年に制圧。以降はスペイン元首として、一九七五年まで三〇年以上の苛烈な独裁体制を敷く。スペイン内戦やフランコ独裁について数多くの文学作品、映画などが作られている（『誰がために鐘は鳴る』など）。

2　内戦（スペイン内戦）
Guerra Civil Española（一九三六―一九三九）スペインの第二共和制下における内戦。左派の人民戦線政府（共和国派）と、フランコを中心とした右派の反乱軍（ナショナリスト派）との戦い。人民戦線をソビエト連邦、メキシコが支援し、多くの欧米市民、知識人らも義勇軍として参戦。いっぽうフランコを、ファシズムのドイツ、イタリア、ポルトガルが支持、参戦した。

の映画は一九一〇年に実際に起こった事件を扱っていて、本国では大きな反響があったが、日本の観客には暴力の描写が生々しすぎたかもしれない。逮捕された容疑者は治安警察によって残酷な拷問を受け、ついに犯行を自白する。ところがその後、冤罪事件だったことが判明するのだ。その顛末を描いたこの映画と監督、および制作者は、治安警察によって名誉毀損を理由に告発される。裁判の結果、告発は却下されるものの、映画じたいは一九八一年まで公開が禁じられていた。ミローがあえてこれを持ってきた理由には、治安警察の暴力を批判することとともに、スペインの民主化が後戻りしないことをアピールする意味もあっただろう。

このとき来日した監督は、ミローの他に、ファン・アントニオ・バルデム、[5] ハイメ・デ・アルミニャン、[6] カルロス・サウラ、[7] イマノル・ウリベ、[8] マヌエル・グティエレス・アラゴン、[9] リカルド・フランコ[10] という錚々《そうそう》たる顔ぶれだった。

最年長のバルデムは、イタリアのネオレアリズモの影響を受けた監督で、一九五〇年代に体制順応的な路線に沿わない作品をあえて撮っている。フランコ体制下で手掛けた『恐怖の逢びき』[11]（一九五五）は、ブルジョアのマリア・ホセが不倫相手の大学教員ファンを乗せた車で、自転車に乗った男を轢いてしまい、まだ息のある男を置き去りにするシーンから始まる。その後、ファンは、大学で試験を課している最中に、男の死を報じた新聞記事を読んで動揺し、上の空となったあげくそのとき解答中だった学生を不合格にしてしまう。その行為は学生たちの激しい抗議を招く。被害者が貧しい地区に住んでいたのを知った彼は胸を痛め、自首する決意をマリア・ホセに伝える。すると、邪悪な美術評論家に脅されていた彼女は、保身のためにファンを車で撥ね、

3 ピラール・ミロー
Pilar Miró（一九四〇―一九九七）
スペインの映画監督、脚本家。八六年から八九年まで、RTVEの総局長。九七年、ゴヤ賞ベスト監督賞。

4 『クエンカ事件』
El Crimen De Cuenca（一九七九）

5 ファン・アントニオ・バルデム
Juan Antonio Bardem（一九二二―二〇〇二）

6 ハイメ・デ・アルミニャン
Jaime de Armiñán（一九二七―）

7 カルロス・サウラ
Carlos Saura（一九三二―）

8 イマノル・ウリベ
Imanol Uribe（一九五〇―）

9 マヌエル・グティエレス・アラゴン
Manuel Gutiérrez Aragón（一九四二―）

10 リカルド・フランコ
Ricardo Franco（一九四九―一九九八）

11 『恐怖の逢びき』
Muerte de un Ciclista（一九五五）

家路を急ぐ途中、別の自転車の男を避けようとして、橋から転落して死ぬ。

この作品に対し教会が〈極めて危険な映画〉を意味する四という評価を与える一方、検閲はこれを十六歳未満禁止という扱いにした。おそらくフランコ体制下における不倫、貧しさの存在、学生による抗議運動といった政権が直視したがらない要素が問題になったと思われる。しかし、このシンボリックな手法を用いた映画は、この年のカンヌ国際映画祭で国際映画批評家連盟賞を受賞することになる。

このバルデムが、東京の映画祭の挨拶で、検閲廃止後の映画について興味深い発言を行った。要するに、検閲が存在した時期はそれと闘うことで映画は力を得ていたが、自由になった今、果たして時代を批判する作品が作れているだろうか、という問いを投げかけたのだ。この言葉は、スペイン映画を見るときの一つの指標となるだろう。しかし、一方でこの言葉は、その後のスペイン映画を縛る意味も持っていた。

来日したメンバーの一人にカルロス・サウラがいる。世界的な映画監督である彼の存在は日本でも知られている。映画祭で上映された彼の作品はフラメンコ三部作の一つ『カルメン』(一九八四)で、これが一般公開されると、アントニオ・ガデス[12]舞踊団が総出演していることもあって大ヒットした。映画祭の前夜祭では、三部作の最初となる『血の婚礼』(一九八一)も公開されている。これはガルシア・ロルカ[13]の同名の戯曲に基づく舞台の制作過程を追ったドキュメンタリーである。途中、出演者がまるで記念写真の撮影に応じるように客席を向いて一瞬動きを止めるという印象的なショットがあるが、それはおそらく巨匠ルイス・ブニュエルがスペインで撮った『ビリディ

12　アントニオ・ガデス
Antonio Gades(一九三六―二〇〇四)スペインおよび世界的に高名な舞踏家、振付家、演出家。「アントニオ・ガデス舞踊団」の主宰者。『血の婚礼』『カルメン』『炎』(以上、サウラ監督により映画化)『アンダルシアの嵐』などの舞台を制作。日本にも数回訪れ、人気を博した。

13　ガルシア・ロルカ
Federico García Lorca(一八九八―一九三六)世界的な詩人・劇作家。グラナダ出身。ブニュエル、ダリなどとも親交があった。ファランヘ党員により銃殺される。『ジプシー詩集』『血の婚礼』など。

アナ』の中の、浮浪者たちが狂宴を開き、ふざけて記念写真を撮る真似をする場面の引用だろう。だとすれば、冒涜的映画だとして、独裁者フランコやカトリック勢力を憤激させたこの作品の監督であるブニュエルに対するサウラの目くばせと見ることもできる。内戦をきっかけにメキシコに亡命し、フランコの要請で一時帰国した折に前述の〈冒涜的〉映画を撮ってみせた反骨精神で知られるこの監督を、多くのスペイン人監督と同様サウラは敬愛し、彼の有名な肖像画を自宅に飾るとともに、一九二〇年代に〈学生館〉で寮生活を共にした若き日のブニュエル、ダリ、ロルカの三大アーティストが登場する娯楽映画『ブニュエル～ソロモン王の秘宝～』（二〇〇一）を撮っているほどである。

だがサウラの映画では、回顧展で上映された最初期の『狩り』[14]がもっともサスペンスに満ち、衝撃的だった。一九六六年のベルリン国際映画祭で監督賞を受賞した作品で、これによって、日本では知られていなかった硬派としてのサウラの側面を知ることができたからだ。

丘に囲まれ、夏の日差しが照りつける土地に、パコ、ホセ、ルイスの三人そして後からパコの義弟エンリケがウサギ狩りにやってくる。三人は内戦の勝ち組の同士で、ホセが旧交を温めようと自分の私有地に招いたのだ。だが本当の目的はパコから金を借りるためだった。彼らがそれぞれ経済的問題を抱えていることや暴力的でファシスト的思想の持ち主であり、中でもパコ（フランシスコの愛称）がフランコ主義者の典型として造形されていることが次第にわかってくる。狩りを行ううちにこの三人は撃ち合いを始め、やがて殺し合うという悲劇的結果を招く。内戦の傷は癒えていないのだ。ウサギが共和派に見立てられるように、暗喩に満ちた、まさにバルデムの言う、検閲と対峙する作品と言えるだろう。このサウラは七〇年代に『悦楽の園』（一九七〇）、『ア

14 『狩り』 *La Caza*（一九六五）

ナと狼たち』（一九七二）、『従妹アンヘリカ』（一九七三）という〈政治映画〉三部作を撮っている。

サウラの映画で日本でもヒットしたものに、『カラスの飼育』[15]がある。作中、ピアニストの母親は病死、軍人で家父長的な父親は愛人との密会中に不慮の死を遂げる。映画は、残された少女の孤独で不安定な心理と行動、現実と非現実、複数の時間が入り混じる世界を描き出す。孤児となった彼女を引き取った叔母も抑圧的で、少女は殺意を抱きさえする。この映画では戦後も続く抑圧的社会が、家庭を舞台に子供の目を通して可視化されている。その目の持ち主である、主人公を演じたアナ・トレント[16]の存在無くして、この映画は成り立たなかっただろう。また母親役にジェラルディン・チャップリン[17]、トレントが娘という組み合わせは、『愛しのエリサ』（一九七六）でも繰り返されている。

❷ ビクトル・エリセ、スペイン内戦と神話世界と子役

前述の映画祭代表団のメンバーに、残念ながらビクトル・エリセ[18]の姿はなかった。幼稚園の庭の隅でグループから離れてひとりで遊んでいたアナ・トレントを発見し、『ミツバチのささやき』（一九七三）のアナ役に起用したのが、他ならぬエリセであった。台詞の極端に少ない、詩的もしくは神話的リアリズムによる手法は、スペイン映画のイメージを変えるほど新鮮だった。サイレント映画や、とりわけフランスのヌーヴェルヴァーグから多くを学び、映画誌に批評を書くことから始めている彼の作品は知的かつ緻密で、無駄や通俗的なところがない。また透明感があってある種の神秘性さえ感じさせるのは、霊的なものに惹かれる彼の感性によるのだろう。

15　『カラスの飼育』
Cría Cuervos（一九七五）

16　アナ・トレント
Ana Torrent（一九六六―）

17　ジェラルディン・チャップリン
Geraldine Chaplin（一九四四―）『ドクトル・ジバゴ』『マザー・テレサ』などに出演。チャールズ・チャップリンの長女。

18　ビクトル・エリセ
Victor Erice Aras（一九四〇―）寡作の監督としても知られ、長編は三作のみ。『ミツバチのささやき』（*El espíritu de la colmena* 一九七三）『エル・スール』（*El Sur* 一九八二）『マルメロの陽光』（*El Sol del membrillo* 一九九二）。

その特徴は、長編第一作『ミツバチのささやき』に明確に表れている。内戦が終わって間もないカスティーリャの村に住む、元共和派と思われる夫婦と二人の幼い娘の物語で、夫婦の間に波風は立たないが、会話がほとんどなく、様々なことが謎めいている。ミツバチの生態を研究している父親は穏やかだが家父長的で、蜂の巣を思わす家全体を支配する姿は独裁者のようでもある。ある日、脱走兵らしき男が列車から飛び下り、畑の納屋に隠れる。その男を妹アナは精霊だと信じ込む。アナが体験する、大人の世界とは異なる神話的世界の表現が素晴らしい。そこでは脱走兵は映画で見た怪物すなわち精霊であり、二人は友情で結ばれる。だが脱走兵は撃ち殺されてしまう。そしていったんは現実に引き戻されるものの、彼女は夜更けに、精霊の住む異界へひとり旅立とうとするのだ。ありきたりの少女の成長物語にせず、現実と非現実、善と悪のような二分法を廃棄し、原型からなる神話的世界を描くことで、エリセは勝者が支配する現実を批判しているとも言える。アナは閉鎖的な家（＝国家）から離脱したのだろうか。それはあくまで観客の想像に委ねられている。彼によれば、この詩的あるいは神話的リアリズムの手法を用いたのは、検閲に掛からないようにするためだという。

このアナ・トレントの魅力は、監督たちを大いに惹きつけたようだ。エリセ、そしてサウラだけでなく、ハイメ・デ・アルミニャンも、彼の映画『エル・ニド』（一九八〇）に一〇代になった彼女を起用し、妻を失い一人暮らしをしている初老の男を惑わす少女を演じさせている。ゴジャという名の彼女は、暗号のような言葉をあちこちに書きつけ、謎解きを強いることで男を翻弄する。ただし、アナ・トレントが演じるどの少女もそうだが、謎めいてはいるがロリータ的な性の匂いは感じさせないのが特徴だ。彼女はその後も女優として現在も活動を続け、アレハンドロ・アメナーバル[19]監督のデビュー作『テシス　次に私が殺される』（一九九五、公開は一九九六）では、学内で殺人を実写したスナッフフィルムを見つけた女学生を演じている。

子役ということで言えば、時期は遡るが、日本でも人気を博したパブリート・カルボ[20]が名子役として知られている。後の子役もののブームに火をつけた、ハンガリー出身の監督ラディスラオ・バフダ[21]による『汚れなき悪戯』（一九五五）での演技で、同年のカンヌ国際映画祭特別子役賞を受賞した。村祭りの日に神父が病床の少女にその由来を語って聞かせる。それは、修道院の前に捨てられていた赤ん坊を、修道士たちが協力して育てるという物語である。マルセリーノと名付けられた男の子は成長するが、周囲に子どもがいないため孤独で、ひとり遊びをする。あるとき屋根裏部屋でキリスト像を見つける。すると奇蹟が起きる。その像が口を利き、天国の母親に会いたいというマルセリーノの願いを叶えてやるのだ。いわゆる〈古い映画〉に属するこの作品は、フランコ独裁期の只中に作られていることもあって、検閲と闘う必要がない、申し分のない宗教映画となっている。

この『汚れなき悪戯』と『ミツバチのささやき』を比較すると、大きな違いがあることに気づく。いずれも子役が主人公の映画で、お伽噺的な形式と雰囲気を備えてはいるが、前者は一八世紀初めのスペイン独立戦争後という以外背景となる歴史が見えないのに対し、後者はあえて随所に歴史を垣間見せるのだ。すなわち後者では、早くも冒頭で時が内戦終結の翌年の一九四〇年ごろということが明らかにされ、舞台となるオユエロス村の入り口の建物に、内戦の勝者であるファラ

19　アレハンドロ・アメナーバル　Alejandro Amenábar（一九七二―）

20　パブリート・カルボ　Pablito Calvo（一九四八―二〇〇〇）

21　ラディスラオ・バフダ　Ladislao Vajda（一九〇六―一九六五）『汚れなき悪戯』（*Marcelino Pan y Vino* 一九五五）は世界的にも大ヒットとなった。

ンへ党のシンボルマークがくっきり描かれているのが印象的である。

子役を起用し、検閲廃止以降に撮られた作品で挙げておきたいものに、ホセ・ルイス・クエルダ[22]監督の『蝶の舌』（一九九九）がある。『ミツバチのささやき』の引用と思われるシーンが見られるこの映画では、主役の少年モンチョをマヌエル・ロサノが演じている。物語は内戦勃発前後のガリシアの小学校が舞台で、病弱で内気な少年とリベラルな思想の持ち主である老教師の交流が描かれる。だが内戦による敵味方の分断によって二人は引き裂かれる。少年は両親や周囲の人々に促され、情操教育を施した先生を〈アカ〉と呼んで石を投げつけてしまうのだ。ここには教育と思想の危うい関係が描かれている。

❸ 文芸作品からの映画づくり

先に挙げた『汚れなき悪戯』の原作は、ホセ・マリア・サンチェス・シルバ[23]が一九五二年に発表した小説『パンと葡萄酒のマルセリーノ』（映画の原題も同じ）であり、その意味でこの映画は文芸ものと見なすことも可能だろう。サイレント時代から文芸ものはひとつのジャンルを成していて、一六世紀のピカレスク小説を原作とする『ラサリーリョ・デ・トルメス』（一九二五）をはじめ、二〇世紀前半に活躍した作家ピオ・バロッハの小説に基づく『冒険児サラカイン』（一九二八）など、枚挙にいとまがない。さらに内戦後のフランコ独裁期にも、一九世紀小説を原作とする作品が制作されている。

民主化が成ってから撮られたものに、カタルーニャの作家マルセー・ルドゥレダの同名小説を

ファランヘ党のシンボルマーク

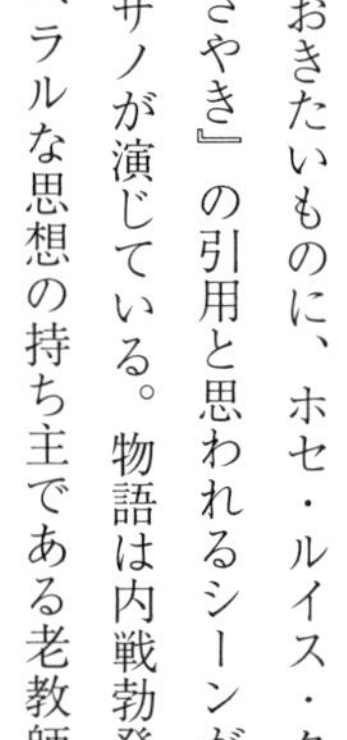

22　ホセ・ルイス・クエルダ　José Luis Cuerda（一九四七―二〇二〇）その『蝶の舌』（*La lengua de las mariposas*）は、やはり内戦がテーマ。

23　ホセ・マリア・サンチェス・シルバ　José María Sánchez Silva（一九一一―二〇〇二）作家、児童文学作家。日本でも『さよならホセフィーナ』『汚れなき悪戯』などの翻訳が出版されている。

フランシスコ・ベトリウ監督が映画化した『ダイアモンド広場』（一九八二）や、一九八三年のベルリン国際映画祭金熊賞受賞作で、ノーベル賞作家カミロ・ホセ・セラ[24]の小説を原作とする、戦後のマドリードを舞台に一人の詩人を狂言回しとして貧しいながらも逞しく生きる庶民の群像を活写した『蜂の巣』（一九八二）、ラモン・ホセ・センデール『暁の記録』に基づくアントニオ・ホセ・ベタンコール監督の作品で、少年ペペと少女バレンチナの淡い恋を、後年兵士となった少年から聞いた戦友が語る『バレンチナ物語』（一九八二）などがあり、いずれも内戦前後の社会を背景にしている。

文芸作品ということでは、スペイン映画祭に来日したリカルド・フランコ監督が『パスクアル・ドゥアルテ』[25]（一九七五）を撮っている。これも原作はセラの代表作とされる小説『パスクアル・ドゥアルテの家族』で、貧しい農民パスクアルが生活に行きづまり、八方ふさがりになったあげくに、肉親をはじめ飼っていた犬、ロバなどを次々に殺害し、ついに絞首刑になるという凄惨劇である。セラの小説のスタイルは凄絶主義と呼ばれるが、映画からは独裁政権時代の暴力に対する批判が窺える。ちなみに『蝶の舌』もマヌエル・リバスの同名の短編小説を主な下敷きにしているため、やはり文芸作品と呼ぶことができるだろう。

エリセの第二作『エル・スール』（一九八三）も、夫人のアデライダ・ガルシア＝モラレスの短編を原作にしているということでは文芸作品と見なせる。父親の自死の謎を語る成長した娘のナレーションとともに一家の過去の生活が回想されるのだが、背後にはスペイン内戦の傷跡が見え隠れする。原作との違いは、父親の姿が医師として鮮明に描かれていることと、娘が謎解きのために〈南《エル・スール》〉を訪れるはずの後半が監督の意に反して省かれていることである。だが後半の不

24　**カミロ・ホセ・セラ**
Camilo José Cela（一九一六—二〇〇二）一九八九年ノーベル文学賞。

25　**『パスクアル・ドゥアルテ』**
映画原題は *Pascual Duarte* で、原作小説は *La familia de Pascual Duarte*（一九四二）。

在によって、むしろ余韻を残す結果となった。

その後もエリセは、庭のマルメロの木を描く画家、彫刻家アントニオ・ロペス・ガルシア[26]の制作の様子と時間の経過を撮ったドキュメンタリー『マルメロの陽光』（一九九二）以外長編を手がける機会を得られていないが、時折り発表される短編の完成度はきわめて高い。

❹ ニュー・スパニッシュ・シネマ

バフダの『汚れなき悪戯』のような〈古い映画〉に対し、当然ながら〈新しい映画〉が存在する。しばしば〈ニュー・スパニッシュ・シネマ〉と呼ばれる作品群を指すが、その作り手の多くが、一九四七年に創設された国立映画研究所と、それが一九六二年に改組されてできた国立映画学校の出身者という特徴がある。冒頭で触れた映画祭でスピーチを述べたバルデムは映画研究所の一期生であるが、知的で重くシリアスという彼の作品の特徴は、新旧の映画教育機関出身者に共通する特徴でもある。彼らの多くは反体制的インテリであり、コメディやジャンル映画を手がけない傾向がある。

そこに登場したのがペドロ・アルモドバル[27]だった。彼は上記の監督たちと異なり、映画監督としての教育を受けておらず、ポストフランコ時代のセックス、ロック、ドラッグを旗印とするマドリードのカウンター・カルチャー運動〈モビーダ〉の申し子であり、コミックの描き手でもあった。サブカルチャーを取り込み、既存の映画文法やテーマから外れ、内戦やフランコを無視することで逆説的にフランコの時代を批判した初期の作品『ペピ、ルシ、ボム、その他大勢の女の娘』

26 **アントニオ・ロペス・ガルシア** Antonio López（一九三六—）現代のスペイン・リアリズムの巨匠。シュルレアリスムの影響も受けている。

27 **ペドロ・アルモドバル** Pedro Almodóvar（一九四九—）『神経衰弱ぎりぎりの女たち』（*Mujeres al borde de un ataque de nervios* 一九八八）は、ヴェネツィア国際映画祭脚本賞。『オール・アバウト・マイ・マザー』（*Todo sobre mi madre*, 英題：*All About My Mother* 一九九九）はアカデミー賞外国語映画賞ほか、受賞多数。

（一九八〇）や『セクシリア』（一九八二）は、技術的には未熟ながら若者のあいだでカルト的支持を得る。さらにカルメン・マウラが主演した『グロリアの憂鬱』（一九八四）や、ゲイとトランスジェンダーの人物が登場する『欲望の法則』（一九八七）、とりわけ『神経衰弱ぎりぎりの女たち』（一九八八）は、アメリカ合衆国で成功を収める。

そして複雑な性差やエイズの問題を抱えながら完成度を高めた、母と息子の物語『オール・アバウト・マイ・マザー』（一九九九）で彼の評価は頂点に達し、ホセ・ルイス・ガルシ監督『ビギン・ザ・ビギン』（一九八二）、フェルナンド・トルエバ監督『ベルエポック』（一九九三）に次いでハリウッドの最優秀外国語映画賞を獲得する。

こうして心臓移植、エイズ、ジェンダー、セクシュアリティー、新しい家族関係などの最先端の社会的問題をつねに鋭敏な嗅覚で取り込み、『ライブ・フレッシュ』（一九九七）では、戒厳令というフランコ時代の亡霊と戦う姿勢さえ見せる。さらに『ペイン・アンド・グローリー』（二〇一九）は世界的映画監督を主人公とする自伝的性格の濃い作品となっている。猥雑でユーモラスかつシリアスな彼の映画は、その大衆性と相まって、一作ごとに国際的に評価され、それが新たな可能性を獲得したスペイン映画の評価を高めることにもなっている。

そのような状況のなかで、例えば尊厳死の問題を正面から捉えたアレハンドロ・アメナーバル[28]の『海を飛ぶ夢』（二〇〇四）、夢と現実の区別が失われていく『オープン・ユア・アイズ』（一九九七）、生者と死者の世界が隣りあわせのパラレルワールドとして描かれる『アザーズ』（二〇〇一）のような、まさにニュー・スパニッシュ・シネマと呼ぶにふさわしい作品が生まれているのである。

28　**アレハンドロ・アメナーバル**
Alejandro Amenábar（一九七二―）
『海を飛ぶ夢』（*Maradentro*　二〇〇四）でアカデミー賞外国語映画賞受賞など、ゴヤ賞をはじめ多くの受賞歴がある。なお『オープン・ユア・アイズ』にはハリウッドのリメイク版があり、タイトルは『バニラ・スカイ』（二〇〇一）。

ピックアップリスト　ラテンアメリカ・スペイン映画

〈キューバ〉

●『**低開発の記憶**』（*Memorias del Subdesarrollo*　トマス・グティエレス・アレア監督、一九六六）

キューバ革命に伴う価値観の変化と混乱、そしてミサイル危機のただなかで悩む懐疑的知識人の姿が描かれる。

●『**苺とチョコレート**』（*Fresa y chocolate*　トマス・グティエレス・アレア／フアン・カルロス・タビオ監督、一九九三）

革命国家で抑圧されたゲイの知識人と、革命教育を受けた学生の、偏見を越える友情、そして別れ。

〈アルゼンチン〉

●『**オフィシャル・ストーリー**』（*La Historia oficial*　ルイス・プエンソ監督、一九八五）

軍事政権下で、自分の養女が、拉致され行方不明となった若い夫婦の子供ではないかと疑う女性による真相解明のための努力と成長。

〈チリ〉

●『ナチュラル・ウーマン』（*Una mujer fantástica*　セバスティアン・レリオ監督、二〇一七）

自分を認めてくれていた初老の恋人にとつぜん死なれたトランスジェンダーのクラブ歌手が、世間に迫害されながらも、恋人のゴーストの支えもあって、逆風にめげず力強く前に進む姿が感動的。

〈メキシコ〉

●『忘れられた人々』（*Los olvidados*　ルイス・ブニュエル監督、一九五〇）

首都の裏のスラム街に暮らす非行少年たちの生態を、リアリズムにシュールな悪夢を交えて生き生きと描く。

●『赤い薔薇ソースの伝説』（*Como aqua para chocolate*　アルフォンソ・アラウ監督、一九八九）

母親に支配される末娘の物語。彼女に味方する先住民の乳母に教えられた料理がさまざまな奇跡をもたらす。

●『アモーレス・ペロス』（*Amores perros*　アレハンドロ・ゴンサレス・イニャリトゥ監督、二〇〇〇）

首都の階層を犬の種類によって表象したオムニバス映画。自動車事故によって、三つの物語の主人公が互いにそれと知らずに出会うのが味噌。

●『リメンバー・ミー』（*Coco*　リー・アンクリッチ／エイドリアン・モリーナ監督、二〇一七、スペイン語版ピクサー）

メキシコの地方都市に住む音楽好きな少年の、生者と死者の世界に跨る冒険。米国製アニメだが、メキシコ文化に対するリスペクトを感じさせる。吹き替えにメキシコの人気俳優ガエル・ガルシア・ベルナルや作家・文化人が協力しているのも嬉しい驚き。挿入歌は、スペイン語版の方がリアリティーと精彩を感じさせる。

〈ブラジル〉

●**『黒いオルフェ』**（*Orfeu Negro*　マルセル・カミュ監督、一九五九）

リオのカーニバルの日に出会った市電の運転手と地方からやってきた娘の愛と死を描く。伯・伊合作だが、ポルトガル語版は「カーニバルの朝」などの名曲が原語でたっぷり聴ける。ディエゲス監督（ジエゲスとも）によるリメイク『オルフェ』（一九九九）は時代を変えてあり、音楽も今風。

●**『アントニオ・ダス・モルテス』**（*Antonio das Mortes*　グラウベル・ローシャ監督、一九六九）

地主に用心棒として雇われた主人公アントニオが、地主を守る側から、不条理な現実に目覚め、農民を救済する側に転じる。迫力に圧倒される。

●**『バイバイ・ブラジル』**（*Bye Bye Brasil*　カルロス・ディエゲス監督、一九八〇）

旅芸人の夫婦と息子の三人が、サーカスの一団に合流し、ブラジルを旅するロードムービー。悲哀と人情、そしてユーモアが絶妙な雰囲気を生んでいる。

●**『セントラル・ステーション』**（*Central do Brasil*　ヴァルテル［ウォルター］・サレス監督、一九九八）

リオ中央駅で代筆業を営む中年女性が、母親を亡くした少年の父親探しの旅に付き合うロードムービー。嘘をついたり喧嘩をしたりしながらも、次第に関係が変化していく。最後は号泣必至。

〈スペイン〉

●**『神経衰弱ぎりぎりの女たち』**（*Mujeres al borde de un ataque de nervios*　ペドロ・アルモドバル監督、一九八八）

恋人に捨てられた主人公を演じるカルメン・マウラが素晴らしい。マドリードの街を舞台に、カーチェースがあり、早口の会話が都会性を際立たせている。コミックを描いていた監督らしい、スラップスティック・コメディ。

●**『オール・アバウト・マイ・マザー』**（*Todo sobre mimadre*　ペドロ・アルモドバル監督、一九九九）

目の前で息子が車に跳ねられた主人公のマヌエラが、その死を行方知らずの夫に伝えようとバルセロナに旅立つ。彼女は旅先でレズビアン、麻薬中毒、性転換をしたゲイ、エイズなど様々な〈女性たち〉に出会う。最後に救いがあるところが、ゲイで女性の味方アルモドバルらしい。

●**『カルメン』**（*Carmen*　カルロス・サウラ監督、一九八三）

フラメンコ三部作と呼ばれる作品の一つ。アントニオ・ガデス舞踊団がビゼーの歌劇『カルメン』をスペインに取り返そうとして、フラメンコで表現しようとする物語のメーキング。練習風景が、いつの間にか現実と重なってしまう。

【スペイン映画参考文献】

Historia del cine español, Acento Editorial, 1995.
Allinson, Mark, *Un laberinto español -Las películas de Pedro Almodóvar*, Semana de Cine Experimental de Madrid,2003.

Bonet, Eugeni, Manuel Palacio, *Práctica fílmica y vanguardia artística en España The Avant-Garde Film in Spain 1925-1981*, Universidad Complutense de Madrid, 1983.

Clemente, Beatriz, *Diccionario de las estrellas cinematográficas español de los años noventa*, Cacitel S.L., 1998.

Colmena, Enrique, *Vicente Aranda*, Cátedra, 1996.

Edited by Linda C. Ehrlich, *THE CINEMA OF Victor Erice -An Open Window-* Revised Edition, Scarecrow Press, INC, 2007.

García Morales, Adelaida, *El Sur seguido de Bene*, Editorial Anagrama, 1985.

Holguín, Antonio, *Pedro Almodóvar*, Cátedra, 1994.

Salvador, Antxon, *Español de cine lo que hay que ver*, BLUME, 2009.

Tubau, Iván, *CRITICA CINEMATOGRAFICA ESPAÑOLA*, Edicions de la Universitat Barcelona, 1983.

CINE ESPAÑOL 1984, MINISTERIO DE CULTURA Instituto de Cine, 1985.

CINE ESPAÑOL 1985, MINISTERIO DE CULTURA, 1986.

野谷文昭「カルロス・サウラの描く〝集団的狂気〟」『Bisser』、一九八九年。

野谷文昭「スペイン映画は再び蘇るか?」『マリ・クレール』中央公論社、一九八九年。

野谷文昭「フランコなんて知らないよ」『別冊宝島　映画の見方が変わる本』、一九八九年。

野谷文昭「ブニュエルは「偽の秩序」が嫌いだ!」同上。

乾英一郎『スペイン映画史』芳賀書店、一九九二年。

野谷文昭『ラテンにキスせよ』自由国民社、一九九四年。

杉浦　勉『ポストフランコのスペイン文化』水声社、一九九九年。

『ビクトル・エリセ』エスクァイアマガジンジャパン、二〇〇七年。

フレデリック・ストロース篇(石原陽一郎訳)『ペドロ・アルモドバル　愛と欲望のマタドール【映画作家が自身を語る】』フィルムアート社、二〇〇七年。

テイク6　ロシア・東欧

沼野充義

I　歴史とわたりあったロシア・ソ連映画の一世紀

❶ 革命とアヴァンギャルド

芸術の革命、政治の革命

ロシアというと、西欧から遅れたヨーロッパの辺境というイメージがあるかもしれないが、それは二〇世紀の文化・芸術に関するかぎり偏見である。ロシアは、西欧の最新の文物を迅速かつ貪欲に吸収してロシア独自の土壌でそれを過激に発展させ、しばしば西欧を追い越すほどの独創性を発揮した。二〇世紀のロシア・ソ連映画の歴史も、それをはっきりと示している。

周知のように、リュミエール兄弟による世界最初の映画（シネマトグラフ）がパリで公開されたのは一八九五年一二月のことだが、その翌年五月にはすでにリュミエール兄弟はロシアを訪れ、ペテルブルクとモスクワで自作映画の上演を行い、ロシアの観衆に衝撃を与え、多くの文学者たちの想像力に強烈な作用を及ぼした。

例えば、一八九六年に郷里の町ニージニイ・ノヴゴロトで映画を初めてみたマクシム・ゴーリキイ[1]は、こんな風に書きとめている。「昨日私は影たちの王国にいた。なんという奇妙な体験だろう。音もなく、色もない。そこではすべてが——大地も、木々も、人々も、水も、空気も——灰色一色に染められている（……）。そして突然何かがかちゃっと音を立て、すべてが消え、ス

1　マクシム・ゴーリキイ　Максим Горький　多くの長短編小説のほか、戯曲『どん底』などがある。

クリーンに鉄道の列車が現れた。それは矢のように私たちのほうにまっしぐらに突進してくる。危ない！　今にも私たちが座っている闇の中に突っ込んできそうだ（……）。」（『ニージニイ・ノヴゴロト新聞』一八九六年七月四日付）

これだけならリュミエールの『ラ・シオタ駅での列車の到着』を初めて観て仰天した世界中の観客の反応と大して変わらないが、ゴーリキイはすでにこの時点で映画が潜在的に持つ強烈な芸術的作用を見抜き、その可能性が、センセーショナルな商業目的のみに使われていることに批判的だった。

その後ロシアでは一九〇八年に初めての劇映画『ステンカ・ラージン』（ウラジーミル・ロマシコフ監督）、一九一一年には初めての長編映画『セバストーポリの防衛』（ヴァシーリー・ゴンチャロフ監督）などが製作され、ロシア自前の映画産業が発展しはじめる。ロシアの場合、豊かな文学と演劇の伝統があっただけに、新たに勃興しつつあった映画というメディアに対しては、とくに文学・演劇関係者の関心が高く、映画がこういった既存の芸術ジャンルをいずれ超えるのではないか、伝統芸術への挑戦ではないか、ととらえる向きも多かった。いずれにせよ、新しい発明に対する熱狂とその芸術的可能性についての真剣な受け止め方は、西欧以上だったと言ってもいいだろう。

一九一〇年代のロシアに現れた前衛文学者・芸術家たちもまた、映画の持つ測りしれない可能性に夢中になった。ロシア未来派を代表する詩人ウラジーミル・マヤコフスキー[2]もその一人で、彼はみずから進んで映画の世界に飛び込んでいったのである。

ロシア未来派にとって、新しい芸術的霊感の源泉となったのは、科学技術文明や、現代の大都会、そしてそのなかで絶え間なく繰り広げられるスピード感に満ちた「運動」だった。つまり、未来派とは（本家イタリアでもロシアでも）、一九世紀的な感性から二〇世紀的な感性への転換とい

『ステンカ・ラージン』

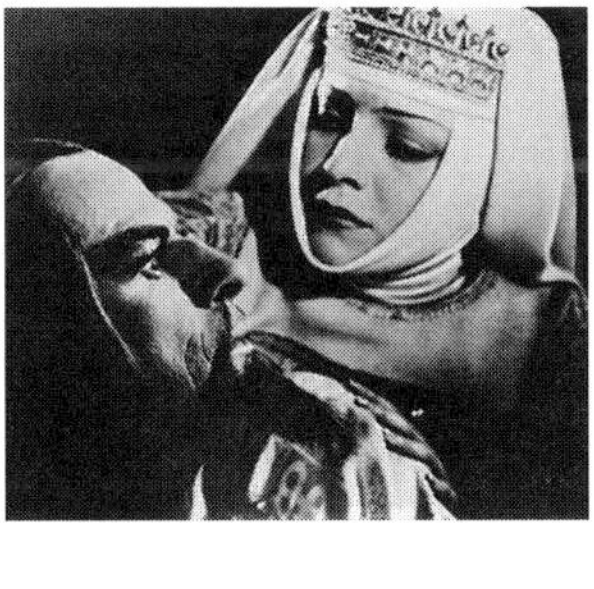

2　ウラジーミル・マヤコフスキー Владимир Маяковский　ロシア・アヴァンギャルドの代表的な詩人。詩集『ズボンをはいた雲』など。邦訳多数。

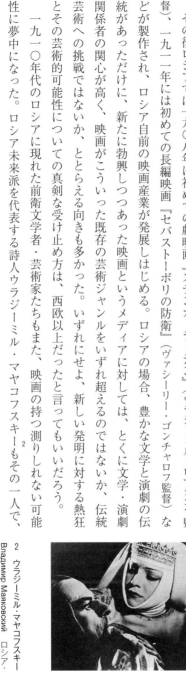

う、芸術における一種の革命を、もっとも大胆に遂行したグループだったわけで、映画はまさにこの「革命」の要求に応える新しいジャンルだったのである。

マヤコフスキー自身も「演劇、映画、未来主義」(一九一三)と題された論文において、既存の芸術ジャンルのほとんどすべてを「神経衰弱的な、お上品ぶった」ものとして否定し、それに対して映画を現代の新しい可能性として称えている。そして彼自身、ロシア革命の前後にわたって映画のシナリオを書き、自ら俳優として映画に出演した。

未来派が映画に見出したのがこのような「芸術の革命」の可能性だったとすれば、映画はもう一つの「革命」、つまり文字通りの政治的な意味での革命に貢献する可能性も秘めていた。じつはロシア革命の十年も前から、レーニンは映画の持つ潜在的な力を見抜き、「大衆が映画を支配し、映画が社会主義的文化の本物の活動家の手の内に収められたとき、それは大衆啓蒙のためのもっとも強力な手段の一つとなるだろう」と言っている。じっさい、革命直後のソ連では、映画の持つプロパガンダの威力が重視され、社会主義建設のために映画を利用する政策が積極的に進められた。一九一九年に映画産業の国有化を定めた法令が発布されたのは、その第一歩だった。

また注目すべきは、同じ年モスクワに、映画監督や俳優、製作スタッフを養成するための世界で初めての国立映画専門大学が設立されたことで、映画を国家的な事業と位置づけることに関してソ連が世界の先頭に立っていたのである。

ロシア革命の指導者レーニンは一九二二年にルナチャルスキー[3]との会話の中で、「あらゆる芸術のなかで、我々にとって一番重要なのは映画である」とまで言っている。レーニンの考えによれば、革命後のソ連社会にとってまず必要なことは「共産主義の理念に貫かれ、ソ連の現実を反

3　アナトリー・ルナチャルスキー Анатолий Васильевич Луначарский(一八七五—一九三三)ソ連の政治家。ソ連初代教育人民委員(教育大臣)。芸術評論を中心に文筆家としても活躍。

映する新しい映画の生産」であり、とくにニュースや記録映画が優先されるべきとされた。こうして、一九二〇年代には、当時のソ連の姿を映し出す貴重な記録映画が数多く製作されることになる。

そのなかでもとくに、記録映画のシリーズ『映画真実《キノプラウダ》』や『カメラを持った人間』などで知られるジガ・ヴェルトフ[4]（一八九六—一九五四）の存在が特筆されるだろう。彼は〈映画眼《キノ・グラス》〉によって、現実を特異なアングルから「不意打ち」することを自分の使命と見なし、ついにはフィクションに基づく劇映画を全面的に否定するに至る。この奇矯ともいえる極端な立場は、映画の持つ視覚的表現の可能性を徹底的に追及することによって生ずる、一つの必然的な結果であったとも考えられるだろう。

伝統的な文学が「語る」ことを主眼としていたのに対して、映画は（とくにサイレント時代は）「見せる」ことに自らのジャンル的特性を見出した（なお、ヴェルトフの弟ボリス・カウフマンは西側に出て、フランスのジャン・ヴィゴやアメリカのエリア・カザンなどの映画の撮影監督を務めたことで知られる。またヴェルトフの映画は、ジャン＝リュック・ゴダールにも強い影響を与えた）。

モンタージュの理論と実践——エイゼンシュテイン

まったく新しい芸術としての映画は、とうぜん新しい理論を必要とした。そしてこの理論の面でも、ソ連映画は世界に先駆けて「モンタージュ理論」を発展させることによって、映画の発展に大きな貢献をした。

モンタージュとは元来、フランス語で「組み立て」を意味する普通の単語だが、映画史上この

4　ジガ・ヴェルトフ　Дзига Вертов　映画監督。ジガ・ヴェルトフはペンネーム。ウクライナ語で「回転する独楽《こま》」の意味。マヤコフスキー等のロシア・アヴァンギャルドの芸術家とも交流。『カメラを持った男』（一九二九・左の画像）は、ドキュメンタリー映画史上最高の作品の一つとしばしば言われる。

言葉は、映画の持つさまざまな表現手段（遠近法、被写体の大きさ、ショットの長さ、カメラの動き、色彩、音響・音楽、ショットの連結法）の組み合わせによって、映画特有の表現効果を得るための技法としてとくに重要な意味を持つようになった。一九二〇年代以降のソ連の映画作家たち――クレショフ[5]、エイゼンシュテイン、ヴェルトフ、プドフキン[6]、ドヴジェンコなど――の用いたモンタージュの技法には目覚ましいものがあり、モンタージュの手法においてソ連映画が他国の追随を許さないような展開を示したことは広く知られている。

モンタージュの精緻な理論化を試み、実際の映画製作において大きな成果を収めたのが、セルゲイ・エイゼンシュテイン[7]（一八九八―一九四八）である。彼の初期の代表作『ストライキ』や『戦艦ポチョムキン』（ともに一九二五）は、彼自身が提唱した「アトラクションのモンタージュ」を駆使して作られたソ連映画初期の代表作であり、とりわけ一九〇五年の戦艦ポチョムキンにおける反乱という歴史的事件をドキュメンタリー風に再現した『戦艦ポチョムキン』は、世界の映画史上もっとも重要な作品の一つと位置付けられている。

エイゼンシュテインの説く「アトラクションのモンタージュ」とは、つねに最大限のショックを与え続けるような緊張度の高い画面によって観客の注意を「引きつける《アトラクト》」手法である。たがいに対照的なイメージを次々に交替させることによって得られる「衝突」の効果を利用することが多いので、「衝突のモンタージュ」と呼ぶこともできる。たとえば、『戦艦ポチョムキン』では、銃を構えた兵士たちの前進する姿が、恐慌におちいり後ずさりする市民たちのクロース・アップと交互に示され、強烈な印象を観客に与える。その結果『戦艦ポチョムキン』は単なる歴史的記録ではなく、映画史初期の最高の到達点の一つとなった。

5　レフ・クレショフ
Лев Владимирович Кулешов（一八九九―一九七〇）映画監督、脚本家、俳優。モンタージュ理論の基礎となる「クレショフ効果」で知られる。

6　フセヴォロド・プドフキン
Всеволод Илларионович Пудовкин（一八九三―一九五三）初期、無声映画時代から活躍を始めたソ連の監督、俳優。

7　セルゲイ・エイゼンシュテイン
Сергей Михайлович Эйзенштейн　映画監督。『戦艦ポチョムキン』『十月』『アレクサンドル・ネフスキイ』『イワン雷帝』『メキシコ万歳』など。ソ連を訪問した歌舞伎にも影響を受けた。左は『戦艦ポチョムキン』の有名なオデッサの階段シーン。

「衝突」「運動」「迅速な転換」といったモンタージュの手法は、たしかに映画という新しいメディアの特性を活かした映画的なものだが、より広い文脈で見ると、二〇世紀初頭の、世界の前衛的な芸術運動にも共通性が見られる。決してロシアだけの特異な現象ではなかった。

❷初期ソ連映画の独創性

アレクサンドル・ドヴジェンコ

初期ソ連映画は、エイゼンシュテインの後にも数々の独創的な監督を輩出した。ここではそのなかでも、現在は半ば忘れかけられているが、再評価されるべきとくに重要な映画作家として、エイゼンシュテインの少し後に登場したアレクサンドル・ドヴジェンコ[8]（一八九四―一九五六）とアレクサンドル・メドヴェートキン[9]（一九〇〇―一九八九）の名前を挙げておきたい。

ドヴジェンコは、ウクライナ人の映画監督で、その名前もウクライナ語では、オレクサンドル・ドウジェンコとなる。彼の代表作として知られる『大地』（一九三〇）は、当時多くの犠牲を出しながらも急速に押し進められた、富農撲滅・農業集団化を背景にウクライナの農村を描いた作品だが、ソ連の苛酷な歴史を背景としながら、大自然のなかで展開する生と死の永遠のドラマを抒情的に映像化することに成功している。そこには、エイゼンシュテインのような鋭さと衝撃性はないが、そのかわりに革命的ヒロイズムと牧歌的抒情が結び付けられ、映像詩にまで高められている。やはりモスクワという中心で活躍した都会のインテリ・アヴァンギャルドと、ドヴジェンコのように、あくまでもウクライナという地方に依拠した、農民出身者の違いともいえるだろう。

8　アレクサンドル・ドヴジェンコ
ロシア語 Александр Довженко
ウクライナ語 Олександр Довженко
ウクライナ出身、ソ連の映画監督、脚本家。左は『大地』のシーン。

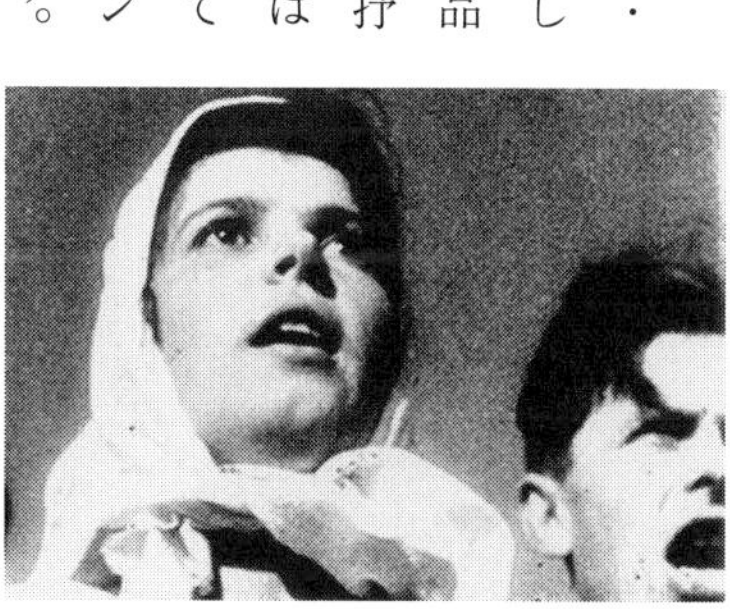

アレクサンドル・メドヴェートキン

メドヴェートキンも農村出身の映画作家である。彼はソ連におけるプロパガンダとしての映画の可能性を追求し、一九三〇年代前半に「映画列車」という、今から考えると奇矯な装置を考案して活動した。これは上映設備だけでなく、スタジオ、現像設備、編集室まで備えた特別な列車であり、メドヴェートキンはソ連各地の工場や集団農場におもむいて、ニュース・宣伝映画の製作と上映を行ったのだった。

しかし彼の才能は、そういった宣伝の領域にはとどまらない。彼はイデオロギー的には共産主義を（少なくとも表面的には）支持しながらも、政治的信条の枠を自由に踏み越える才能を持ち、むしろ境界を越えるときに生ずる創作上のエネルギーによって生きていたようにさえ見える。共産主義者でありながら、根っからの農民でもある彼は、信心深い人々の生活も深く理解していた。そして映画で政治的題材を扱いながらも、政治的な建前を突き崩すことによって、それをしばしば強烈なファルス（笑劇）に変換してしまう。そのたびに検閲の迫害を受けながら、性懲りもなく持ち前の「おふざけ」によってイデオロギーの規制を超えていく。

『幸福』（一九三五）を始めとする彼の長編劇映画は、バロック的な奇想に満ちている。馬たちが演説をして人間たちがそれを傾聴する。水玉模様の馬を始めとしたさまざまな動物たちが活躍し、兵隊たちはおかしな仮面をかぶり、故障したトラクターは「発狂」して滅茶苦茶に動きまわり、家までもなぜか動き出す。そして『新モスクワ』（一九三八）では、ソ連史上最大の蛮行の一つ、救世主キリスト大聖堂の爆破の記録映像が使われるのだが、なんと映像は逆回りして時間が逆転し、瓦礫の山からにょきにょきと大聖堂がそびえたつ。メドヴェートキンが愛用したのは、この

9　アレクサンドル・メドヴェートキン
Александр Медведкин　映画監督。左は『幸福』から。

ようにつねに常識をひっくり返し、灰色の現実を異化し、カーニバル的な高揚をもたらすという手法である。

メドヴェートキンは、政治的には共産主義を支持する立場にあったが、このような作風がソ連の体制側に許容されるわけもなく、彼はけっきょくソ連映画界では不遇のまま忘れられていった。その彼の独創的な仕事に新たな光を当て、再評価の機運を作ったのは、フランスの映像作家クリス・マルケルである。マルケルの『アレクサンドルの墓　最後のボルシェヴィキ』（一九九二）は、メドヴェートキンを主人公としたドキュメンタリー作品だった。

ロシア革命直後にはまだ活発であったロシア・アヴァンギャルド運動は、やがて一九三〇年代にスターリン体制によって圧殺され、社会主義リアリズムが唯一公認の「正しい」芸術の方法となっていく。だがメドヴェートキンは、社会主義リアリズムのイデオロギーに縛られた映画の急所にいわばお笑いの「つっこみ」を入れ、アヴァンギャルドと社会主義リアリズムの境界さえも超えてしまう。彼にとってその両者のあいだには、境界はそもそもなかったのだ。

❸ソ連・ロシア映画の新たな展開——二〇世紀後半から現代まで

文学中心主義の国で——ロシア文学と映画

ここまで、日本では比較的知られていない二〇世紀前半のロシア・ソ連映画について論じてきたが、この先は、二〇世紀後半に次々に登場して国際的に広く知られるようになった映画監督の何人かに焦点を当てることにしたい。系統的な概観をする紙幅はないので、ロシア・ソ連映画の際立った特色と思われるいくつかの主題別に、とくに重要な監督・作品を見ていこう。

まずロシア文学と映画の関係について。ロシアは伝統的に「文学中心主義」の国と言われる。文学が非常に重要視され、すべての芸術のなかでも文学を一番上に置くという価値観が一九世紀以来強く、ソ連時代にも受け継がれた。映画にもそれは如実に反映している。二〇世紀初頭のロシア最初期の映画から、ロシア文学の古典に題材をとった映画が非常に多いのである。

第二次世界大戦後のソ連では、ドストエフスキーとトルストイの長編が次々に映画化されていていった。この二人は一九世紀ロシアを代表する小説家であるにとどまらず、いまだに世界文学の最高峰としてそびえ立つような存在だが、作風も世界観もまったく異なる。ドストエフスキーはソ連では政治的に「反動的」と見なされ、とくに後期の代表的長編は宗教的要素も強いため、もともとソ連のイデオロギーとは相容れにくく、じっさいスターリン時代のかなりの間、実質的に禁書扱いに近い状態だったが、その彼の「復権」を映画において進めたのがイヴァン・プイリエフ監督（一九〇一―一九六八）だった。彼は戦前のスターリン時代には、社会主義的なミュージカル・コメディで人気を博し、スターリン賞も受賞しているが、戦後になってソ連体制のイデオロギーとはかならずしも相容れないドストエフスキーを取り上げ、最晩年には『カラマーゾフの兄弟』の映画化に取り組んだ。[10]

当時のソ連の検閲の枠内という限界はあったにせよ、プイリエフの『カラマーゾフの兄弟』はかなり原作に忠実で、ドストエフスキーの複雑さと宗教的な探究をよく反映した作品になっている。つまりここで、ドストエフスキーは決して安全地帯としての古典ではなく、芸術家としての力量を試す、統制と表現の自由のせめぎあう緊迫したフィールドだった。

10 映画『カラマーゾフの兄弟』（*Братья Карамазовы* 一九六九）。プイリエフ監督が撮影中の一九六八年に急逝。その後、主演のミハイル・ウリヤーノフ、キリール・ラヴロフが引きついで完成。

重厚長大で読み通しがたい古典ということでは、『カラマーゾフの兄弟』と双璧をなすトルストイの『戦争と平和』も、同様にすばらしい映画化（一九六七年完成）がある。セルゲイ・ボンダルチュク監督[11]（一九二〇―一九九四）によるもので、原作が桁外れに大きな作品であるだけに、映画のほうも全四部（第一部「アンドレイ・ボルコンスキー」、第二部「ナターシャ・ロストワ」、第三部「一八一二年」、第四部「ピエール・ベズーホフ」）からなり、総計で上映時間は四〇三分もある。これはソ連が比較的安定していた時期、国を挙げて製作した一種の「国威発揚」の映画といった側面があって、製作につぎ込んだ予算総額は天文学的な数字に登り、壮大な戦闘から絢爛豪華な舞踏会まで桁外れのシーンが続き、観衆を圧倒する。

ボンダルチュク監督は旧ソ連時代に国家権力の寵愛をうけた、言わば体制派の大物である（だからこそ、これほど巨大な国家的プロジェクトを任されたのだった）。しかし、この映画の大いなる魅力は否定できない。

一八一二年のナポレオン戦争期のロシアを舞台に、「戦争」（ロシア軍がフランス軍と死闘を続ける戦場）と、「平和」（華やかなロシア貴族たちの社交界）が、宇宙的なテンポで悠々と交替していくトルストイの巨大な怪物的長編が、このように忠実に視覚化されたということだけでも、映画の奇跡といっていいのではないだろうか。

苛酷な過去に向き合う――戦争とスターリン時代の恐怖政治

二〇世紀ソ連の歴史は苛酷なものだった。ナチス・ドイツとの死闘を繰り広げた第二次世界大戦、そしてその前にスターリンによる恐怖政治と大量粛清の経験があったからである。まず戦争

11　セルゲイ・ボンダルチュク　Сергей Федорович Бондарчук　ソ連、ウクライナ出身の俳優、映画監督、脚本家。『戦争と平和』は、第四一回アカデミー賞外国語映画賞など数々の賞を受けた。

について言えば、ドイツとの戦いで二七〇〇万人以上のソ連市民が亡くなったと言われている。ソ連は膨大な犠牲を出しながら、英雄的にナチス・ドイツと戦ってこれを破り、世界の平和に貢献した――ロシア人の多くは今でもこう考え、誇りに思っている。この歴史的背景が、戦後に非常に多くの戦争映画を生み出すことになった。その大半が愛国心に訴えかける通俗な駄作であるにしても、芸術的な傑作も少なくない。

二〇世紀後半の世界映画有数の巨匠ともいうべきアンドレイ・タルコフスキー[12]（一九三二―一九八六）の本格的デビュー作『僕の村は戦場だった』（一九六二、ヴェネツィア国際映画祭・金獅子賞受賞）もまた戦争映画だった。ドイツ軍に両親と妹を殺された十二歳の少年が自ら志願してソ連軍に加わり、斥候兵として敵陣に侵入するが、捕らえられて殺されるというあまりに哀しい映画だが、同時に、主人公の少年の幸福だった少年時代の回想がフラッシュバックで挿入され、悲痛なまでの抒情性で際立っている。その後のタルコフスキーの活躍を予告するような作品である。

タルコフスキー作品が、悲痛でありながら抒情的であったのに対して、エレム・クリモフ監督[13]（一九三三―二〇〇三）の『炎六二八』（一九八五）は、鮮烈な映像美とあまりに衝撃的な残酷さによって際立つ作品である。衝撃のあまり、見終わってからしばらく立ち上がれないほどだ。映画の原題『来て、見よ』は、聖書の黙示録から取られたものである。邦題は映画を見ないと何のことか見当もつかないが、じつは「六二八」というのは、ナチス・ドイツ軍によって焼き払われ、殲滅させられたベラルーシの村の数なのである。ナチス・ドイツによって占領されていたベラルーシでは、住民たちがパルチサン部隊を組織して抵抗していたが、それに対して、ドイツの「アインザッツグルッペン」（特別行動部隊）は、無差別に一般住民まで大量に虐殺した。クリモフの映画

12　アンドレイ・タルコフスキー　Андрей Тарковский（一九三二―一九八六）ソ連の映画監督。亡命後、イタリア、イギリス、スウェーデンで映画製作を続け、パリにて五四歳で亡くなる。『ローラーとバイオリン』『僕の村は戦場だった』（左の画像）『アンドレイ・ルブリョフ』『惑星ソラリス』『鏡』『ストーカー』『ノスタルジア』『サクリファイス』など。

13　エレム・クリモフ　Элем Германович Климов　『炎628』の他の監督作品に『ロマノフ王朝の最後』（一九七五）、やはり優れた映画監督であった妻ラリーサ・シェピチコについての記録映画『ラリーサ』（一九八〇）などがある。

は、この史実に忠実に作られている。主人公は、パルチサンに自ら志願して加わった、まだ幼い少年フリョーラである。自分の母も妹も殺され、恐るべき住民皆殺しを目撃することになったフリョーラは、恐ろしい経験のあまり髪は白く、顔は皺だらけ、数日のうちに老人のようになってしまう。

エレム・クリモフは、この作品によって国際的にもいちやく高く評価され、ペレストロイカが始まったソ連では映画人同盟の議長に選ばれて映画界の刷新に努めたが、やがて挫折。二年後には議長を退き、けっきょく『炎六二八』の後は一本も映画を完成させることなく亡くなった。

戦争と並ぶ、もう一つの巨大な歴史的トラウマとなったスターリンの恐怖政治についても、その時代を振り返り、再考しようとする映画の傑作がいくつか作られている。

国際的に人気の高い一九四五年生まれの才人ニキータ・ミハルコフ監督による『太陽に灼かれて』（一九九四）もスターリン時代の政治警察による粛清を扱った映画だが、それよりも映画としてはるかに強烈な力を持っているのが、アレクセイ・ゲルマン監督[14]の『フルスタリョフ、車を！』（一九九八）である。

映画は、独裁者スターリンの最期を看取る脳外科医を中心に、その息子が過去を回想するというスタイルで展開する。しかし、周囲の人たちを圧倒するような主人公のエネルギーに加えて、複雑な家族構成や人間関係、秘密警察による罠と陰謀、豊か過ぎるほどのディテールなどが、きちんと説明されないまま絡みあっていく。そして、精神病院の狂騒や分身のかもしだす不条理な雰囲気のうちに、物語は饒舌と怒鳴りあいと感情の渦のなかで嵐のように突き進み、批評家ヤンポリスキーの表現を借りれば、主人公は最後には「終末論的な空虚」の中に消失するのである。

まさにドストエフスキーの悪夢のような世界だ。これを初めて見る人は、ストーリーの細部を

14　アレクセイ・ゲルマン Алексей Герман（一九三八―二〇一三）作品は他に『戦争のない20日間』『わが友イワン・ラプシン』『神々のたそがれ』。左は『フルスタリョフ、車を！』DVD。

決して「理解」しようとしてはいけない。必要なのはただ、映画の圧倒的な流れに身を委ねること。それだけで、めったにない大きな体験をすることができるだろう。ここにはソ連史の悲惨と栄光が、映画というメディアによって凝縮された形で詰まっているからだ。なおゲルマンのもう一つの代表作で遺作である『神々の黄昏』については、次のⅡの最後にふれることにする。

想像力の解放区——SF映画

二〇世紀のソ連は、アメリカとならぶSF（空想科学小説）の大国でもあった。それを反映して、映画にもSF小説を原作としたものが少なくない。現実をリアリスティックに描くと、どうしても検閲によって禁止される恐れがあるため、SF的な架空の設定に頼って表現をするという必要に応えるものでもあった。このように説明すると、一種の現実逃避のように聞こえるかもしれない。たしかにそういう面もあったが、SF的設定の世界はそれ以上に、想像力の解放区、想像力の実験室として機能していたのである。

SFを原作とした代表的な映画作品としては、なんといってもタルコフスキー監督による『惑星ソラリス』（一九七二）と『ストーカー』（一九七九）を挙げるべきだろう。前者はポーランドの作家スタニスワフ・レム[15]の、世界的に知られるSF史上最高傑作の一つに基づいたものだが、原作と映画の方向性が明らかに異なっていて、タルコフスキーとレムのあいだで深刻な対立があったことが知られている。しかし、タルコフスキーはレムの反対を押し切って、自分のビジョンを展開した。レムが宇宙の未知の世界に対して、違和感を覚えながらも開かれた姿勢をとり続けたのに対して、タルコフスキーはかぎりなく懐かしい故郷への回帰の志向性を示し、原作にはなかった主人公の地

15 スタニスワフ・レム Stanisław Lem（一九二一—二〇〇六）ポーランドのSF小説家、哲学者、評論家。作品は四〇以上の言語に翻訳され、世界史で広く読まれている。代表作に『金星応答なし』『ソラリス』『砂漠の惑星』『枯草熱』など。左はタルコフスキー『惑星ソラリス』のDVD。

球での暮らしや両親、郷里の美しい自然などの要素を、大量に盛り込んだのである。そのため原作者のレムを憤慨させることになったが、タルコフスキーの才能がよく発揮された作品として評価できる。文学の映画へのアダプテーションの問題を考えるための、良い事例だと言えるだろう。

『ストーカー』は、ソ連を代表する二人組のＳＦ作家、ストルガツキー兄弟の作品を原作としたものである。この作品はソ連の不自由な体制と格闘しながらタルコフスキーが作り上げた、映画芸術の決算であると同時に、彼の全作品のなかでおそらくもっとも完成度の高い頂点として位置づけることができるだろう。じっさい、『ストーカー』の全編を貫くシンプルな映像美と、画面から漂ってくる一種異様な緊迫感には並々ならないものがある。

この映画で「ストーカー」と呼ばれるのは、かつて宇宙人が来訪した跡地と思われる、禁断の「ゾーン」に忍び込む人間のことだ。タルコフスキーの映画を原作と比べると、原作のＳＦ的な性格が薄れ、より深い内面性を帯びるようになっている。タルコフスキーが焦点としたのは、人間の心の奥底に秘められた、神聖な、〈苦しみの末に生み出された〉願望だった。この点では『惑星ソラリス』とまったく同じ方向を示していると言えるだろう。レムの原作が、宇宙における理解しがたい他者との遭遇を主題として掲げたのに対して、タルコフスキーはやはり、人間の記憶に刻印された過去の思い出のほうに、ノスタルジックなまなざしを向けたのである。

映像芸術の未来に向けて――ポスト・ソ連時代から二一世紀のロシア映画

限られた紙幅では、残念ながら二一世紀のロシアの映画の現状については詳しく論じることができないが、ここまで紹介してきた映画作家たちと並ぶほど重要な、現在も活躍中の映像作家として、最後にアレクサンドル・ソクーロフ[16]、アンドレイ・ズビャギンツェフ[17]、セルゲイ・ロズニツァ[18]の三人の名前を挙げておこう。

まずソクーロフは、劇映画とドキュメンタリーの両分野で精力的に作品を作り続け、既存の美学の枠にはまらない独自の世界を作り、「タルコフスキー以後」のロシア映画を代表する映画作家として知られている。ゆったりとした（ほとんど宇宙的なリズムが脈打つような）長回しや、強烈なクロース・アップ、独特の暗い色彩加工や画面を歪めさせる特殊なレンズを使った撮影、わかりやすいプロットや説明的な台詞を極力排した映像言語など、彼の手法は際立って「前衛的」だが、同時に、欧米の実験映画には見られない、深い精神性と哲学性につねに満ちている。欧米の商業映画とは無縁の土壌で、これほど深く精神的な実験映像の世界が切り開かれてきたのは、やはりロシアならではのことだろう。

彼の映画美学の特徴と内面性の深さがよく分かるいかにも彼らしい作品として、『ストーン』（*Камень* 一九九二）を挙げたい。死後のチェーホフが蘇ってヤルタの家に戻ってくる、という設定で、全編が静かな亡霊との対話のようでもある——モノクロの、薄暗くて何が映っているのか判別しがたい画面、特殊なカメラを使って撮った歪んだ映像、詩的で断片的なダイアローグ。

映画の原題 **Камень**（カーメニ）は、ロシア語で単に「石」の意味。日本では映画の邦題をつけるさい、無意味に英語を使う傾向があるが、わざわざ英語を使ってこの作品を「ストーン」と呼ぶ必要はない。

ただし『ストーン』は、数あるソクーロフ作品のなかでは目立たない映画で、代表作とは言い難い。大きな歴史的テーマを扱ったという点では、レーニン、ヒトラー、ヒロヒト（昭和天皇）、

16　アレクサンドル・ソクーロフ **АлександрСокуров**（一九五一—）ソ連、ロシアの映画監督。『孤独な声』『陽はしづかに発酵し…』『静かなる一頁』『モレク神』『エルミタージュ幻想』『ファーザー、サン』『ファウスト』など。ドキュメンタリーも数多く手がける。

17　アンドレイ・ズビャギンツェフ **АндрейЗвягинцев**（一九六四—）ソ連、ロシアの映画監督・脚本家・俳優。『ヴェラの祈り』『エレナの惑い』『裁かれるは善人のみ』『ラブレス』など。

18　セルゲイ・ロズニツァ　ベラルーシ語 **Сяргей Лазніца**　ロシア語 **Сергéй Лозни́ца**　ウクライナ語　**Сергій Лозниця**（一九六四—）

そしてファウストを主人公とした「権力者四部作」が重要である。敗戦直後の昭和天皇を主人公とした作品は『太陽』と題され、二〇〇五年に公開された（天皇役を演じたのは、イッセー尾形）。

ズビャギンツェフは、初めて撮った長編映画『父、帰る』（妙に古めかしい邦題だが、原題はシンプルに「帰還」）で、いきなりヴェネツィア国際映画祭で金獅子賞を受賞、鮮烈な国際デビューを果たした。現代ロシアの田舎町を舞台とし、母と静かに暮らす二人の兄弟のもとに、ある日、十二年間の不在の後、とつぜん父が帰ってくる。その後、無口で謎めいた（どこで何をしていたのか分からない）父と二人の息子たちの緊迫した関係が、息をのむほど美しい北ロシアの夏の自然の中で展開する。美しいだけではない。ズビャギンツェフが描き出す世界は、美しくも苛酷な謎がいくつも秘められていて、それが一見シンプルな映画に稀有の強度を与えている。

本章の締めくくりを飾ってもらうのは、ベラルーシ出身、ウクライナ人で、現在ドイツ在住の映画監督ロズニツァである。厳密にいうと「ロシアの映画監督」とは呼べないが、ロシアと緊密な関係を保ち、二〇世紀ロシア・ソ連史を扱ったドキュメンタリー映画を多く製作しているので、ロシア映画史の文脈に置いても不自然ではない。彼の名前は最近まで日本ではほとんど知られていなかったが、二〇二〇年に『粛清裁判』（二〇一八）、『国葬』（二〇一九）、『アウステルリッツ』（二〇一六）の「群衆三部作」が日本でも初めて公開され、注目を集めた。これら三作はいずれもドキュメンタリー作品だが、作り方が、ある意味では異様である。

『粛清裁判』は一九三一年にモスクワで行われた「産業党」の陰謀参加者たちの裁判（嫌疑はもちろんでっちあげである）、『国葬』は一九五三年にスターリンが亡くなった際の葬儀に集まった群衆を描いたものだが、どちらもソ連で撮影されアーカイヴに保存されていた映像を再編集した

ソクーロフ『太陽』のDVD。

ロズニツァ『アウステルリッツ』のDVD。

もので、解説はほとんど入らない。『アウステルリッツ』は、ベルリン近郊の元ナチス・ドイツの強制収容所（現在、追悼博物館となっている）を訪れる観光客たちの振る舞いをひたすら「観察」した映像をつないだもので、ここにもコメントはいっさいない。

映像作家の主観がほとんど入らない形で、たんにアーカイヴから掘り出した、あるいは定点カメラで撮影した映像をつないだだけのように見えるので、これで果たして映画になるのかと疑問に思わされるほどなのだが、じっさいには異様なインパクトのある作品になっている。

ロシア・ソ連映画はその一世紀にわたる歴史を通じて、現実といかにわたりあい、現実にいかに肉薄するか、あるいは現実からいかなる物語を映画言語によって紡ぎだせるのか、果敢な実験を重ねてきた。エイゼンシュテイン、ヴェルトフに始まり、メドヴェートキン、タルコフスキー、ゲルマン、ソクーロフといった天才を輩出しながら、その行き着く先が、ロズニツァの究極のドキュメンタリー作品だというのは、なんという逆説だろうか。ロズニツァの映画は、もはや俳優を必要としない。二〇世紀の歴史そのものが主役を演じているのだから。

II　もう一つの影の王国　東欧圏・現代のロシアから

ここではIの歴史的・テーマ的な枠組みでは触れられなかった旧ソ連の、ロシア以外の民族共和国および東欧から、具体的な個々の作品を紹介したい。

欧米や日本の映画美学の常識では考えられないような独自性のある作品を中心に選び、合わせて現代ロシアのものも若干補足した。選者の偏った映画鑑賞歴と好みが多分に反映していることは言うまでもない。したがって、ここでは個人的な好みや思い出が時として前面に出てくることをあらかじめお断りしておく。

●『ざくろの色』（*Цвет граната*【ロシア語】　セルゲイ・パラジャーノフ監督[1]　一九六九［再編集版一九七三］、ソ連・アルメニア映画）

アルメニア出身の監督パラジャーノフは、他の誰にも真似のできない独自の映像言語を創りだした、掛け値なしの天才である。彼はグルジアの首都トビリシに生まれ、旧ソ連のさまざまな民族文化の境界を自由に超えて映画を作った。

『ざくろの色』は、一八世紀アルメニアの詩人サヤト＝ノヴァを主人公にしてその詩と精神世界を描いたが、ソ連の社会主義リアリズムからかけ離れた美学ゆえに、検閲で厳しく批判された。そのため『サヤト＝ノヴァ』というタイトルで完成していた作品はお蔵入りとなり、検閲に通るよう再編集されて『ざくろの色』として公開された。

1　セルゲイ・パラジャーノフ　**Сергей Параджанов**（ロシア語）Sergei Parajanov（欧米での一般的な表記）（一九二四―一九九〇）映画監督。造形美術作家でもあり、多くのコラージュ作品がある。

パラジャーノフはその後、官憲に執拗に迫害され、二度にわたって逮捕されている。他に『スラム砦の伝説』（一九八四）、『アシク・ケリブ』（一九八八）なども国際的に高く評価されている。

●『僕の無事を祈ってくれ』（*Игла*　ラシド・ヌグマノフ監督[2]　一九八八、ソ連・カザフスタン映画）

一九八〇年代ソ連で圧倒的な人気があったロック歌手、ヴィクトル・ツォイ（朝鮮系ソ連人）が主役を演じたアクション映画。ヌグマノフ監督の長編デビュー作である。

カザフスタンの郷里の町アルマアタ（現在のアルマトイ）に舞いもどった主人公は、麻薬中毒になったかつての恋人を救い出すため、一人で敢然と麻薬密売グループに立ち向かうのだが……。斬新なアングルからの遊び心に満ちた映像、中央アジアの風景、バックに流れるツォイの名曲などがあいまって、ユニークな世界を作りだす。B級アクション映画と言われようと、私は断固この映画を支持する。なお主役のツォイは一九九〇年、人気の絶頂にあって交通事故で亡くなったが、彼の伝説的な人気はいまだに衰えない。原題の **Игла** は麻薬のための「（注射）針」の意味。

●『ピロスマニ』（*Пиросмани*　ゲオルギイ・シェンゲラーヤ監督[3]　一九六九、ソ連・グルジア映画）

ピロスマニ（ニコ・ピロスマニ）は、一九世紀後半から二〇世紀初頭に生きたグルジアの画家。幼稚とも思えるほど素朴な画風でグルジアの風物を描き、極貧のうちに放浪した。加藤登紀子の歌うヒット曲「百万本のバラ」の画家のモデルである。

その彼を主人公にしたシェンゲラーヤ監督のこの伝記映画もまた、全編がピロスマニの絵を思わせるような画像の連続になっており、グルジアの風物と人情が満喫できる。監督の父親も兄も

2　ラシド・ヌグマノフ Рашид Нугманов/ Rashid Nugmanov（一九五四—）カザフスタンの映画監督。

3　ゲオルギイ・シェンゲラーヤ Giorgi Shengelaia（一九三七—二〇二〇）

映画監督、母は女優という映画一家で、シェンゲラーヤ親子がグルジア国民派ともいうべき映画の流れを作った。日本で公開されたほかの作品に『若き作曲家の旅』（一九八四）がある。

ここで、「グルジア」という表記について説明しておく。これはロシア語名に基づく表記である。しかし日本では、グルジア政府の要請に応える形で、二〇一五年からは英語名に基づく「ジョージア」が公式に使われるようになった。

ロシアとの関係悪化の結果、グルジアがロシア語表記を嫌ったためであって、「ジョージア」のほうが「グルジア」より語学的に正しいわけではない。国名のグルジア語での自称は「サカルトヴェロ」なので、本来ならばそれを使うべきであろう。

●『素敵な歌と船はゆく』（*Adieu, plancher des vaches!*　オタル・イオセリアーニ監督[4]　一九九九、フランス映画）

パリを舞台に、女性の富豪実業家と、酒好きの夫、家を飛び出して気ままに生きる彼らの息子など、個性的な人物たちの日常が交錯する。気ままで自由な生き方への賛歌になっているだけでなく、台詞の少ない映像と音を中心にゆったりと構成された映画の作り方そのものが、限りなく自由だ。

イオセリアーニ監督はグルジアのトビリシ出身だが、旧ソ連では厳しい制約のもとに置かれたため、フランスに移って一九八〇年代から映画製作を続けている。しかし、彼の映画の誰でも迎え入れるようなおおらかさは、グルジア人ならではのものだ。こういう映画を楽しめずして、何のための人生だろうか。

4　オタル・イオセリアーニ　Otar Iosseliani（一九三四―）

●『砂時計』（*Sanatorium pod Klepsydrą*　ヴォイチェフ・イェジイ・ハス監督[5]　一九七三、ポーランド映画）

ハス監督は、ワイダやカヴァレロヴィチと並ぶ「ポーランド派（インターミッション二二四頁参照）」の一人として活躍を始めるが、その後、ポトツキの幻想怪奇小説に基づいた『サラゴサの写本』（一九六五）で耽美的幻想の探求に乗り出していく。一九六八年の『人形』も、一九世紀リアリズム文学の最高傑作とされるプルースの同名長編（邦訳は関口時正訳、未知谷）を原作としながら、全体に幻想味が漂う。

そしてこの『砂時計』では、ブルーノ・シュルツの「砂時計サナトリウム」や「春」などの作品をもとに自由に組み立てた幻想的な世界が、全面的に展開する。「現実の神話化」を目指したシュルツの原作もすばらしいが、この映画は原作を超えるようなすごい味があり、観る者は訳の分からない幻想の迷宮に引き込まれたら抜け出せない。

●『デカローグ』（*Dekalog*　クシシュトフ・キェシロフスキ監督[6]　一九八八、ポーランド映画）

もともとテレビ・ドラマとして製作された、六〇分程度の短い作品一〇話の連作。タイトルは旧約聖書の「十戒」の意味で、各編が十戒の一つ一つに関連付けられている。舞台は同時代のワルシャワで、公営住宅の住人たちが日常生活のうちに直面する深刻なモラルの問題——愛、不倫、物欲、家族、殺人、臆病と卑劣さなど——が掘り下げられている。

キェシロフスキといえば、日本では『二人のヴェロニカ』（一九九一）や『トリコロール』（一九九三—一九九四）のようなフランスと合作の晩年の作品がよく知られているが、もともとポーランドの現実に向き合う社会派のドキュメンタリー作家だった。

5　ヴォイチェフ・イェジイ・ハス Wojciech Jerzy Has（一九二五—二〇〇〇）ポーランドの映画監督。

6　クシシュトフ・キェシロフスキ Krzysztof Kieślowski（一九四一—一九九六）ポーランドの映画監督。フランスでも活動。

『デカローグ』は全体に暗く、出口の見えない閉塞感に閉ざされた社会主義時代のポーランドを舞台に、人間性の暗い奥底をのぞき込む。本作品の第五話と第六話は、それぞれ「殺人に関する短いフィルム」「愛に関する短いフィルム」という独立した作品としても再編集されて公開された。当時ワルシャワでそれを見た私は、「殺人に関する短いフィルム」の殺人場面の凄惨さや死刑の残酷さを突き付けられ、観終わったあともしばらく座席から立ち上がれなかった。

●『アリス』（*Něco z Alenky*　ヤン・シュヴァンクマイエル監督[7]　一九八八、スイス・西ドイツ・イギリス合作）

独特の、幻想的でグロテスクな映像美でカルト的な人気のある、チェコの映像作家シュヴァンクマイエルの長編第一作。ルイス・キャロルの『不思議の国のアリス』をもとに、少女の見た、淫靡で幻想的な夢のようなシーンの連続を描き出す。主人公のアリス役は九歳の少女が演じているが、それ以外に生身の人間は登場せず、アリス役の少女の実写と、ストップモーション（コマ撮り）によるアニメーションが組み合わされている。

シュヴァンクマイエルの独自の美学は、チェコのシュルレアリスムと人形劇の伝統の中から出てきたもので、彼は自らを「戦闘的シュルレアリスト」と呼び、『アリス』は「秘密の夢や不安でいっぱいの子供の夢」の世界だと言う。

●『アンダーグラウンド』（*Подземье*　エミール・クストリッツァ監督[8]　一九九五、フランス・ドイツ・ハンガリー・ユーゴスラビア・ブルガリア合作）

クストリッツァは、旧ユーゴスラヴィア出身（サラエヴォ生まれ。父はセルビア人、母はボシニャク人）

7　ヤン・シュヴァンクマイエル　Jan Švankmajer（一九三四―）プラハ生まれ。シュルレアリスムの流れをくむ美術でも活躍。

8　エミール・クストリッツァ　Emir Kusturica/ Емир Кустурица（一九五四―）映画監督、音楽家、俳優。カンヌ国際映画祭を始めとし、国際的な映画祭で何度も受賞している。

の映画監督。この『アンダーグラウンド』は、セルビアの首都ベオグラードを舞台として、ナチスドイツに占領された第二次世界大戦と、一九九〇年代のユーゴ内戦の二つの戦争に挟まれたバルカン半島五〇年の激動の歴史を背景としている。それでいて、驚くべきことに映画は底抜けに陽気で、バカ騒ぎのエネルギーに満ち、南欧バルカンのカーニバル的想像力は圧倒的である。映画によって戦争を笑い飛ばし、超える試み。

●短編アニメ作品『霧の中のハリネズミ』（*Ёжик в тумане*　一九七五）『話の話』（*Сказка сказок*　一九七九）（ユーリー・ノルシュテイン監督[9]　ソ連）

ソ連／現代ロシアのアニメ作家ノルシュテインの代表作。切り絵を使ったストップモーション（コマ撮り）の方法で作られており、特撮やCGが駆使される現代アニメの水準からは素朴に見えるが、その反面、きわめて繊細で、観る者を優しく包み込むような映像の世界になっている。ノルシュテインがしばしば「アニメの詩人」と呼ばれる所以である。

『霧の中のハリネズミ』は、森の中を進むハリネズミの前に、霧の中からとつぜん立ち現れるさまざまな動物との遭遇を描く。『話の話』は、幼年時代の思い出に基づいた多様なイメージを記憶の迷路のなかで紡いだ作品（後者はシナリオを作家リュドミラ・ペトルシェフスカヤが書いている）。

ノルシュテインは国際的にも評価が高く、現代アニメの最高の巨匠としばしば呼ばれる。かつて日本で行われた世界のベスト・アニメ作品のアンケートでは、右の二作品が一位と二位を独占した。ノルシュテインの短編アニメ集はさまざまな形でDVD化され、発売されている。なお、ノルシュテインは一九八〇年代からゴーゴリの『外套』のアニメ化に取り組んでいるが、完璧主

9 ユーリー・ボリソヴィチ・ノルシュテイン Юрий Борисович Норштейн/Yuri Norstein（一九四一―）

義と資金難などの事情が重なり、いまだに完成していない。

●『不思議惑星キン・ザ・ザ』（*Кин-дза-дза!*　ゲオルギー・ダネリア監督[10]　一九八六、ソ連映画［モスフィルム製作］）

現代ロシアでもっともカルト的人気の高いSF映画といえば、まずこれが筆頭にあげられるだろう。いまだに熱烈なマニアが多く、愛好者のあいだではこの映画に登場する宇宙人の言葉で会話が行われるほどである。モスクワから二人の男が宇宙人のテレポート装置によって、キン・ザ・ザ銀河のプリュク星にとつぜん飛ばされてしまう。ここには人間と寸分たがわぬ異星人が住んでいて、厳しい階級制が敷かれ、警官が威張り散らしているといったあたりは、明らかにソ連社会風刺の側面がある。しかし、あらゆる科学的説明を馬鹿にしたような釣り鐘形のロケットから、異星人のおかしな言葉や仕草にいたるまで、よくもまあこんなにふざけた、変てこな映画が作れたものだと感嘆させられる。

ダネリアはグルジア出身だが、モスクワを本拠地として製作を続けた、現代ロシアを代表する監督の一人。一九六〇年代にソ連映画のニュー・ウェイヴの旗手として、みずみずしい感性でソ連の若者たちの日常を描いた作品で注目されたが、突如こんな変な映画を作って、ロシア映画史上に永遠に名前を残すことになった。

10　ゲオルギー・ダネリア　Георгий Данелия（一九三〇―二〇一九）グルジア出身、ソ連、ロシアの映画監督。

●『神々のたそがれ』(*Трудно быть богом*〔原題の意味は「神様はつらい」〕、アレクセイ・ゲルマン[11]監督 二〇一三、ロシア映画)

現代ロシア最高の巨匠の一人、アレクセイ・ゲルマンの、『フルスタリョフ、車を!』と並ぶ、もう一つの大作にして遺作。ソ連のSF作家ストルガツキー兄弟の長編『神さまはつらい』(一九六四)が出版されると、これを読んだ監督はすぐに映画化の構想を抱いたが、じっさいに映画化するまで、ほとんど半世紀かかった。しかも映画の完成直前に監督が亡くなったため、けっきょく彼の息子が完成させたのだった。

物語は、中世のような無知蒙昧と残酷な圧制が支配する、停滞した惑星で繰り広げられる。もともとは、SF的設定を隠れ蓑にしたソ連体制批判だったはずだが、全編が薄暗く泥沼と汚物の中で展開する映像のすさまじさは(しかもそれがほとんど三時間続く)筆舌に尽くしがたく、ゲルマンのビジョンは社会風刺などの次元を突き抜けてしまっている。

●『ドヴラートフ――レニングラードの作家たち』(*Довлатов* アレクセイ・ゲルマン・ジュニア[12]監督 二〇一八、ロシア映画)

父の遺志を継いで『神々のたそがれ』を完成させた息子も、才能ある映画監督である。父と同姓同名で、区別するためにアレクセイ・ゲルマン・ジュニアと呼ばれる。

『ドヴラートフ』は、一九七〇年代初頭のレニングラード(現ペテルブルク)を舞台に、妥協ができず、社会の注文に応えて書くことができない実在の「アングラ作家」ドヴラートフの苦悩を描いていく。

11 アレクセイ・ゲルマン Алексей Герман(一九三八―二〇一三)ロシアの映画監督。

12 アレクセイ・ゲルマン・ジュニア Алексей Герман младший/Aleksei German Junior(一九七六―)

この映画は当時のソ連社会の閉塞感と、その中でも創造的な仕事に命をかけていたアングラ作家・芸術家たちの生き方を生々しく描き出すことに成功した。ドヴラートフは私の偏愛する作家なので、映画を見終えたとき、私は涙が止まらなかった。とはいえ、これはきわめて個人的な反応で、じっさいには映画は哀しく暗いトーンが基調になっているとはいえ、そこはかとないユーモアも漂う、繊細で優しい作品だ。ちなみに、私はゲルマン父子の双方に会ってロシア語でインタビューしたことのあるおそらく唯一の日本人である。

テイク7　中国・香港・台湾

藤井省三

中国語圏の映画は、二〇世紀初頭以来、主に中国・香港・台湾・南洋（東南アジアの華人居住圏内）の各地で製作されて、現在に至ります。

ひと口で中国語圏映画一二〇年と言っても、歴史は長く多様性に富んでいますので、中国大陸・香港・台湾およびシンガポールの三章に分けてお話したいと思います。

I　中国大陸映画の一二〇年

❶ 動乱の中華民国期（一九一二―一九四九）

パリでリュミエール兄弟による世界最初の映画興行が行われたのは一八九五年のこと。翌年には、上海の遊技場で「西洋影戯」と称されて映画興行を開催、一九〇五年には北京で、中国人による最初の映画、京劇を撮影した『定軍山』が製作されました。そして一九一三年には、上海で『新婚初夜（難夫難妻）』という劇映画が撮られています。このような中国映画草創期について、詳しくは程季華主編『中国映画史』[1]をご参照ください。

一九三〇年代に至ると、中国映画は上海で黄金時代を迎えます。当時の上海には四〇余りの中

1　森川和代訳、平凡社　一九八七

国資本の映画会社が群立し、一九二八年から三一年までの間に、四〇〇本の映画が製作されました。映画専門館だけで約四〇軒、一日の観客数は百万、現代中国文学の父とも言われる魯迅（ルーシュン、ろじん、一八八一―一九三六）が、郊外のマンションからハイヤーを飛ばして通った大馬路[2]の大光明大戯院[3]は座席数二千、冷暖房つきの超豪華館です。上海は実に、映画の都でもあったのでした。

ところで中国では、国民革命＝北伐戦争（一九二六―二八）を経て、いちおう統一された中華民国体制が整い、国民党による本格的な国家建設が開始されました。その急進展にともない、大量の中産階級が出現しています。

たとえば革命直後の一九二九年と、日中戦争開戦前年の三六年との学生数を比較すると、中学高校生で二三万から六二万へ、大学生では二万五〇〇〇から四万二〇〇〇へとほぼ倍増しました。そのいっぽう、一九三一年から翌年にかけて満州事変・上海事変が勃発して日本の侵略が始まり、危機感が高まりました。

中産階級・学生層は抗日のナショナリズムにいっそう傾斜し、旧制度の家からの自立を求める自由恋愛や、女性の社会進出などの社会問題にも、以前にも増して深い関心を寄せていたのです。彼らは輸入物のハリウッド映画でもなく、また上海製の単純な〝武侠電影〟（チャンバラ映画）や現実離れした恋愛ものでもない、現代社会のさまざまな問題を描いた新しい映画を求め始めていたのです。そして映画界じたいも、サイレントからトーキーへの転換という技術革新に直面していました。

このような状況下で、三大映画会社のひとつ、明星公司は、地下潜伏中の中国共産党活動家夏

2　現在の南京路

3　一九三三年竣工

衍（シァー・イエン、かえん、一九〇〇―一九九五）や、元創造社の戯曲家田漢（ティエン・ハン、でんかん、一八九八―一九六八）らに、秘密顧問就任を要請したのです。

　夏衍は浙江省杭州の貧家の出身で、小学校卒業後、染物屋の徒弟となったのち、工業学校に入学、一九二〇年、日本に留学して明治専門学校電気工学科で学びました。留学中に創作を始めるいっぽう、ロシア革命（一九一七）の指導者レーニンや、早大教授でのちに社会主義政党の指導者となる大山郁夫（一八八〇―一九五五）の著書を読んで国民党に入党しますが、国民革命中の二七年四月、蒋介石（チアン・チエシー、しょうかいせき、一八八七―一九七五）が策動した四・一二反共クーデターにより除名され、五月上海に渡り、共産党に入党しています。

『夏衍自伝』[4]によれば、「進歩的な映画」づくりの戦略は、上海・演劇界での蓄積に基づいたというのです。それは第一に、すでに共産党の影響下にあった新聞・雑誌の文化欄で鳴り物入りの映画批評を行う。第二に、新劇界で活躍中の監督や俳優を映画界に登場させる。第三に、いまだ脚本を用いず覚え書きの「場割り台帳」を使っていた上海映画界に対し、ソ連の映画理論や脚本を翻訳紹介する、というものでした。こうした夏衍らの活躍により、上海映画界は大変貌を遂げ、黄金時代を迎えたのです。

　悲劇の大女優阮玲玉（ルアン・リンユイ、げんれいぎょく、一九一〇―三五）、二枚目俳優の趙丹（チャオ・タン、ちょうたん、一九一五―一九八〇）らが主演する『女神』[5]、『新女性』[6]、『十字路』[7]、『街角の天使』[8]などの三〇年代の傑作は、こうして誕生したのでした。

　なお阮玲玉の悲劇とは、元の夫が彼女との婚姻関係はなおも法的に有効であると主張して、彼女と彼女の同棲相手の実業家を姦通罪で訴えたのがきっかけで、この三角関係の裁判沙汰を新聞

4　阿部幸夫訳、東方書店

5　原題は『神女』一九三四

6　原題は同じ。一九三五

7　『十字街頭』一九三六

8　『馬路天使』一九三六

阮玲玉（ルアン・リン・ユイ）

メディアが派手に書き立て、そのため阮玲玉が自殺に追い込まれたことを指します。しかも彼女は、同棲相手の浮気や家庭内暴力にも悩んでいたというのです。

上海は日中戦争期（一九三七―四五）に日本の侵略を受けましたが、中国映画人はねばり強く抵抗し、映画作りを続けました。これに川喜多長政ら日本の映画人が暗黙の了解を与えて協力した様子は、佐藤忠男『キネマと砲声』[9]に詳しく描かれています。

戦後の国共内戦期（一九四五―四九）に大活躍したのは、抗日戦期に新劇俳優としてデビューしていた男優石揮（シー・ホイ、せっき、一九一五―五七）らでした。戦後、石揮はもっぱら活動の舞台をスクリーンに移し、張愛玲脚本の『奥様万歳』[10]では好色な老人役をコミカルに、曹禺脚本の『輝ける日』[11]では、中年の社会派弁護士を颯爽と演じています。

張愛玲（チャン・アイリン、ちょうあいれい、一九二〇―九五）は、日本占領下の上海で彗星のようにデビューした若い女性作家で、曹禺（ツアオ・ユイ、そうぐう、一九一〇―九六）は三〇年代から活躍し始めた戯曲家です。

ほかに、男優では孫道臨（スン・タオリン、そんどうりん、一九二一―二〇〇七）、女優では上官雲珠（シャンクアン・ユンチュー、じょうかんうんじゅ、一九二〇―六八）らが活躍しました。代表的な作品には蔡楚生（ツァイ・チューション、さいそせい、一九〇六―六八）監督の『春の河、東へ流る』[12]、沈浮（シェン・フー、しんふ、一九〇五―一九九四）監督の『家々の火』[13]が記憶されています。こうして上海映画界は、黄金時代を再び取り戻したのです。戦前期の上海映画については、佐藤忠男・刈間文俊共著『上海キネマポート』[14]をご参照ください。

9　リブロポート　一九八五
10　『太太万歳』一九四七
11　『艶陽天』一九四八
12　『一江春水向東流』一九四七
13　『万家灯火』一九四八
14　凱風社　一九八五

❷ 中華人民共和国毛沢東時代
——建国（一九四九）から文化大革命（一九六六—七六）まで

中国映画史一二〇年は、中国共産党による中華人民共和国の建国（一九四九）を境に、大きく二分されます。民国と人民共和国との二つの時期の綺羅星のごとく耀く監督たちを、倪震著『北京電影学院物語』[15]は次の五世代に分けています。

第一世代：一九二〇年代、鄭正秋、張石川など
第二世代：一九三〇—四〇年代、孫瑜、蔡楚生、費穆
第三世代：一九五〇—六〇年代、水華、謝晋など
第四世代：文化大革命（一九六六—七六）期、呉貽弓、謝飛
第五世代：一九七八年北京電影学院入学第一期生、一九八二年卒業の張芸謀（一九五〇—）、田壮壮、陳凱歌ら

そして、一九九〇年代末以後に登場する姜文（チアン・ウェン、きょうぶん、一九六三—）、婁燁（一九六五—）、賈樟柯（一九七〇—）らは第六世代、さらに二〇一〇年代に登場する胡波（一九八八—二〇一七）監督らは第七世代と称することができるでしょう。

さて、人民共和国建国初期には、まじめな小市民でもある北京の警察官が、軍閥政府時代から日本占領期にかけて公私ともにつらい体験をし、戦後の国民党支配下ではついに行き倒れとなるまでを描いた、老舎の小説が映画化されたこともありました。この作品『私の一生』[16]は、名優石揮が監督と主演を兼任して、旧社会の不条理を切々と訴えた佳作です。

15 楊天曦訳、全国書籍出版株式会社一九九五

16 『我這一輩子』一九五〇

しかし、人民公社体制という名のもとに全農民を農奴化し、都市の知識人に対して大粛清を行った共産党は、映画界に対しては、毛沢東自らが映画『武訓伝』批判の大キャンペーンを提唱します。毛は、夏衍ら中共上海文芸指導部の弱体化と、毛夫人で三〇年代上海の元映画女優であった江青の権限強化を図り、映画産業を自らのコントロール下に入れようと画策したのでした。

『武訓伝』というのは、清朝末期の一九世紀末の山東省で、大道芸や乞食をしながら学校を建てた社会事業家、武訓[17]の伝記映画です。三〇年代以来活躍してきた孫瑜（スン・ユイ、そんゆ、一九〇〇—一九九〇）が監督し、主人公の武訓は名優の趙丹が熱演しました。この大傑作に対し、毛沢東は、人民の武力による抵抗ではなく、物乞いによる教育救国運動を描いた投降主義であると批判したのです。

続いて、知識人五〇万人余りが粛清された〝反右派〟闘争（一九五七）では、俳優の石揮が怪死しています。文化大革命期（一九六六—七六）には、江青の指導により革命模範劇の映画化が進められ、バレー『白毛女』『紅色娘子軍』など、様式美を極めた宣伝映画が撮られたものの、その他の映画はひとしなみに圧殺されました。蔡楚生、鄭君里らの監督、女優の上官雲珠らが非業の死を遂げ、かろうじて生き延びたそのほかの映画人も強制収容所に送られ、苛酷な日々を耐えねばなりませんでした。

毛沢東は一九四二年に延安で『文芸講話』を発表し、文学・芸術を、共産党と民衆とを結ぶメディアとして規定しました。ただしメディアといっても、実際には党の政策宣伝という、上から下への流れのみが許されるだけで、民衆の不満や批判を共産党に伝えるという機能は許されなかったのです。このような毛沢東時代には映画も、共産党および毛沢東賛美が任務とされたのでした。

17　**武訓**（ウーシュン　ぶくん）（一八三八—一八九六）最初の学校「崇賢義塾」は貧民の子弟を集め、無料で教育をほどこした。

❸ 鄧小平時代（一九七七―一九九七）から世紀末・新世紀へ

一九七六年九月に毛沢東が死去し、一〇月には共産党における文革推進派の幹部、毛夫人の江青、張春橋、姚文元、王洪文の〝四人組〟が逮捕されて、一〇年の長きにおよぶ文革も終息しました。もっとも〝四人組〟逮捕後も、後継の華国鋒政権は文革と毛沢東路線の継続を唱えており、共産党が正式に文革を否定するのは、鄧小平体制が固まったのちの八〇年一二月のことでした。「中国の最高実力者」と称された鄧小平（トン・シアオピン、とうしょうへい、一九〇四―九七）が君臨した約二〇年ほどの時代は、現代中国文学・芸術にとって、再生と飛躍の時代であったのです。しかしこの文芸復興は、体制側がとくに望んだ事態ではありません。望まぬどころか、鄧体制はしばしば作家や画家、映画監督の表現を禁止し、ときには彼らを政治犯として獄に繋ぐことさえありました。しかしそれでも、人民共和国の歴史において、鄧小平時代にこそ文化は燦然と輝いたのです。

第五世代監督の張芸謀らは、大学入試制度再開後の第一期生として、一九七八年に北京電影学院に入学、文芸界における今天派[18]の詩人や高行健（カオ・シンチエン、こうこうけん、一九四〇―）の前衛劇の活動を同時代人として目撃したのち、作家莫言（モーイエン、ばくげん、一九五五―）らルーツ文学派と前後しながら、民国期を舞台に中国文化のルーツを描く中国再発見の映画を製作し始めました。

中国では、文革末期には農村・都市全般にわたる国家経済の行き詰まりが顕著となっていました。鄧小平体制はこれを解消するため、七〇年代末以来、対内的には経済改革、対外的には開放

18　今天派
北島（ペイタオ、ほくとう、一九四九―）、芒克（マンク、もうこく、一九五〇―）らが一九七八年北京で創刊した民間雑誌『今天』（チンティエン、〝今日〟の意味）の同人らを指す。同誌は、八〇年九月に発禁処分を受けるまでに、ガリ版刷りで九号まで刊行され、奔放な想像力を駆使した詩作を残した。

政策を実行することを、主要な課題としました。大学など高等教育機関は、文革により壊滅的打撃を受けていましたが、この改革・開放推進に必要なテクノクラート養成のため、続々と再興されたのです。

全国統一入試が再開されたのが一九七七年一二月、年が明けると、上は反右派闘争で追われた世代から、下は飛び級で上がってきた一六、七歳の少年まで、さまざまな年齢層の学生が、大学など高等教育機関に入っていきました。再開第二回の統一入試は、学年度末の七九年七月に行われ、全国約四七〇万人もの受験生の中から大学等への入学を果たしたのは、わずか二七万五〇〇〇人でした。その後も順調に新しい青年知識層が量産されていくのですが、彼らはもはや共産党に信頼・忠誠を抱かず、西側資本主義諸国に憧憬を覚えていきました。ちなみに、過去の大学入学者数は、一九四九年三万一〇〇〇人、五七年一〇万六〇〇〇人、六五年一六万四〇〇〇人です。

さて一九八九年二月、政治犯の魏京生（ウエイ・チンション、ぎきょうせい、一九四九―）釈放の請願や、比較的リベラルであった胡耀邦（フー・ヤオパン、こようほう、一九一五―八九）元総書記の急逝をきっかけとして、民主化運動が勃発します。それは改革・開放十年の後、共産党イデオロギーを脱したポスト文革世代のエリート知識階級が、民主化という自らの権利拡大要求を共産党に突きつけた運動といえるでしょう。そして百万人デモに象徴されるように、すでに大衆運動となり得ていたのです。

中国共産党は、独裁体制を揺るがすこの運動を恐れ、六月四日、戦車を投入して市民・学生を殺害しました。天安門事件（または「血の日曜日」事件）の悲劇です。民主化運動には多くの文学者が参加しており、彼らは「血の日曜日」事件後には地下に潜伏し、あるいは国外に亡命しました。

リチャード・ゴードン、カーマ・ヒントン製作・監督による『天安門』[19]は、この第二次民主化運動と、「血の日曜日」事件をめぐるドキュメンタリー映画です。膨大なニュース・フィルムや関係者のインタビューとで当時の状況を再構成し、学生運動家や、彼らを支援し助言した知識人たちの思考と行動を検証しています。知識人たちも、迫り来る大弾圧を予知して、学生たちに撤退を勧告しますが、六月二日にシンガーソングライターの侯徳健らとともに広場に乗り込んだ劉暁波（リウ・シアオポー、りゅうぎょうは、一九五五―二〇一七）は、カメラに向かい、当時をこう回想しています――「何度も自己分裂を起こした……熱狂する数千の群衆の前に私は自分を失った」（同前）大衆運動の魔力、現場の熱気の圧力は、実際に運動を担った者でなければ理解しがたいことなのでしょう。

ちなみに劉暁波は、二〇一〇年に北京の獄中にありながら、中国籍の人として初めてノーベル賞（平和賞）を受賞しています。高行健も二〇〇〇年にノーベル文学賞を受賞していますが、彼は天安門事件後に亡命しており、受賞時にはフランス国籍でした。

さて一九九二年に入ると、鄧小平が再び改革・開放路線へと傾き始め、中国の政治・経済・文化の各分野での改革・開放派の巻き返しが決定的になりました。もっとも、文化界が社会におけるそれまでの中心的な役割を失い、急速に周縁化していくのはこの時期からなのです。

市場経済の名に反し、出版活動とその流通に対する苛酷な規制はそのまま残されるいっぽう、独裁体制の民主共和への再建という展望を見失った人々は、投機的、刹那的な経済活動へとなだれ込んでいきました。これとともに、文学・芸術は膨大な読者観衆を失ったのです。

19　原題は同じ。一九九五

そのいっぽうで、バブル経済は、女性を中心とする一九七〇年代生まれのオルターナティヴ作家を出現させました。衛慧（ウェイ・ホイ、えいけい、一九七三―）、安妮宝貝（あんじほうばい、Annie Baby アニー・ベイビー、Anni-baobei 本名は励婕、一九七四―）など、上海を中心に活躍した女性作家は、個々人を丸抱えにして保護、かつ拘束する現代の大家族制ともいうべき〝単位〟社会から離れて自活しており、あるいはパンクに傾倒し、あるいはドラッグを体験し、自らの都市生活を作品化していきます。また、共産党イデオロギーに覆い隠されてきた文化史を見つめ直そうという知的営為にも、注目すべきでしょう。

映画も、八〇年代に急速に普及したテレビに観客を奪われていたところに、天安門事件後に強化された検閲制度下で、凡作が続き、急速に観客を失って膨大な赤字に苦しめられるようになります。

この危機を打開するため、海外資本との合作が模索され、一九九三年に鄧小平がいっそうの改革・開放を呼びかけると、撮影所の独立採算化が実施されて、外資と提携した作品が急増していきます。このようなポスト文革の鄧小平体制の推移にともない、第五世代も大きく変化していくのです。

たとえば田壮壮は、名作『青い凧』[20]で、北京の陳一家を主人公にして文革に至るまでの悲劇を描いたものの、中国当局による公開禁止とその後の映画製作禁止処分を受け、それ以来、監督としての活動をほぼ停止しました。陳凱歌は同じ九三年の作品『さらば、わが愛』[21]で、世界的エンターテイメントとしての中国映画の地位を確立しましたが、その中国像は多分に欧米風ステレオタイプと化しており、その後は『始皇帝暗殺』など、外国資本による大作路線を歩んでいきます。

20　『藍風箏』一九九三

21　『覇王別姫』（はおうべっき）

張芸謀は『活きる』[22]などが当局より上映禁止処分を受け、自らも二年間の製作禁止処分を受けたにもかかわらず、新しい法制度に助けられて横暴な村長と闘っていく農婦を描いた『秋菊の物語』[23]などのドキュメンタリー・タッチの作品を製作したのち、後述する歴史もの大作へと転進しました。

また第五世代、第六世代の監督たちが、高度経済成長の時代をさまざまな手法で描き始めたのも、この鄧小平時代の特色です。

セミ・ドキュメンタリーの手法で、鄧小平時代における北京市民生活の変貌ぶりを描いた寧瀛(ニン・イン、ねいえい、一九五九—)の『スケッチ・オブ・Peking』[24]などの北京三部作は、優れた現代北京風俗史です。王光利監督の『イチかバチか』[25]も、高度経済成長のいっぽう、リストラが荒れ狂う上海を舞台とするセミ・ドキュメンタリーで、しかも全編の会話を上海語で通したという傑作です。

鄧小平時代の高度経済成長から取り残された地方都市の青春を描いた『一瞬の夢』[26]、『プラットホーム』[27]等の監督ジャ・ジャンクー(賈樟柯、チア・チャンコー、かしょうか、一九七〇—)や『ふたりの人魚』[28]、『天安門、恋人たち』[29]等の監督婁燁(ロウ・イエ、ろうよう、一九六五—)は、第六世代の代表的監督へと成長して行きました。

鄧小平時代から新世紀に至る二〇数年間とは、中国近代史上まれに見る経済発展の時代であり、共産党独裁という大枠の中にありながら、高度成長する経済が、毛沢東時代の社会主義中国における生産・流通・消費・再生産の社会制度、およびそれをめぐる中国人の情念と論理を、大きく変えてしまった時代なのです。

22 『活着』一九九四
23 『秋菊打官司』一九九二
24 『民警故事』一九九五
25 『横竪横』二〇〇〇
26 『小武』一九九八
27 『站台』二〇〇〇
28 『蘇州河』二〇〇〇年
29 『頤和園』二〇〇六年

❹ポスト鄧小平時代（一九九七年〜現在）と第七世代

一般に一九七八年から始まったとされる改革・開放経済体制から四〇年以上が過ぎて、中国人の暮らしは大変貌を遂げました。中国のＧＤＰ（国内総生産）が、一九八〇年の約三〇〇〇億ＵＳドルから、二〇一八年の約一三兆四〇〇〇ＵＳドルへと四五倍も急増したのに対し、日本は約一兆一〇〇〇億ドルから、五兆四〇〇〇億ドルへの五倍増に留まっており、中国の激変ぶりが際立ちます。そしてこれに伴い、中国人一人当たりの名目ＧＤＰも、約九五八〇ドルに至っています（日本は三万九〇〇〇ドル、共に二〇一八年統計）。

一九九〇年代というのは、人民共和国独特の都市制度としての〝単位（タンウェイ）〟共同体が崩壊した時期でもあります。建国以来、中国の都市民は、すべて何らかの〝単位〟に属し、給与・住居・年金などはいっさい〝単位〟が供与、誕生から死まで面倒を見ており、〝単位〟は共産党および国家の基本的組織となってきました。〝単位〟とは、民国期までの伝統的大家族制度を、大中小の工場・会社規模に拡大したものと想像すればよいでしょう。この〝単位〟社会が、改革・開放政策による市場経済の浸透とともに、音を立てて崩れたのが九〇年代なのです。このような激動の四〇年にあって、中国映画界も大きく変化しました。

人民共和国では各省に映画会社を設立し、国家による統一的撮影、配給、上映を行ってきましたが、二〇〇二年に至ると、これを大幅に自由化して、撮影許可証と上映許可証の取得は依然として義務化したものの、民間の映画会社や映画館の設立を可能としたのです。これにより登場したのが「院線[30]制（theater chain）」と称されるシネコンチェーンでした。

30　院線
映画館チェーン（シネコンなど）をとりまとめて運営、管理、経営を行う。

同年上映で、秦の始皇帝と三人の刺客を描く張芸謀監督『HERO』[31]は、中国だけでなく日本や韓国、アメリカでも大ヒットし、中国映画再興の先駆けとなりました。ジャ・ジャンクー（賈樟柯）監督は、三峡ダムに沈む街を描いた『長江哀歌』[32]で第六三回ヴェネツィア国際映画祭金獅子賞を受賞し、世界映画界の巨匠のひとりとして認知されました。

二〇一〇年代に入ると、映画界ではデジタル化が本格化し、また新しい監督、脚本家、そして俳優らの参入が増加しました。『小時代』三部作[33]と『いつか、また』[34]は、それぞれ「八〇後《ポストエイティーズ》」作家として著名な郭敬明（クオ・チンミン、かくけいめい、一九八三—）と韓寒（ハン・ハン、かんかん、一九八二—）が、自作を映画化したものです。王小帥監督『在りし日の歌』[35]は、改革・開放経済時代の一人っ子政策下を生きた三〇年の家族の物語、刁亦男監督『鵞鳥湖の夜』（南方車站的聚会、二〇一九年）は、武漢の郊外を舞台にした中国の〝黒色電影《フィルム・ノワール》〟です。

中国のアフリカ進出を背景とした、呉京監督『戦狼《せんろう》ウルフ・オブ・ウォー』[36]のような、国威発揚風のアクション映画が大ヒットする一方で、〝反右派〟闘争（一九五七）で〝労働改造〟という名の収容所に送られ、餓死した人々をめぐるワン・ビン（WANG Bing／王兵）監督の、八時間半の大長篇ドキュメンタリー『死霊魂』[37]も製作されています。

二〇〇八年に四三億人民元だった年間興行収入は、二〇一九年には六四二億元（日本円、約一兆円、そのうち中国映画は約四一一億元）に急増、二〇一一年に日本とほぼ並んだ中国の映画市場は、今では日本の四倍の市場規模に成長しています。このように、中国映画は高度経済成長とともに急成長を遂げてきましたが、二〇二〇年の〝新冠肺炎病毒疫情〟（新型コロナウイルス流行）により、大きな打撃を受けております。再度の復活を期待しましょう。

31 『英雄』
32 『三峡好人』二〇〇六年
33 製作は二〇一三—二〇一五
34 『後会無期』二〇一四
35 『久天長』二〇一九
36 『戦狼』二〇一七
37 三一二頁参照

ピックアップリスト・中国映画

●『舞台の姉妹』（『舞台姐妹』謝晋監督、一九六四）一九三五年に越劇（女性だけで演じる浙江省の地方歌舞劇）の一座に買われた少女が、地下共産党の指導を受けて女優としても成長していく物語。中華民国期の地方巡業や、上海の大劇場の雰囲気がよく描かれている。

●『黄色い大地』（『黄土地』陳凱歌監督、一九八四）陳監督の第一作にして、ポスト文革の第五世代映画の代表作。日中戦争期の不毛なる大地に生きる中国農民——苦しい人生をあるいはわが運命として甘受し、あるいは一身を賭してあらがう農民を、鮮烈な手法で描く。

●『紅いコーリャン』（『紅高粱』張芸謀監督、一九八七）長篇小説『赤い高粱』を映画化したもので、民国期の活力あふれる農民をダイナミックな手法で表現。原作者の莫言は、二〇一二年にノーベル文学賞を受賞。

●『青い凧』（『藍風箏』田壮壮監督、一九九三）北京の陳家の次女陳樹娟と、やがて誕生するひとり息子を主人公とし、次々と死別する三人の夫や陳家と、その近隣の人々を脇役に配して、人民共和国の建国から文化大革命の勃発までの歴史を描く。台湾の侯孝賢監督『悲情城市』（後述）の影響を受けた作品。

●『太陽の少年』（『陽光燦爛的日子』姜文監督、一九九四）文革後期の北京は泥沼の惰性期にあえいでいた。解放軍将校用宿舎街で育った不良少年たちは恐いもの知らずで、早熟な青春を過ごしていた様子。原作は王朔の中篇小説「動物凶猛」。

●『狙った恋の落とし方』（『非誠勿擾』馮小剛監督、二〇〇八）馮監督の正月用喜劇映画の代表作。

『黄色い大地』

名男優の葛優と、台湾出身で香港で活躍していた名女優、舒淇（シュー・チー、広東語音はシュウ・ケイ、じょき）との共演が見もの。

●**『罪の手ざわり』**（『天注定』ジャ・ジャンクー（賈樟柯）監督、二〇一三）三つの殺人事件とひとりの自殺により、高度経済成長に置き去りにされた人々を描く〝底層叙述〟、賈監督の代表作。カンヌ国際映画祭コンペティション部門でプレミア上映され、脚本賞を受賞したが、中国では上映禁止となった。

●**『死霊魂』**（『死霊魂』ワン・ビン（王兵）監督、二〇一八）毛沢東が発動した一連の三大悲劇として、反右派闘争・大躍進運動・文化大革命が挙げられる。一九五六年、中国共産党が一定範囲内での言論自由を保証する〝百家争鳴・百花斉放〟を掲げたため、知識人のあいだで官僚主義批判が巻き起こるが、翌年、共産党は政策を急転換、五〇万人以上を〝右派分子〟という名の政治犯として、〝労働教養〟という名の強制収容所に送り込んだ。「反右派闘争」後に発動された「大躍進運動」により、一九五九年から三年間に、全国で一五〇〇万〜四〇〇〇万の餓死者が出ている。映画『死霊魂』は、この二つの相継ぐ政治事件で犠牲になった人々をめぐるドキュメンタリー。

●**『在りし日の歌』**（『地久天長』王小師監督、二〇一九）二つの家族の子供たちの生と死を通じて、中国現代史三〇年を描く。

●**『鵞鳥湖の夜』**（『南方車站的聚会』刁亦男監督、二〇一九）中国では近年、董越監督『迫り来る嵐』（暴雪将至、二〇一七）など〝黒色電影《フィルム・ノワール》〟の名作が次々と発表されている。『鵞鳥湖の夜』も、黒社会を描いた傑作サスペンス。

Ⅱ　香港映画の一二〇年

香港で最初に映画が上映されたのは一八九六年一月のことで、当時の香港紙『華字日報』は「映画奇観」「中環大道《セントラルロード》旧域多利亜酒店《オールド・ヴィクトリアホテル》開演」と報じたとのことです。中国大陸での上映は同年八月上海における『西洋影戯』が最初ですので、香港は大陸よりも、七か月先駆けて映画を上映していたことになります。以来、現在に至るまで、香港では一二〇年を越す映画の歴史が綿々と続いているのです。

❶ 香港の歴史と現在

中国大陸南方沿岸部に位置する香港は、一九世紀半ばまでは人口五〇〇〇の小さな島に過ぎず、一八四〇年のアヘン戦争[1]の結果イギリス領となり、イギリスの中国進出基地として急成長しました。一九三七年に日中戦争が始まり、日本が北京・上海など中国の主要都市を占領すると、中国大陸から難民一〇〇万が押し寄せ、香港の人口は一挙に倍増して二〇〇万を越えています。

上海の商工業や富裕層も大量に香港への移動を開始しましたが、この日中戦争による香港の繁栄は、四一年一二月八日に太平洋戦争が勃発、香港自体が日本軍に占領されることにより中断されます。

しかし一九四五年八月に日本が降服すると、イギリスは主権を主張する国民党政権に先んじて香港を再占拠し、植民地支配を復活させました。その後、香港は驚異的な復活を遂げ、日本占領

1　アヘン戦争
阿片戦争（鴉片戦争、一八四〇―一八四二）。清とイギリスの戦争。イギリスが清に輸出して巨額の利益を得ていたインド製のアヘン販売を清が全面禁止し、イギリス商人の保有するアヘンを没収、焼却したことがきっかけ。イギリスが勝利し、一八四二年、南京条約を締結。香港がイギリスに割譲されるなど、清にとって大きな不平等条約となった。

下で六〇万に減少した人口は、四七年には一八〇万となっています。

さらに、国共内戦を経て四九年に共産党が大陸を統一し支配権を確立すると、大量の難民が押し寄せ、二年余りで人口は五〇万以上も増加しました。この難民の中には、再び上海から移住してきた資本家、技術者、熟練工、そして映画界も含む文化人および黒社会《やくざ》の組織員が多数含まれるといわれます。こうして五〇年代には、香港はこれまでの中継貿易港という顔に加え、工業都市・金融都市という相貌を備えるに至り、かつての上海の繁栄を再び継承したのでした。

香港島と九龍地区は、一八四二年と六〇年との二つのイギリス・清朝間の条約により、イギリスに割譲されています。これに対し、九龍地区北方に広がる新界は、一八九八年から九九か年間、イギリスが租借した土地であり、一九九七年には中国に返還されます。

香港の九割以上の面積を占める新界は、香港・九龍にとり、水・食糧などの重要な供給地であり、これなくしては自らの存続発展は考えらません。中英両国の外交交渉の結果、八三年末にイギリスは一括返還を決め、翌年一二月、北京にて香港問題に関する共同声明の正式調印式が行われ、九七年七月一日に香港は中国に返還されたのです。共同声明では、香港の現行制度は返還後も五〇年間変えないとし、香港を「高度の自治権」を持つ特別行政区とする旨が宣言されています。

香港の多くの中国人は、戦前には出稼ぎ者の腰掛け意識を抱き、戦後に大陸で人民共和国が建国された後には、亡命者意識と政治的忌避を抱いていました。しかし六〇年代以後、香港育ちの世代が登場して香港意識が芽生え始め、七〇年代末には「香港文化」という新概念が誕生し、そして九〇年代の香港返還期に至って、香港アイデンティティは大きく変化しました。その変遷について、私は岩波新書『現代中国文化探検——四つの都市の物語』の香港の章で詳しく述べたので、参考にしていただければ幸いです。

❷ 香港がもたらした上海映画の黄金時代

さて、一九三四年の上海で、悲劇の女優阮玲玉の耳元に蔡楚生（ツァイ・チューション、さいそせい、一九〇六―六八）監督が「あなたは今の中国で最高の女優」とささやくとき、彼は何語を話したことか――北京語か、それとも上海語か？　これはスタンリー・クワン（関錦鵬、一九五七―）監督『ロアン・リンユイ（阮玲玉）』の一場面でして、蔡監督役の梁家輝（レオン・カーフェイ）は、阮玲玉役の張曼玉（マギー・チャン）に向かって広東語で話しかけているのです。阮玲玉の両親は広東人、蔡楚生もまた広東省潮陽県の人なので、二人の会話は広東語でなされていたと想像するのが自然なのでしょう。そもそも二人が所属する聯《リエン》華《ホワ》影業公司は、香港で設立された会社なのです。

香港生まれの広東人、羅明佑が香港で聯華を設立したのは、一九三〇年一〇月のこと。「芸術・文化・啓蒙・映画産業救済」をスローガンに掲げた聯華は、翌年三月に上海の、通りの名も香港路六号に、上海分管理処（上海支所）を開き、上海で所有していた三つの製作所を管理したのです。北京にも、同じ年に華北事務所を開いています。[2]

こうして聯華は、中国映画界に新風を送り込んで話題をさらい、たちまち明星・天一とならぶ、上海三大映画会社へと成長しました。そしてこの当時の上海では、多くの広東人が俳優や監督などとして活躍していました。三〇年代、中国映画界に黄金時代をもたらしたのは香港である、と

2　余慕雲『香港電影史話（巻二）―三十年代』香港・次文化堂

言っても過言ではありません。

一九三七年に日中戦争が始まると、今度は逆に上海映画界が南下し、香港で日本の中国侵略批判の映画を製作しましたが、一九四一年一二月の太平洋戦争開戦後に香港が日本に占領されると、香港の映画人は続々と内地の国民党統治区へと去って行きました。

戦後にイギリス植民地統治が復活し、大陸で人民共和国が成立すると、香港は再び南下して来た上海映画界を迎え、映画産業が隆盛します。張愛玲は、一九五二年七月に共産党支配下の上海を脱出し、香港に三年滞在した後、アメリカに移住しています。彼女は生涯、中国本土には帰りませんでしたが、香港映画のため、ブルジョワ子弟の華やかな恋愛物語を軽快なタッチで描く、スクリューボール・コメディ[3]『恋は戦争のように』[4]のような秀作喜劇脚本を書いています。

一九六三年に義務付けられた英語字幕は、本来イギリス側による検閲の便宜を図るためでした。これをきっかけに中国語字幕も付されるようになり、その結果、香港映画は広東語以外の中国語を母語とする東アジア各地の華人からの支持も拡大、さらに日本や欧米への進出の道も開かれたのでした。

❸ ブルース・リーからニューウェーブへ

一九六〇年代には胡金銓（キン・フー、一九三二―一九九七）監督の傑作『龍門客桟《りゅうもんかくさん》』[5]などの武侠映画が多く製作されています。七〇年代に入ると、李小龍（ブルース・リー、一九四〇―一九七三）主演の『ドラゴン危機一発』[6]から始まるドラゴン・シリーズが世界中でヒットし、

3　スクリューボール・コメディ　Screwball comedy　コメディ映画のジャンル。ハリウッドで一九三〇年代半ば～一九四〇年代前半につくられた。変人をあらわす「スクリューボール」な男女が起こすドタバタ喜劇。住む世界の異なる男女のラブ・ロマンスなど。

4　『情場如戦場』一九五七

5　邦題は『残酷ドラゴン 血斗竜門の宿』一九六七

6　『唐山大兄』三二九頁参照

続けて同シリーズに端役として出ていたジャッキー・チェン（成龍、一九五四—）が、『スネークモンキー・蛇拳』[7]に主演して以来、コミカルなカンフー映画を作り続けているのです。

一九七〇年代末から一九八〇年代にかけては、香港育ちの映画人が層をなして「香港新浪潮《ニューウェーブ》」を形成し、徐克（ツイ・ハーク、一九五〇—）監督『蝶変』[8]、許鞍華（シュイ・アンホワ、きょあんか、アン・ホイ、一九四七—）監督『傾城之恋』[9]、譚家明（パトリック・タム、一九四八—）監督『嵐の青春』[10]、厳浩（イエン・ハオ、広東語でイム・ホー、一九五二—）監督『レッドダスト』[11]など、香港の市民感覚に基づく新しい武侠映画や青春映画、文学作品を原作とする文芸映画が製作されました。

一九九〇年代になると「香港新浪潮」第二波が現れて、ウォン・カーウァイ（王家衛、一九五八—）監督が『欲望の翼』[12]、『恋する惑星』[13]と、村上春樹の影響を窺わせる名作を発表するいっぽう、一九八七年にはスタンリー・クワン監督は香港の女性作家李碧華（レイ・ピッワー、北京語リー・ピーホワ、りへきか、生年不詳）の、一九三〇年代と八〇年代の香港を芸妓の幽霊によりつなぐベストセラー小説『ルージュ』[14]を映画化しています。これらの二波の「香港新浪潮」は、香港アイデンティティ形成に大きな影響を与えたのでした。

❹ 低迷期と今後の展望

しかし、一九九〇年代半ばからはハリウッドの大作に押されて香港映画は低迷期を迎え、さらに二〇〇三年、感染症SARSの流行により観客数自体が激減しました。名男優レスリー・チャン（張国栄、一九五六—二〇〇三）が自殺し、名女優のアニタ・ムイ（梅艶芳、一九六三—二〇〇三）

7　一九七七。他に『酔拳』一九七八、『笑拳』一九七九など。
8　原題は同じ　一九七九
9　原題は同じ　一九八四
10　『烈火青春』一九八二
11　『滾滾紅塵』一九九〇
12　『阿飛正伝』一九九〇
13　『重慶森林』一九九四
14　『胭脂扣』一九八七

ブルース・リー

が病死したのもこの年でした。それでも喜劇映画の天才、周星馳（チョウ・シンチー、広東語読みチャウ・シンチー、しゅうせいせい、一九六二―）が、「逆境自強（苦しいときこそガンバレ）」とばかりに、少林寺拳法でサッカー優勝という抱腹絶倒の発想で『少林サッカー』[15]を製作しています。またアンドリュー・ラウ（劉偉強）とアラン・マック（麦兆輝）両監督による『インファナル・アフェア』三部作[16]は、警察と黒社会の双方にそれぞれ潜入した二人のスパイの、アイデンティティ危機の苦悩を描くサスペンス映画の大傑作で、日本でもリメイク版が製作されました。

その後、ウィルソン・イップ（葉偉信）監督による香港・中国合作映画『イップ・マン』全四作シリーズ[17]の興行的成功など、明るいニュースも報じられています。同シリーズは、実在の武術家葉問（イェー・ウェン、広東語イップ・マン、ようもん、一八九三―一九七二）を主人公としており、この時期に製作された葉問をめぐる中港合作映画には、ウォン・カーウァイ監督で、梁朝偉（トニー・レオン、リャン・チャオウイ、広東語リョン・チウワイ）と、北京生まれの女優章子怡（チャン・ツィイー　一九七九―）が主演した、映像美に溢れる『グランド・マスター』[18]があります。また香港映画にも、邱禮濤（ハーマン・ヤウ、一九六一―）監督でアンソニー・ウォン（黄秋生、一九六一―）が格調高く演じる『イップ・マン　最終章』[19]があります。危機に瀕した香港映画が、伝説的香港武術家に救われるという構図には、興味深いものがあります。

雇い主の息子による老メイドの介護を描いたアン・ホイ（許鞍華、一九四七―）監督『桃さんのしあわせ』[20]、オリヴァー・チャン（陳小娟）監督『淪落の人』[21]など、香港市民の暮らしを描いた佳作の香港映画も製作されています。

今後の香港では、香港独自製作の香港映画と、中国大陸との合作映画が相互補完しつつ展開し

15 『少林足球』二〇〇一
16 『無間道』二〇〇二―二〇〇三
17 『葉問』二〇〇八―二〇一九
18 『一代宗師』二〇一三
19 『葉問：終極一戰』二〇一三
20 『桃姐』二〇一一
21 『淪落人』二〇一八

ていくことでしょう。香港の〝中国回帰〟時に、現行制度は返還後も五〇年間変えないという約束が中英両国間で結ばれましたが、中国大陸側は二〇二〇年に「香港国家安全維持法（国安法）」を制定しました。これまで香港人が謳歌して来た言論の自由と厳格な法治が、今後どのように変容していくのか、その動きは、香港映画の行方とも深く関わっているのです。

ピックアップリスト・香港映画

●『**残酷ドラゴン 血斗竜門の宿**』（『龍門客桟』キン・フー（胡金銓）監督、一九六七）　明王朝のお家騒動による戦闘を描いた、武侠映画の古典的名作。

●『**燃えよドラゴン**』（『龍争虎闘』ロバート・クローズ監督、一九七三）白人の悪徳武術家が立てこもるアヘン密造基地に潜入したブルース・リー（李小龍）が、強制労働させられていた中国人たちを解放し、彼らを率いて悪者を倒す――これもカンフー映画の古典的名作。

●『**ポリス・ストーリー／香港国際警察**』（『警察故事』ジャッキー・チェン（成龍）監督、一九八五）ジャッキー・チェン監督・主演の初期のアクション映画で、香港の市街やデパート内を自由奔放に駆けめぐる、明るく元気なジャッキー映画の古典的名作。

●『**蝶変**』（原題は同じ。ツイ・ハーク（徐克）監督、一九七九）幻想的でミステリアスな雰囲気の時代劇推理映画で、鬼才ツイ・ハーク監督の原点的代表作。

●『**嵐の青春**』（『烈火青春』パトリック・タム（譚家明）監督、一九八三）　同時代香港の奔放な青春を、日本のテロリストを絡めて描いたもので、鮮烈な色彩感覚に溢れる。

『残酷ドラゴン 血斗竜門の宿』

●**『傾城の恋』**（原題は同じ。アン・ホイ（許鞍華）監督、一九八四） この上海・香港二都の恋物語は、太平洋戦争前夜の日本軍占領下で衰退する上海と、イギリス植民地下で繁栄する香港とを舞台としている。魯迅と並ぶ現代中国文学の大作家、張愛玲（Eileen Chang）の小説「傾城の恋」を作品発表四〇年後に映画化した。それからさらに四〇年近くが経過した現在でも、新興ブルジョアと没落貴族とのゴージャスな恋の遊戯、そして太平洋戦争開戦後の真摯な愛には、感動を禁じ得ない。

●**『ルージュ』**（『胭脂扣』スタンリー・クワン（關錦鵬）監督、一九八五） 香港の芸妓の如花は資産家の若旦那と恋仲になり、結婚を望むものの彼の両親に反対され、アヘンを飲み下して心中するが若旦那は死にきれずに生き残り、一人で地獄に行った如花は五〇年後に恋人を捜しにこの世に戻ってくる……という幽霊の悲恋映画は、原作小説とともに大ヒット、香港アイデンティティの確立に大きな役割を果たした。

●**『恋する惑星』**（『重慶森林』ウォン・カーウァイ（王家衛）監督、一九九四） スピード感溢れる映像で、二つの恋物語を描く本作の原題は〝重慶の森〟。つまり村上春樹のあの『ノルウェイの森』の香港版でもある。返還を目前にした九〇年代香港人の、情念と論理をしなやかに表現。

●**『少林サッカー』**（『少林足球』チャウ・シンチー（周星馳）監督、二〇〇一） 本文でも触れたが、中国への返還後、香港が最初に直面した経済危機のとき、喜劇映画の天才チャウ・シンチーが作った少林寺拳法でサッカー優勝という作品。苦境にいる人に生き延びる勇気を与えてくれる。

●**『淪落の人』**（『淪落人』オリヴァー・チャン（陳小娟）監督、二〇一八） 突然の事故で身障者となった中高年の男性と、貧困のため写真家となることを諦めたフィリピン人住み込みメイドとの交流を通じ、成熟した香港市民の生活感覚を描く。

『恋する惑星』

Ⅲ 台湾映画とシンガポール映画

台湾映画の前提として、台湾そのものの歴史についてふれておきます。台湾には古くからオーストロネシア系の先住民が住んでおり、一六世紀以後になって、中国大陸の福建・広東両省から漢族が移民してきました。そして、一六二四年にオランダ東インド会社が台南地区に貿易と統治のための機構を置き、最初の外来政権として三八年間君臨したのです。当時の台湾の漢族人口は約一〇万、そのうち、オランダ統治下での人口は三万四〇〇〇人と推定されています。

しかし、一六六一年に鄭成功（チョン・チョンコン、ていせいこう、一六二四―一六六二）が漢族軍二万五〇〇〇を率いて攻撃したため、オランダ統治は終わりを告げました。鄭は満州族の征服王朝である清朝に滅ぼされた明朝回復を図り、台湾を反清復明の基地として移民を奨励したので、漢族人口は一六八〇年には二〇万人に達したと推定されています。それでも鄭一族による台湾支配は三代二二年で終わり、一六八三年に台湾は清朝の版図に入りました。

オランダと鄭氏は、それぞれキリスト教宣教教育と、科挙教育による文化政策を試みましたが、ともに統治期間が二〇年余りから四〇年足らずの短期間であったため、台湾住民のアイデンティティ形成に大きな影響を与えることはなかったといえるでしょう。

❶ 清朝統治期の「科挙《かきょ》文化体制」

清朝統治期は、人口の急増期でした。十九世紀の終わり、漢族の人口は二五〇万人に達します。[1]また一九世紀には、漢族移民の社会グループが再編成され、台湾への定着化すなわち「土着化」が進行しました。そのいっぽう、清朝は科挙文化体制を構築し、科挙合格定員の政策的調整により、台湾と中央（北京）との関係をより強化しようと努めています。科挙の合格者「進士」も誕生しました。[2]

清朝統治期には、教育機関として台湾各地に「書房」があり、文語文による読み書きと算盤が教えられ、教育語には北京官話ではなく、台湾語が用いられていました。[3]また清末台湾では、科挙社会グループが文化圏を形成していましたが、それに参与していた人々はごく少数であったのです。そのため台湾のメディア環境は貧しく、鄭氏統治期には木版印刷の技術が導入されていたと推定されるものの、漢字活字印刷は清朝統治末期でも導入されることなく、新聞雑誌も存在しませんでした。

ちなみに、香港では一八五〇年代に漢字雑誌が刊行され、上海では一八七二年に中国語新聞社申報館が設立、日本では一八七〇年に『横浜毎日新聞』が創刊されています。

低い識字率に留まり、近代的出版メディアを欠如し、さらには鉄道などの交通網が未発達であった台湾社会は、社会学者J・ハーバーマスの説くところの「公共圏」からほど遠い地平におかれていたといえるでしょう。一九世紀に台湾への土着化を果たした漢族移民の子孫たちは、清朝より与えられた科挙文化体制を主体的に受容し、台湾支配層としての「科挙社会グループ」を形成し得たものの、台湾サイズの民主国家を建国するだけの近代的台湾アイデンティティ形成からは、いまだ遠い地点に位置していたのです。

1　一六八〇年から一八一〇年までに漢族人口は一八〇万人増加して二〇〇万人となったが、その後一八九〇年までの八〇年間には五〇万人の増加に留まっている。

2　一七五七年、科挙最終試験に初めて台湾人が選抜されて進士〈科挙最終試験合格者、県知事などの高級官僚となるエリート〉となり、清朝統治末期の約七〇年間に二六名もの台湾人進士が誕生。

3　清朝統治末期の書房学生数は約三万人で、識字率は一〇％未満、その中の成績優秀な上級者と書房修了者が、科挙受験生七〇〇〇名を構成していたものと推定。当時の漢族人口が二五〇万、受験者の年齢が十代から六十代にまでに及んでいたことを考えると、七〇〇〇人という受験者数は決して多くはなく、むしろ台湾の極めて少数のエリートであったといえる。

❷日本統治期の日本語国語体制

日本による植民地支配が始まると、台湾総督府は、同化政策による日本語教育の普及を図りました。そのため、一九三三年に小学校就学率は三七％、日本語理解者率は二五％となっています。一九三七年の日中戦争、および四一年の太平洋戦争の開戦によって日本の南方進出が本格化すると、台湾総督府は台湾人を南進の先兵に動員するため、冠婚葬祭の日本化から兵役にまで及ぶ皇民化運動を提唱しました。[4]日本語読書市場は三二〇万人規模にまで急成長し、総督府は皇民化宣伝のための皇民文学を登場させています。そのいっぽう、統制経済という名の計画経済は軍需関連産業の急成長を図ったため、台湾は工業化社会へと突入しました。[5]

一九四〇年から四一年にかけて、台北では相次いで部数三〇〇〇の文芸誌が創刊、文芸市場の激しい争奪戦が展開されています。こうして植民地台湾にも「公衆と公共圏」が登場したのです。かつての清朝統治期の科挙文化体制は、文語文である詩文を中心としたもので、この詩文を台湾では各方言で音読していました。

しかし日本統治期の国語体制は、明治維新後になって誕生した、ほぼ言文一致の日本語を中心としたものでした。台湾人にとっては、詩文や北京官話と同様に言文一致ではなかったものの、日本語識字率の向上にともない、公用語として機能していきます。このように、言語制度において、伝統的文語文に基礎をおく科挙文化体制と、近代口語文に基礎を置く日本語国語体制とのあいだには、大きな断絶がありました。

4　その結果、小学校就学率と日本語理解者率は一〇年足らずの間に倍増。

5　三九年には工業生産が農業生産を上回る。

❸ 旧国民党統治期の北京語国語体制

太平洋戦争における日本の敗戦の結果、台湾は中国に復帰。一九四九年に大陸が共産党により統一される前後には、国共内戦[6]に敗れた蒋介石国民党政権とともに、約一〇〇万の大陸各省の人々、〝外省人〟が大量移民して来ました。その数は、〝本省人〟（日本統治期に台湾住民であった者およびその子孫）人口の約六分の一に相当します。

大陸とは異なった近世史・近代史を歩んできた本省人の間には、外省人に対する違和感が存在しました。これに国民党の失政が加わって、反国民党、反外省人の感情が高まり、一九四七年には本省人による反国民党蜂起「二・二八事件」が勃発。国民党軍の武力鎮圧によって、一万八〇〇〇から二万八〇〇〇もの本省人が虐殺されたといいます。[7]

国民党による大弾圧に加えて、日本植民地体制下で育った作家には標準中国語での表現が困難であったために、本省人の文学は沈黙の時代を迎えました。たとえば、一九四九年に逮捕され一二年間もの長期にわたり火焼島の監獄に入れられた、左翼作家の楊逵（ヤン・クイ、ようき、一九〇五―一九八五）。彼が監獄で標準語の修行を積み、中国語で文筆活動を行えるようになったのは、出獄した六〇年代のことでした。かくして五〇年代に幅を利かせたのは国民党の御用作家と、大陸への郷愁を訴える外省人文学だったのです。

それでも国民党はこの島で通貨改革と農地改革を断行して、[8]経済安定の契機をつかみます。翌年六月の朝鮮戦争勃発後、共産党の台湾攻略阻止へと政策転換したアメリカの大量援助を受け、六〇年代半ばには日本から大胆な外資導入を行い、ベトナム戦争特需を梃子として高度経済成長

6　国共内戦
中国国民党（一九一九年設立）と中国共産党（一九二一年成立）の内戦。一九三七年からの日中戦争では抗日で協力したが、日本の敗戦により対立、ふたたび内戦に。一九四九年の共産党の勝利（中華人民共和国の建国）で、国民党は台湾に逃げ込んだ。

7　この台湾人の果敢な蜂起に対しては、戦時中に形成されていた台湾ナショナリズムも大きな影響を与えていたものと思われ、事件後には、台湾独立・民主化の運動がねばり強く展開された。

8　時期的には、四九年に国共内戦で惨敗して台湾島に逃げ込む前後にあたる。

を実現しました。

台湾では反国民党運動がねばり強く続いており、経済発展が確固たる地歩を固めると、八〇年代半ば以来、政治の民主化が急速に進みます。八六年に野党結成が合法化され、八七年七月には三八年ぶりに戒厳令が解除。翌年一月父蔣介石（チアン・チエシー、しょうかいせき、一八八七―一九七五）の死後国民党主席をつとめ、政府総統に就いてきた蔣経国（チアン・チンクオ、しょうけいこく、一九一〇―一九八八）が死去すると、本省人である李登輝（リー・トンホイ、りとうき、一九二三―二〇二〇）が新総統に就任したのです。李総統の下で、九一年一二月に国民大会（総統選出機関）、九二年一二月には立法院（国会）の各議員を台湾島民自身が選ぶ初の選挙が相次いで行われ、民主化はほぼ完成されました。

高度経済成長の六〇年代に、台湾社会は転機を迎えていました。東西冷戦構造の定着と共に、台湾は政治経済文化の各方面においてアメリカの強い影響下に入り、大陸とはっきりと切り離されたのです。テレビ放送が始まり、新聞ジャーナリズムが姿を表し、アメリカ映画が町を席巻しました。

この時期、台湾大学の学生であった白先勇（パイ・シエンヨン、はくせんゆう、一九三七―）らが、カフカやカミュの影響下で、芸術至上主義的な現代文学派を形成しています。また黄春明（ホワン・チュンミン、こうしゅんめい、一九三九―）ら本省人の新世代作家が登場し、郷土文学と呼ばれる現実主義的な社会派文学を形成しました。

七〇年代に入ると、台湾経済の安定化および社会構造の激変にともない、文化界では〝台湾本土主義〟が芽生えます。それは急激な産業化・欧化に対し、自らの足元を見つめ直そうとする運動でした。本土主義の台頭にともない、七〇年代後半ともなると現代文学派と郷土文学派との間で、「郷土文学論争」とよばれる激しい論争が交わされています。

清朝統治期と日本統治期とのあいだに、詩文＝科挙文化体制から日本語国語体制へという大きな断絶があったように、日本統治期と国民党統治期とのあいだにも、北京語国語体制への転換という大きな変化が生じました。[9]

日本統治開始から四〇年以上、詩文がマスメディアで使用されていましたが、国民党は台湾進駐後一年あまりで、新聞・雑誌での日本語使用を禁止するなど、はるかに厳しい言語政策を取りました。それは日本語が公用語として、詩文よりも遥かに広く深く普及していたためでもあるのでしょう。

戦後一五年ほどを経た六〇年代には、新体制下で新国語教育を受けた本省人青年たちがアマチュア作家としてデビューしました。

一九八二年には李昂（リー・アン、りこう、一九五二―）が『夫殺し』を発表。一九八七年のドイツ語版を皮切りに、アメリカ・フランス・日本・スウェーデン・オランダの各国語に翻訳され、世界的に高い評価を受けています。

このように、台湾の人々は、外来政権が持ち込んだ文化政策に対して「主体的受容」を行うことにより、それぞれの成熟期に台湾アイデンティティを熟成させ、一九九〇年代以後、民主的社会を実現したのです。

9　国民党は、日本統治期にほぼ義務教育化と、高い中等学校進学率を達成していた学校教育制度を利用。台湾人教師に北京語教育を施し、小学校から大学に至るまでの教育施設や新聞・雑誌・放送局などマスコミ機関を接収、短期間に北京語国語体制への移行を実現した。

『マダムと女房』

❹台湾映画の誕生と展開

　台湾における最初の映画上映は一八九八年、台北にて行われたと言われています。[10]一九二〇年代には、台北市の西門町に映画館街が形成され弁士が大活躍し、一九三一年には日本初の本格的トーキー『マダムと女房』（松竹）が西門町でも上映され、台湾では内地と歩調を揃えて、サイレント映画からトーキーへの転換が行われました。[11]戦後の国民党統治期が始まると、一九四六年に日本映画が上映禁止となり、禁止令は五一年まで続きました。

『台湾映画祭資料集　台湾映画の昨日・今日・明日』[12]により、以後八〇年代までの映画史は、以下のようにまとめられるでしょう。

　五〇年代には、国民党による北京語の反共映画が製作され、それはやがて六〇年代の、李行（リー・シン、りこう、一九三〇―）監督らの「健康写実映画」路線へと転じていきました。そのいっぽうで、一九五五年には最初の台湾語映画が製作され、ピークの一九六二年には一二〇本も制作されたといいます。ちなみに台湾全体では、一九七四年に映画年産三〇〇本を記録して、世界第三位の映画生産国となっています。

　六〇年代後半からは、夢のような「愛情物語」を語り続けるベストセラー作家瓊瑶（チョン・ヤオ、けいよう、一九三八―）の小説が続々と映画化され、瓊瑶自身も映画会社を作ります。そのいっぽう、香港から胡金銓（フー・チンチュアン、こきんせん、キン・フー、一九三二―一九九七）監督が台湾に招かれて、『龍門客桟』[13]『侠女』[14]などの時代劇カンフーを撮って好評を博し、武侠・カンフー映画も全盛期に至ります。

10　三澤真美恵『「帝国」と「祖国」のはざま―植民地期台湾映画人の交渉と越境』岩波書店　二〇一九

11　葉龍彦『台北西門町電影史　一八九六―一九九七』国家電影資料館

12　佐藤忠男監修一九九七

13　製作は一九六七香港台湾合作。

14　製作は一九七〇香港台湾合作。

しかし七〇年代末、台湾映画界は沈滞化し、香港ニューウェーブやビデオテープ上映店の日本映画に圧倒されて、入場者激減の危機を迎えました。それでも、一九八二年楊徳昌（ヤン・トーチャン、ようとくしょう、エドワード・ヤン、一九四七上海生まれ）ら若手四人の監督が撮ったオムニバス映画『光陰的故事』で台湾ニューウェーブの幕開けを迎え、平凡な市民の現実や民衆史に焦点が当てられていきます。侯孝賢（ホウ・シャオシエン、こうこうけん、一九四七広東省梅県生まれ）『悲情城市』、王童（ワン・トン、おうどう、一九四三—）『バナナ・パラダイス』[15]などがその代表作です（ピックアップリスト）。

さらに九〇年代、ポストモダン都市台北を土着的情念の視点からえぐり出す蔡明亮（ツァイ・ミンリャン、さいめいりょう、一九五七年マレーシア・クチン生まれ）監督が現れるいっぽうで、外省人系の人々のアイデンティティ危機を、洗練されたユーモアで語る李安（リー・アン、りあん、アン・リー、一九五四—）も登場、台湾映画は国際的に高い評価を受けるようになりました。

しかし一九八〇年代末からは、民主化により登場した有料有線テレビ（ケーブルテレビ）の普及等により、台湾映画産業の退潮が深刻化して、巨匠たちによるアート系映画によってもこの潮流は食い止められませんでした。

また一九九八年にハリウッド映画輸入規制が撤廃され、二〇〇一年には台湾のＷＴＯ（世界貿易機関）加入で、台湾映画の一定率の上映を義務付けていた「国産映画上演比率」などの法律も廃止、ハリウッド映画が無制限に流入し始めます。これにシネコンの増加も加わり、台北・西門町の映画館街では転廃業するものが増加しました。

侯孝賢、蔡明亮（ツァイ・ミンリャン、さいめいりょう、一九五七年マレーシア・クチン生まれ）らが

15　『香蕉天堂』一九八九

製作する映画は、九〇年代以降、多くの作品が芸術性や哲学性を追及し、ひたむきに実験的であろうとするあまり、難解な映像となり、国際的評価は高まるものの、その観客数は台湾本土よりも日本やフランスの方がはるかに多いというような状況が生じていました。

この時期には、政府の台湾映画振興政策のための予算年間約九億円、一作品四〇〇〇万円もの助成金によって、かろうじて映画製作が継続しているのが実状でした。一九九六年以後は、台湾映画の製作数は年間二〇本以下、映画市場のシェアも二%以下へと激減しています。

このような危機的状況に、転機をもたらした作品があります。二〇〇七年、作曲家で歌手の周傑倫（ジェイ・チョウ、一九七九―）が、監督・脚本・主題歌・主演を担ったエンターテインメント系映画『言えない秘密』[16]の大ヒットでした。その後も、魏徳聖（ウエイ・トーション、ぎとくせい、一九六九―）監督『海角七号　君想う、国境の南』[17]、九把刀（ギデンズ・コー）監督『あの頃、君を追いかけた』[18]などの傑作が続き、台湾映画のシェアは一〇%を超えるまでに回復します。魏監督は『海角七号』以後も『セデック・バレ』三部作、『KANO　一九三一　海の向こうの甲子園』を製作し、台湾史を描いています。

また台湾では、ドキュメンタリー映画の製作が盛んで、一九九八年以来、隔年偶数年に「台湾国際ドキュメンタリー映画祭（台湾国際紀録片影展）」が開催されています。日本で隔年奇数年に開催される「山形国際ドキュメンタリー映画祭」にも多くの台湾映画が参加、二〇一七年には、趙徳胤監督『翡翠之城』が、アジア千波万波部門・特別賞を受賞しました。

16　『不能説的秘密　Secret』二〇〇七
17　『海角七号』二〇〇八
18　『那些年，我們一起追的女孩』二〇一一

❺シンガポール映画の歴史と特徴

シンガポールは、映画鑑賞者数が世界でもトップレベルの映画の街でして、マレーシアとともに中国語映画製作の長い歴史を有しています。盛田茂著『シンガポールの光と影 この国の映画監督たち』[19]は、映画史および政府の映画政策（弾圧と助成）の調査研究を通じて、シンガポールの言語と宗教、LGBTと家族制度、そして国民アイデンティティなどを描き出しています。同書が論じるシンガポール映画史をまとめてみると、以下のようになります。

イギリス植民地下のマレー半島では、ショウ・ブラザーズ[20]が一九二五年に映画配給を始め、三〇年代後半にはシンガポールからマレーシア、インドネシア、タイまでに至る一大劇場チェーン（劇場数一三九）を完成。三八年にはシンガポールで、マレー語映画の制作に乗り出しており、同スタジオ[21]は、戦前戦後を通じて三〇〇本以上を制作したとのことです。いっぽう、シンガポール生まれの華人Loke Wan Tho（ロク・ワントー、陸運濤）は、一九三五年に興行会社キャセイ・オーガナイゼーションを設立、さらに一九五三年にはキャセイ・クリス社[22]を設立し、一九七二年までに一一五本のマレー語映画を制作しました。

そして一九五七年の「マラヤ連邦（Federation of Malay）」独立後、同年イギリスより自治権を獲得したシンガポールは、一九六三年にはサバ、サラワクとともに新生「マレーシア連邦（Federation of Malaysia）」に参加しますが、二年後に脱退、独立国（Republic of Singapore）となります。

五〇年代から六〇年代にかけて、シンガポールのマレー語映画は黄金時代を迎えていましたが、シンガポールとマレーシア連邦との分離によって、両国ともに映画産業が弱体化し、一九六三年

19 インターブックス 二〇一五

20 ショウ・ブラザーズ Shaw Brothers（邵氏兄弟有限公司）香港の映画会社。邵兄弟の長兄の邵酔翁（中国語版）が一九二五年に上海で設立。

21 Malay Film Productions

22 Cathay-Keris Productions

から始まったテレビ放映、さらには「検閲強化政策」と「映画法」による映画浄化運動が加わり、シンガポールではショウ・ブラザーズとキャセー・グループとの二大スタジオが、それぞれ一九六七年と七二年に相次いでマレー語映画の制作を停止してしまいました。

一九八〇年代に入ると指導者の世代交代（第一世代から第二世代へ）が始まります。戦後生まれの若い世代が社会の多数派になるとともに、経済成長による豊かな中間層が増大し、社会構造も大きく変容しました。一九八五年、独立後初めてマイナス成長（▲一・六％）に陥った直後の一九八六―八八年には、高学歴の専門家エリート層の海外移民が急増し、カナダ、アメリカ、オーストラリア等に毎年八〇〇〇人から一万人がシンガポールを離れます。しかも、移民理由の大半は経済環境ではなく、社会的・政治的環境、そして徹底した能力教育への不安であったというのです。

そのような社会環境下にあって、多様性に富んだ各国映画の紹介及び地場映画制作者への鼓舞を目的とし、一九八七年、非営利組織（ＮＰＯ）によって「シンガポール国際映画祭」が挙行された意義は大きく、アート系監督のエリック・クー（邱金海、Eric Khoo）が現れます。九〇年代には、エンターテインメント系の監督ジャック・ネオ（梁智強、Jack Neo）も登場して、シンガポールの中国語映画は独自の世界を切り拓き、現在に至っております。

ピックアップリスト・台湾映画

●**『悲情城市』**（原題は同じ。侯孝賢監督、一九八九）「二・二八事件（一九四七）」では、大陸からやって来た国民党軍により一万八〇〇〇から二万八〇〇〇人の台湾人が虐殺されており、この事件は旧国民党独裁体制下でタブーとされていた。侯監督は、戒厳令が解かれる以前に、港町の基隆（チーロン、きーるん）を舞台に、大家族の暮らしを通じてこの事件を描き、一九八九年のヴェネツィア国際映画祭で台湾映画としては初めての海外グランプリに輝く。日本でも同年ロングランして、高い評価を受けた。その後も侯監督は『百年恋歌』（最好的時光、二〇〇五）などの映画で台湾史を描いている。

●**『バナナ・パラダイス』**（『香蕉天堂』王童監督、一九八九）大陸農民の二人の主人公は、台湾はバナナが腹いっぱい食える天国だと信じ、国共内戦に敗れた国民党軍とともに台湾にやって来るものの、そこで待ち構えていたのは数奇な運命で……アルファベットの一字も知らない農民が、病死したエリート大学英文科卒業生に成り代わり、役所の管理職にまで出世するというエピソード。〝本省人〟に対して支配階級として君臨した〝外省人〟（戦後入台漢人）の特権をユーモラスに描く。

●**『牯嶺街《クーリンチェ》少年殺人事件』**（原題は同じ。楊徳昌監督、一九九一）旧国民党の白色テロが荒れ狂う一九六〇年代初頭。社会の閉塞状況を反映し、外省人の中学生たちは軍人村グループ（兵士の子弟）、小公園グループ（中小官僚の子弟）といった、親の職業などによる不良グループを結成して抗争。小公園グループのボスHoneyは、建国中学女子部二年の女子を争って軍人村グループのボスを

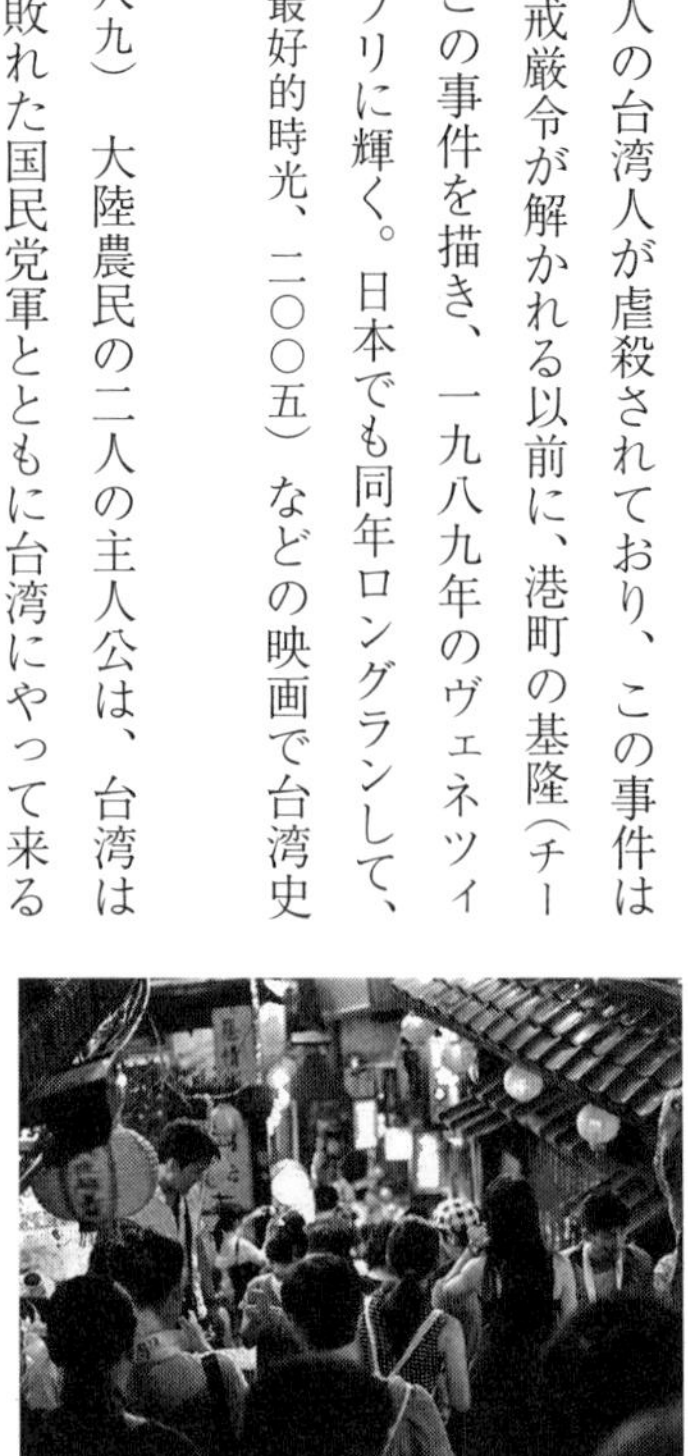

『悲情城市』

殺害、台南に逃亡している。プレスリーを歌うのに夢中なHoneyの弟に対抗し、滑頭（ホアトウ、ずるい奴の意味）が、公園の管轄官庁官僚である父の威光を借りて台頭、そこに軍人村の新ボスが、小公園グループを傘下に収めようと介入してくる。しかし両派共催でロカビリーショーが開催される夜、ニヒルで甘いマスクのHoneyが水兵姿で現れ……高度経済成長以前の出口無しの時代を生きる少年少女の姿は、凛々しく美しく、そして悲しい。楊監督は一九四七年上海生まれ、映画の少年たちと同世代であり、同じ外省人。基隆を舞台に二・二八事件前後の本省人一族の運命を描いた侯監督『悲情城市』と比べるのも良い。

●**『沙河悲歌《しゃーはーえれじー》』**（原題は同じ。張志勇監督、二〇〇〇）　流しのクラリネット奏者の李文龍は、真夜中に町はずれを流れる沙河の岸を歩きながら、自らの生涯を時が交錯するままに回想していく……彼が日本統治期の中学に相当する二年制高等科を卒業したときには、太平洋戦争も末期を迎え、台湾の大都市はアメリカ軍の空襲を受けていたため、父親に彼が台北の上級学校への進学を止められた。敗戦後、国民党軍が進駐してくると、父は役所をクビになり、生まれたばかりの末の妹は養子に出されてしまう。文龍は密かに練習してきたトランペットの腕を買われて、葉徳星劇団という台湾伝統歌劇の一座に入団、地方巡業の旅に出る。時代劇の上演中に女優が新しい流行歌を唱うと観客が喜ぶので、伝統劇団でも洋楽師が重宝されたのだ。給料を貯めて母の元に届けようと一年後に帰宅した文龍に、頑固者で剣道家の父は、よくも芸人などになりおってわしに恥をかかせたな、とばかりに木刀を振り下ろして左腕に重傷を負わせ、文龍を障害者にしてしまう。文龍が次に家に帰るのは数年後に父が亡くなり、文龍自身も肺結核のため劇団を辞めてからのことだった。

二年後に多少体力を回復した文龍は、楽器をトランペットからサクソフォーンに変えて劇団に復帰する。そして美しく有能な女座長の付き人をしていた一八歳の娘玉秀と恋仲となって結婚することに決め、弟で高校生となっていた二郎（文龍も一郎という日本時代の名前を持っている）を巡業先まで呼び出すが、二郎は「兄さんは肺病のため理想を失い、疲れを覚え、死を覚悟しているから結婚するんだ、だが、兄さんのことを理解できる女に出会えるような幸運には恵まれないだろうよ」と難詰するのであった……以上は鬼才、七等生の原作小説のあらすじで、映画ではフラッシュバックが多用され、台湾語と一部日本語の台詞で物語が進行する。旧国民党戒厳令下の一九七五年に発表された小説「沙河悲歌」が、リアリズムを避け「意識の流れ」の手法を用いて閉塞した時代を描いたのに対し、民主化から一〇年以上が経過した二〇〇〇年に製作された映画版は、戦後台湾を情感をこめて振り返っている。

● **『恋人たちの食卓』**（『飲食男女』李安監督、一九九四）　台北の朱老人は、名門ホテル中国料理店の元料理長だった外省人。毎週日曜日には、三人娘のために腕によりをかけて晩餐を用意する。長女は高校の中堅どころの化学教師、次女は航空会社のエリート・キャリアーウーマン、三女はファースト・フード店でアルバイト中の女子大生。この家族晩餐会では、長女と三女が次々と結婚宣言、ボーイフレンドに裏切られた次女は、アムステルダム支社に副支配人として栄転が決まる。そんなある日曜日、朱老人が特別の晩餐会を開いたのは、彼自身にかかわる重大発表を行うためだったが……本作は、大陸から台湾に逃げのびて今や老境を迎えつつある外省人一世と、その娘たちの世代の生き方を、恋と食とを通じて描くものである。朱老人が、最愛の中国料理と最愛の娘たちに淡々と別れを告げることができるのも、高度経済成長と民主化を成し遂げた台湾ならではのこと。この平和を、彼の孫の世代も享受できることを願いたい。

●『**青春神話**』（『青少年哪吒』蔡明亮監督、一九九二）　大型バイクが暴走、ゲームセンターが百花繚乱する一九九〇年代。台北の街を舞台に、急激な社会変化が生み出した、行き場のない堕天使のような青少年の暗い心情が描かれる。原題「青少年哪吒」の「哪吒《なた》」とは、中野美代子『西遊記の秘密』[23]によれば、仏教で護国護法の神、四天王の一尊として説かれる毘沙門天の第三子。中国では唐代に実在した名将李靖と混同され、民間小説の世界は両者を合体するいっぽう、那吒太子と孫悟空との間には影響関係があるとのこと。蔡監督は、中国語圏の土俗信仰を借りながらモダン台北を描いている。

●『**海角七号　君想う、国境の南**』（『海角七号』魏徳聖監督、二〇〇八）　現代台湾南部の美しい海辺の街恒春を舞台に、現在と過去との二組の日台カップルをめぐる、初めはおかしく、やがて悲しく、そしてハッピーエンドで終わるラブ・ストーリー。阿嘉役の歌手范逸臣《ファンイーチェン》が最初はロック歌手の夢に破れ、ふて腐れた現代台湾青年を、友子役の日本人女優、田中千絵が異郷の地で仕事が捗らず怒り散らす横暴な日本女性を好演。その他、個性的な台湾の本職俳優や老音楽師が脇役を固めている。そして、日本の敗戦により恋人を捨てざるを得なかった教師と、現代日本の人気歌手を、中孝介が一人二役しているのも興味深い――彼は日台の間にある島、奄美大島出身なのだ。

●『**お父ちゃんの初七日**』または「**父の初七日**」（『父後七日』王育麟、劉梓潔監督、二〇〇九）「これは一日目。／私たちが着いたとき、あなたの身体に差し込まれたゴム管や器械はもう抜かれていた。左鼻の穴から出た一本の管が、二リットルの虚しいペットボトルとつながっているだけで、形式上は、一息を残したまま、家に帰ることになる。……車に乗ると、救急車の運転手が平淡な

23　岩波現代文庫　二〇〇三

声で聞いてきた。お宅の家は仏を拝むの、それともイエスを信じるの？　私が答えられないと、運転手はもっと直接的に聞いた。あなたの家ではお線香で拝むのかい？／私はこわばってうなずいた。／運転手がすばやくカードを一枚ひっくり返してオーディオに入れると、南無阿弥陀仏南無阿弥陀仏南無阿弥陀仏南無阿弥陀仏。／じゃあもうひとつは何？　やっぱりハレルヤハレルヤハレルヤハレルヤハレルヤ!?　人生における最も荒唐無稽な旅がすでに始まったのだと知った」[23]

　これは原作小説冒頭の一節。作者の劉梓潔は、この父親の葬儀をテーマとした映画『父の初七日』を自ら監督。葬儀も大事な文化だが、この映画がペーソスたっぷりに描く一週間続きの台湾の長い葬式を見ていると、葬儀とは家族の悲しみを癒やすための通過儀礼でもあると納得させられる。

●**『言えない秘密』**（『不能説的秘密　Secret』周傑倫（ジェイ・チュウ）監督、二〇〇七）台北郊外の風光明媚な淡江にある音楽学校を舞台に展開する、転校生の男子と不思議な女子との少女漫画風ラブストーリー。作曲家で歌手という才能豊かなジェイ・チョウは、監督・脚本・主題歌をひとり三役でこなして、素適にミステリアスな青春物語を演出。

●**『あの頃、君を追いかけた』**（『那些年　我們一起追的女孩』九把刀（ギデンズ・コー）監督、二〇一一）一九九〇年代、台湾中部の彰化の高校と台北の大学を舞台に、悪童男子と優等生の女子との恋愛を描く青春映画の傑作。日本でもリメイク版が製作された。

23　劉梓潔著、八木はるな訳「父の初七日」、東京大学中国文学研究室・Trend Micro 教育財団刊行『二〇一三黄金の公孫樹—台湾文学アンソロジー』収録

むすび

終映後のご挨拶

この本は、いま映画を求めるすべての人へ向けて書かれています。

これから映画について勉強したい、映画を観たいけれど何から観たらいいか迷ってしまう、いままで見てこなかった新たな分野を開拓したい——ふとそう思ったとき、行きつけの本屋や図書館を散策するように、ひらりとページをめくることができる本を目指しました。

名古屋外国語大学の教養科目の教科書としてスタートした本書の構想が、映画を偏愛する教員たちをつぎつぎに惹きつけ、膨らんでいくのには、さほど時間を要しませんでした。

前半部の執筆陣は、大学の授業で無声映画を初めて目にする学生から、少数派とはいえ週に数本は映画を見るといった映画好きまで、さまざまな学生がひしめく教室で映画を講じています。また、後半部やインターミッションのコラムは、本学でそれぞれの国・地域や言語に関連する文学、映画、宗教、社会などの講義を行ってきた教員が担当しました。

本のなかに、そうした学生たちからの新鮮な反応がこだましていることを、多くの読者に感じ取っていただけたらとてもうれしく思います。専門分野や世代を超えて書かれた文章が、狭義の「教科書」から逸脱するような熱を帯びていたとしたら、それはむしろ編者にとっての誇りです。

外国語と映画、というと、「映画〈で〉学ぶ英語」や「たった三ヶ月、映画でリスニング力アップ！」などとうたう語学書を思い浮かべる方もいるかもしれません。しかし、本書はそうした書籍とは一線を画しています。そのような「実用的な」レベルとはまったく異なる形で、映画は「世界」そのものと関わっているという確信が、執筆陣の暗黙の前提となっていました。

その共通認識のため、各テイクは独立して執筆されたにもかかわらず、同じ人物や共通のテーマがセクションを横断して登場することとなりました。（その出会いやすれちがいの様はまるで『ストレンジャー・ザン・パラダイス』［一九八四］をはじめとしたジム・ジャームッシュのオムニバス映画のようです）。同時に、国・地域ごとに独自の展開をとげたローカルな存在としての映画と、グローバルに展開する映像メディアが織りなす、複雑で豊かな模様が浮かびあがっているのではないでしょうか。

それでもなお、「世界映画史」を網羅して学びたいという貪欲な読者には、本書はいささかいびつで、不十分なものと感じられたかも知れません。たとえばイランなどの中東の映画、東南アジアや中央アジアの映画、アフリカなどの映画にはほとんど触れることができませんでした。アニメーションやドキュメンタリーなどのジャンルや、Me Too 問題のような映画産業をめぐる社会問題への言及も、多くはありません。

しかしこの偏りは、編者・執筆者が、こうした地域やジャンルの映画を軽視していることを意味しているわけではありません。語りつくせないほど豊かな映画世界を前に、無数のすばらしい映画を対象から外さざるをえなかった、ただそれだけの理由です。こうした選択の可否については、読者のご判断にゆだねるとともに、本書がさらに奥深い映画世界への入口となることを願ってやみません。

制作にあたっては、コロナ禍のまっただなかでの執筆・編集作業になりました。ひとつの場所に集まり、暗闇の中、スクリーンに投影された光の粒子が形づくる映像を、大勢の見知らぬ人と肩を並べて一緒に見つめる——そんな当たり前だった映画の体験が、今あらためて問われています。映画はどこからきてどこへ向かうのか。そして世界はどうなるのか。われわれはその答えを、オンライン化の波によってもはや比喩となりつつある「教室」で、この本とともに問い続けてゆくことになります。

さいごに、本書の構想、執筆、編集作業の細部にいたるまで、粘り強くあたたかく見守ってくださった名古屋外国語大学出版会の編集主任・川端博氏と、大岩昌子編集長、事務局の安江沙恵さん、さらに本書の構想のきっかけの一つとなった連続講演「NUFSプレミアムシネマトーク」を主催したワールドリベラルアーツセンターの皆さまに、この場を借りて心からの謝意を表します。

また、ご覧のような素敵なカバーデザインで本書に色と形を与えてくれた、姉妹校の名古屋学芸大学・冨安由紀子先生には、あらためて厚くお礼申し上げます。大活躍の印刷所の皆さまにも。

そして何より、これまで教室で教員の言葉に耳を傾け、ときにハッとさせられる疑問や反応を呈することで鼓舞しつづけてくれた、数えきれない学生の皆さんに感謝します。

この本が、世界の映画への、いや「世界」の広さとひとしく謎めいた映画への、ささやかな招待となることを祈りつつ。

二〇二一年三月、愛知県日進市、竹ノ山にて

編者　石田聖子・白井史人

わ

た

な

索引

あ

か

さ

編者＆執筆者リスト

編著者

石田聖子：名古屋外国語大学准教授

博士（演劇映画学、学術）。専門はイタリア文学・文化、映画学。共著『イタリア文化 55のキーワード』（ミネルヴァ書房）、論文「ピノッキオの身体をめぐって―〈ピノッキアーテ〉と視覚文化」（『イタリア学会誌』69号）など。

白井史人：名古屋外国語大学講師

博士（学術）。専門は音楽学、表象文化論、映画の音楽。共著『貴志康一と音楽の近代』（青弓社）、論文「シェーンベルク《映画の一場面のための伴奏音楽》の作曲過程とその背景」（『音楽学』61巻）など。

執筆者

ヤニック・ドゥプラド：名古屋外国語大学准教授
フランス文学、フランス語教授法、フランス映画史

小川真理子：名古屋外国語大学非常勤講師
映画学、映像論

野 谷 文 昭：東京大学・名古屋外国語大学名誉教授
スペイン語圏文学・文化

沼 野 充 義：名古屋外国語大学副学長、東京大学名誉教授
ロシア東欧文学、比較文学、現代文芸論

藤 井 省 三：名古屋外国語大学教授、東京大学名誉教授
現代中国語圏の文学と映画

柿 沼 岳 志：名古屋学芸大学講師、名古屋外国語大学非常勤講師
芸術学、芸術史、芸術一般

ムーディ美穂：名古屋外国語大学教授
英語教育、表現教育

ライアン・モリソン：名古屋外国語大学講師
日本文学、世界文学、解釈学

松 山 洋 平：名古屋外国語大学准教授
イスラーム教思想史、イスラーム教神学

亀 山 郁 夫：名古屋外国語大学学長、東京外国語大学名誉教授
ロシア文学・ロシア文化論

カンデル・ビシュワ・ラズ：名古屋外国語大学教授
経営学・コーポレート・ガバナンス論、インド財閥の経営構造、南アジアの地域研究

Artes MUNDI 叢書
—— 知の扉が開かれるときには ——

世界は映画でできている

2021年3月25日　第1刷発行
石田聖子・白井史人 編

発行者　亀山郁夫
発行所　名古屋外国語大学出版会
470-0197　愛知県日進市岩崎町竹ノ山57番地
電話 0561-74-1111（代表）
https://nufs-up.jp
本文デザイン・組版・印刷・製本
株式会社荒川印刷

ISBN 978-4-908523-28-1